抵抗與逃遁

中國文化人的不同選擇

魏邦良 著

目　次

胡適為何要競選總統？

1948 年 3 月 30 日，國民黨第一屆國民大會第一次會議舉行首次預備會議，身為國大代表的胡適，被公推為臨時主席，討論大會主席團選舉辦法。上午，蔣介石對王世杰說，他已經考慮多時了，不願當選總統，但可以擔任行政院長，他想請胡適為總統候選人。下午，王世杰把蔣介石的意見轉告給了胡適。

蔣介石的提議令胡適十分興奮，他在當天的日記裡寫道：

「下午三點，王雪艇傳來蔣主席的話，使我感覺百分不安。蔣公意欲宣佈他自己不競選總統，而提我為候選人。他自己願意做行政院長。我承認這是一個很聰明，很偉大的見解，可以一新國內外的耳目。我也承認蔣公是很誠懇的。

他說：『請適之先生拿出勇氣來。』

但我實無此勇氣！」

經過一番猶豫，胡適最終還是接受了蔣介石的提議。從猶豫到接受，這一過程在他日記裡有詳細的記錄：

「八點，約周鯁生來談，把昨天的話告訴他。請他替我想想。

午後與雪艇、鯁生談了三點多鐘。我不敢接受，因為我真沒有自信心。晚上八點一刻，雪艇來討回信，我接受了。此是一個很偉大的意思，只可惜我沒有多大自信力。故我說：第一，請他考慮更適當的人選。第二，如有困難，如有阻力，請他立即取消：『他對我完全沒有諾言的責任。』」

　　得到胡適的回覆，王世杰立即報告了蔣介石，蔣介石說：「很好。我當召集中央執監會議，由我提出。」

　　不過，胡適在接受提名競選總統的第二天晚上，又後悔了，擔心自己的身體和能力都不足以勝任總統。於是他對王世杰說，自己三思後，還是決定不幹了。並請王世杰向蔣介石鄭重申述：「昨天是責任心逼我接受。今天還是責任心逼我取消昨天的接受。」

　　為打消胡適內心的顧慮，蔣介石於4月3日約胡適在他的官邸作了一次長談。蔣說，他將於國民黨中央執行委員會全體會議中，提名胡適為總統候選人，根據憲法，國家最高的行政權在行政院，他這個人不能做沒有實權的總統，所以願請胡適出來當總統，他自己當行政院長；或者由蔣介石自己當總統，由胡適擔任行政院長。

　　蔣介石給胡適提出兩條路：一是競選總統，一是出任行政院長。既然胡適不願出任行政院長，再拒絕競選總統，似乎太辜負蔣介石的「誠意」了。胡適為蔣介石誠懇的態度所打動，便做出平生最難做的決定之一：「讓蔣先生決定吧。」當胡適決定參加競選後，他對競選成功是有相當的自信的。翌日清晨，他對秘書胡頌平說：「我這個人可以當皇帝，但不能當宰相。現在這部憲法裡，實權是在行政院，——我可以當無為的總統，不能當有為的行政院長；只怕這個消息傳出去，一定有許多新聞記者和不相干的人來訪問，這裡是不能再住了，我不得不作一個短期的流亡。」然而，胡適的擔心純屬多餘，事情的發展完全出乎他的意料。

　　4月4日，國民黨中央執行委員會召開臨時全體會議。會上，蔣介石聲明他不作為總統候選人，並提議無黨派的人出來候選，他強調此人必須具備以下五種條件：「一，守法；二，有民主精神；三，對中國文化有瞭解；四，有民族思想，愛護國家，反對叛亂；五，對世界局勢、國際關係，有明白的瞭解。」雖然蔣介石沒說候選人的具體姓名，但在

場和不在場的人，根據這五項條件立即聽出，此人是胡適無疑。結果是「絕大多數人不瞭解，也不贊成蔣君的話，」只有吳敬恒、羅家倫兩人表示同意蔣介石的提議，其餘的中央委員都堅決主張蔣介石必須為總統候選人。既然眾人反對，蔣介石也不再堅持，當下決定將總統候選人問題交國民黨中常會決定。

　　胡適得知這一消息後，他內心會有怎樣的感受？從他接下來幾天的日記裡，我們或許能窺探一二。

> 1948 年 4 月 5 日
> 我的事到今天才算「得救了」。兩點之前，雪艇來，代蔣公說明他的歉意。
> 1948 年 4 月 6 日
> 發一電給鄭天挺兄：「連日外間有關於我的許多流言，北平想亦有聞。此種風波幸已平靜，乞告舍間及同人。」
> 1948 年 4 月 7 日
> 病了幾天，今天還有燒。

　　興致勃勃要競選總統，卻被兜頭澆了一盆冷水，胡適的內心一定充滿了失望與沮喪。而身體上的病恐怕與心態失衡也不無關係。

　　蔣介石的提議未獲通過，自然對胡適產生一絲歉意，胡適失望歸失望，但對蔣介石似乎並無多少怨氣，在當天的日記裡，胡適這樣寫道：

> 「下午八點，到主席官邸吃晚飯，別無他客，蔣夫人也不出來。九點二十分，始辭出。蔣公向我致歉意。他說，他的建議是他在牯嶺考慮的結果。不幸黨內沒有紀律，他的政策行不通。
> 我對他說，黨的最高幹部敢反對總裁的主張，這是好現狀，不是壞現狀。

他再三表示要我組織政黨，我對他說，我不配組黨。

我向他建議，國民黨最好分化作兩三個政黨。」

胡適一向標榜「自由」與「獨立」，在一封信裡，他曾有過這樣的表白：

「我所以想保存這一點獨立的地位，絕不是圖一點虛名，也不是愛惜羽毛，實在是想要養成一個無偏無黨之身，有時當緊要的關頭上，或可為國家說幾句有力的公道話。一個國家不應該沒有這種人；這種人越多，社會的基礎越健全，政府也直接間接蒙其利益。我深信此理，故雖不能至，心實嚮往之。以此之故，我很盼望，先生容許我留在政府之外，為國家做一個諍臣，為政府做一個諍友。」

想「留在政府之外」的胡適，這一次，居然想當總統，對此，研究胡適的學者給出的評價往往是負面的。不過，我想，胡適做出這一決定應該有他的理由。作為一個想保存一點獨立地位的自由主義知識份子，胡適難道會因貪戀總統的高位而放棄自己「為國家做一個諍臣，為政府做一個諍友」的追求？那麼，到底是什麼因素促使胡適決定「下海」，競選總統？我認為，對這一問題必須做深入的研究，而不能草率地想當然地給出不負責任的結論。

陳紅民先生在其〈智者千慮〉一文中，將胡適決定「下海」，歸因於「一國之君」的誘惑：

「說這個胡適險些被濕了羽毛的故事，是想引出話題供有識者思索：胡適能斷然拒絕部長、院長的位子，可蔣介石以『總統』相讓時，一國之君的誘惑顯然大於部長、院長。『政府的尾巴』不

做也罷，做『政府的頭』就不一樣了。胡適怦然心動，有欲迎還拒之態，雖屬人之常情，但也可見在一定條件下，修煉了 30 年的『獨立地位』是可以放棄的，『諍友』也能成『戰友』。」

我不能同意陳先生的看法。我認為，胡適決定競選總統與他此前追求獨立與自由並不矛盾。作為「諍臣」、「諍友」，胡適是以「破」的方式來督促政府走向民主大道；而競選總統，他是想以「立」的方式直接帶領國家和人民走向民主大道。倘若胡適貪戀權位，他會選擇做行政院長，因為行政院長掌控著實權，而對行政院長一職，胡適拒絕得很徹底。那麼胡適為何要競選總統呢？既然此前他確實表示過要養成一個「無偏無黨之身」，為何這一次要破例呢？

胡適決定競選總統後，曾高興地對一位採訪他的記者說：「好極了！民主政治，中國人民已經盼望了近半個世紀了。我們應該為它的實現而盡力。」由此可知，胡適決定競選總統根本不是出於對權位的貪戀，而是他認識到，一個無黨派人士能競選總統意味著這個國家的民主化進程已邁出至關重要的一步，而一旦他真的競選成功，那就意味著「中國人民已經盼望了近半個世紀」的「民主政治」終於實現了。既然如此，胡適為何不選擇競選總統呢？為何不感到高興呢？

陳紅民先生說胡適競選總統不過是出於對「一國之君」的垂涎，那實在是以己之心，度人之腹了，是把自己對權位的貪戀加在了胡適身上。

程巢父先生〈關於「智者千慮」所涉史實的辨證兼及學風〉一文，嚴厲抨擊了陳紅民先生的文風，但我認為程先生此文問題更大。這篇言辭咄咄逼人的文章，說了一大堆教訓陳紅民的話，也說了一大堆胡適追求獨立自由的事，但對胡適是否決定競選總統一事卻避而不談。所以此文除了發洩了一通不相干的怨氣外，對澄清史實絲毫無補。程巢父只從

側面，用反問的方式，表明胡適不會對總統高位感興趣的。在對胡適〈爭取學術獨立的十年計畫〉一文作了摘錄後，程先生提出自己的質問：

> 「試問陳紅民君：一個滿腦子裝著這些計畫的人，一個如此胸襟的學者和教育家，他會捨得去實現這些目標的校長位置，去就那個名義上尊榮而幹不成多少實事的總統高位嗎？所以我說你是『以陳君之心，度胡適之腹』，一點也沒有冤枉你。」

胡適的日記已告訴我們，蔣介石確曾邀請他參加競選，而他在猶豫一番也確曾答應競選總統，事情未果後蔣介石也曾向他致歉。所有這些，白紙黑字，清清楚楚，不容回避。而程巢父以一句含糊其辭的反問，難道就能掩蓋這些事實？另外，胡適也曾在不同場合對不同對象說過「我可以當無為的總統，但不能當有為的行政院長」的話，這說明，在一定條件下，胡適對總統高位確曾「怦然心動」過。

程巢父認為，胡適是一個有胸襟有計劃的教育家，所以，他肯定捨不下校長這個位置，去當總統。這樣的推論不置一駁。我想問的是，你不是胡適，你怎麼知道胡適因為捨不下學校，所以不肯去就總統之位呢？你這不也是以「以程君之心，度胡適之腹」嗎？另外，程巢父認為，胡適有〈爭取學術獨立的十年計畫〉一文，既然「滿腦子裝著這些計畫」，他會不顧這些計畫能否實現而去競選總統嗎？程先生真的太天真了。作為校長，胡適雖然滿腦子裝滿「學術獨立的十年計畫」，但他能實現這些計畫嗎？他不是在「爭取」嗎？而一但他競選總統成功，這「學術獨立的十年計畫」還要「爭取」嗎？難道一個總統不可以輕而易舉讓這「十年計畫」付諸實施嗎？

胡適對胡頌平說：「我這個人可以當皇帝，但不能當宰相。現在這部憲法裡，實權是在行政院，——我可以當無為的總統，不能當有為的

行政院長；……」於是，程巢父就想當然地認為，總統只有「名義上尊榮而幹不成多少實事」，其實，程巢父先生應該知道，按中國的說法，無為是可以無不為的。而胡適說的「無為」其實就是「無不為」的意思。只要認真思考一下就應該知道，一旦胡適以自由主義知識份子的身份競選總統成功，那就意味著中國會有一部正規的憲法，意味著著中國民主化進程開始突飛猛進，意味著很多人夢寐以求的民主政治終於在中國拉開了序幕，正因為意識到這一點，胡适才興奮不已，才坐臥不寧，才飄飄然的。而程巢父不理解胡適出任總統的重要意義，所以才會以為總統只是「名義上尊榮而幹不成多少實事」，如此，對總統之位，胡適理應不屑一顧，不可能「怦然心動」的。這是把自己短淺的目光賦予了胡適。

胡適競選總統，意義重大，任何一個追求民主自由的人士對此都會了然於胸。當時，願做副總統的李宗仁也曾給胡適寫信，力勸其競選總統，因為他認為，胡適以無黨派身份競選總統才真正體現民主的精髓。他在給胡適的信裡這樣說：「參加的候選人除了蔣主席之外，以學問聲望論，先生不但應當仁不讓，而且是義不容辭的」。在李宗仁看來，胡適既然一直鼓吹自由與民主，而倘若他競選總統成功，就意味著多年的追求終於開了花結了果，那麼，他又有什麼理由放棄這樣的稍縱即逝的良機？

還有一個問題，蔣介石是出於誠意邀請胡適競選總統的嗎？亦或是沽名釣譽別有用心？對此，謝泳先生的看法如下：

「從這些情況中我們可以看出，無論是蔣介石還是胡適，彼此之間沒有欺詐，他們每個人的處境不同，但都在自己的處境中努力完成自己的角色。在胡適和蔣介石之間，一切都是坦誠的，蔣介石從來沒有騙過胡適，他沒有諱言自己想做行政院長這一事實，

事後的結果如何是另一回事，但我們不能因為這件事最終沒有成功，就懷疑他們在這件事上的誠意。」

我不能完全同意謝泳先生的看法。我認為胡適在這件事上是有誠意的，而蔣介石則沒有。我認為，蔣介石無論是邀請胡適出任行政院長還是請胡適競選總統，都是出於無奈出於化解美國政府給他的壓力。

1947 年春，國民黨政府宣佈訓政結束，在改組政府時，容納了兩位小黨的成員。這種姿態，不能令美國政府滿意。此後，蔣介石一直擔心美國政府會將其拋棄。當馬歇爾將軍派出魏德邁將軍為首的實地考察團來中國考察時，蔣介石十分不安。1947 年 8 月 25 日，蔣介石在寓所會見了司徒雷登大使的私人秘書，「並向這位美國大使的親信探問，派遣魏德邁是否意味著美國想要強使他退休或撤換他。」

1947 年 11 月 7 日，外交部長王世杰致信胡適，稱：「在美之時，許多美國人均以不識兄之近狀為念，並謂中國政府竟令兄賦閒，亦即中國政府遭受美國社會不信任之一因！蔣先生之受冤，類此者亦多矣。」

以上幾件事表明，美國朝野雙方都希望以胡適為代表的自由主義者在中國政壇取得一席之地。在這種壓力下，蔣介石非常希望胡適能出任行政院長，這樣，他就可以對美國政府表明自己是重用胡適的，然而胡適卻堅辭不就，於是，他又請胡適參加競選，一旦胡適同意競選，他同樣可以向美國政府有個交代。當然，蔣介石敢於請胡適競選總統，也說明他對胡適是「放心」的，在他眼裡，胡適不過是一介書生，即使胡適當上總統，身為行政院長的他也是可以控制局面的。

當時的胡適也認為蔣介石請他競選總統是出於一片誠意的，所以，當蔣的提議未獲通過後蔣向他致歉時，胡適反而去安慰蔣介石：「黨的最高幹部敢反對總裁的主張，這是好現狀，不是壞現狀」。然而，等蔣

介石龜縮臺灣後，卻無視憲法，不顧胡適等人的堅決反對，一意孤行，兩次連任總統，胡適絕望之餘終認清蔣介石的真面目，他這才意識到，蔣介石請自己競選總統原來是沽名釣譽別有所圖，於是，胡適在日記裡忍不住對蔣介石譏刺了幾句：

> 「我去看雲五先生。他說，昨天他見到岳軍先生了。岳軍把我的意思先記下來，然後面告蔣先生。並沒有留下記錄，只委婉的口述。我的四點意見他都轉達了。
>
> 蔣先生鄭重考慮了一會，只說了兩句話；『我要說的話，都已經說過了。即使我要提出一個人來，我應該向黨提出，不能公開的說。』我怕這又是三十七年和四十三年的老法子了？他向黨說話，黨的中委一致反對，一致勸進，於是他的責任已盡了。」

這裡的三十七年「老法子」，就是指 1948 年，蔣介石向中委提出要胡適競選總統，結果中委一致反對，蔣也就借坡下驢了。你看，連胡適自己已經醒悟，所謂向黨提出一個人來競選總統，原來是蔣介石慣用的伎倆，以達到其不可告人的連任目的。當胡適寫下這番話時，他是不可能相信蔣介石當年請他競選總統是出於誠意的！

也有學者（如沈衛威，楊金榮）認為，蔣介石請胡適競選總統不過是設計了一個騙局，引胡適上鉤罷了。我也不同意這一看法。儘管蔣介石老謀深算，但想騙胡適，談何容易！不錯，胡適是一位書生，但他卻是一個偉大的書生，倘若他不想當總統，蔣介石費盡心機也不會讓胡適怦然心動的！

1948 年 11 月，蔣介石曾派陶希聖飛赴北京請胡適出任行政院長一職，而胡適拒絕了，但他再次向陶希聖表明，自己不願任行政院長，但卻想當總統。

　　沈寧是陶希聖的外孫，他在最近出版的一本書裡（《一個家族記憶中的政要名流》中國青年出版社 2008 年版）披露了這段珍貴的史料。為保證材料的真實性，筆者將書中的這段文字照抄如下：

「1947 年，蔣介石在國民大會當選總統，任命翁詠霓做行政院長。1948 年外祖父（指陶希聖──筆者注）到北京公幹，期間與胡適之先生見面，然後回到南京，向蔣介石報告：『胡先生有一句話，要我只能報告你一人，不能對任何人說，那就是翁詠霓不能做行政院長。我當時問他，你同翁先生是幾十年的老朋友，為什麼說這話？適之先生說，蔣先生謬採書生，用翁詠霓組閣。翁詠霓自在長沙撞車以後，思想不能集中。同時他患得患失，不知進退，他對朋友嘻嘻的一笑，沒有誠意，而對部下，則刻薄專斷，他不能做行政院長。』

有史家論及此處，言胡適之先生一貫待人極為寬容，他對多年老友做出如此評語，而且明說要轉達給蔣介石，就是要敲掉翁詠霓的飯碗，於私於公，都相當嚴重。如果他不是對外祖父有充分瞭解和信任，絕對不可能如此講。

有趣的是，蔣介石聽完我外祖父轉告胡適之先生的意見之後，對外祖父說：你現在就去北平，請胡先生出來擔任行政院長，所有政務委員與各部首長名單，都由他來開，我不干涉。外祖父領命，當日下午飛返北平，見到胡適之先生，說明來意。胡適之先生忙說：那是美國大使館和三兩個教授的主張，萬萬做不得的（你看，胡適知道蔣介石請自己任行政院長是出於無奈，是因為美國大使館和三兩個教授的主張讓蔣感受了壓力──魏注）。你看我這裡滿地書籍，沒有收拾，我根本不能動，我一動，

學校裡人心就散了。兩人繼續談了一會，胡適之先生又說：我可以做總統，但不能做行政院長。現在這部憲法，既非總統制，也非內閣制。如果我做總統，就任命蔣介石做行政院長，那麼就能確定一個內閣制的憲法了。」

翁詠霓是胡適的老友，但胡適不念私情，認為翁是書生，不適宜擔任行政院長一職。在胡適眼中，行政院長掌控實權，只有政治強人才能勝任此職。胡適本人也有自知之明，他認為自己作為書生也不配擔任此職，在他心目中，行政院長最合適人選是蔣介石，所以，只有自己能當上總統，才能任命蔣介石為行政院長了。如果換了一個有政治野心的人任總統，他會讓蔣介石擔任掌控實權的行政院長嗎？當然不會，因為蔣介石這樣的人太難駕馭了。相反，蔣介石當了總統，他也只會把某個書生放在行政院長的位置上，因為書生好管啊！倘若蔣介石讓某個有實力的人擔任此職，那他很有可能要品嚐大權旁落的苦果。蔣介石對此心知肚明，所以他一再請胡適出山，蔣介石的心思胡適明察秋毫，所以他也堅辭不就。

胡適認為，在當時的體制中，總統無實權，所以誰來當他並不在意，他關心的是誰任行政院長，因為行政院長掌控實權，能「確定一個內閣制的憲法」。所以，他不顧私情，強烈反對翁詠霓任行政院長。很多人認為，是總統的高位讓胡適不能自持怦然心動的，這是皮相之見。讓胡適動心的是，他若做了總統，行政院長就有了合適人選，內閣制的憲法也可以確定了，國家的民主政治也就步入正軌了。

胡適不諱言他想當總統，因為他的內心是坦蕩的，因為他並非覬覦總統的位子，他渴望當上總統，不過是想找到一個他心目中合適的人選

──蔣介石來擔任行政院長，從而「確定一個內閣制的憲法」，而這，才是他最最關心的事。

抗日戰爭時期，蔣介石要胡適擔任駐美大使，因為這是「戰時徵調」，胡適不便拒絕。任命書發佈的那天，胡適在日記裡寫道：「二十一年的獨立自由的生活，今日起，為國家犧牲了。」

1948 年 4 月 3 日，當胡適決定競選總統時，他再次「為國家犧牲了」「獨立自由的生活」。

英國學者藹理斯在其《感想錄》中寫下這樣一段話：

> 「今天我從報上見到記事，有一只運兵船在地中海中了魚雷，雖然離岸不遠卻立刻沉沒了。一個看護婦還在甲板上。她動手脫去衣服，對旁邊的人們說道，大哥們不要見怪，我須得去救小子們的命。她在水裡游來游去，救起了好些的人。這個女人是屬於我們的世界的。我有時遇到同樣的女性的，優美而大膽的女人，她們做過同樣勇敢的事，或者更為勇敢因為更複雜地困難，我常覺得我的心在她們前面像一隻香爐似的擺著，發出愛與崇拜的之永久的香煙。
>
> 我夢想一個世界，在那裡女人的精神是比火更強的烈焰，在那裡羞恥化為勇氣而仍還是羞恥，在那裡女人仍異於男子與我所欲毀滅的並無不同，在那裡女人具有自己顯示之美，如古代傳說所講的那樣動人，但在那裡富於為人類服務而犧牲自己的熱情，遠超出於舊世界之上。自從我有所夢以來，我便在夢想這世界。」（周作人著：《知堂乙酉文編》河北教育出版社 2002 年版第 75 頁）

　　胡適想做總統，也是一種「下水」。看護婦「下水」是為了救人，所以，她很坦然，說：「大哥們不要見怪」；胡適「下水」是為了救國，所以，他也很坦然，說：「我可以當總統」。

　　藹理斯說，他夢想一個世界，在那裡「富於為人類服務而犧牲自己的熱情，遠超出於舊世界之上。自從我有所夢以來，我便在夢想這世界。」我想，胡適也一定夢想這個世界。不管怎麼說，胡適身上還是有一些「犧牲自己的熱情」，他在 1938 和 1948 年的兩次「犧牲」不就表明了這一點嗎？

　　我認為，胡適是出於熱情，出於為國家犧牲自己的熱情才決定競選總統的。

胡適的「諍臣」、「諍友」理想和實踐

1933 年，時任國民黨行政院長的汪精衛於 3 月 31 日、4 月 28 日連續寫信請胡適出任教育部長和駐德大使，胡適回信拒絕。胡適認為，一旦他加入政府，他就沒有現在這麼自由，也就不可能保持一種獨立，也就不能對政府進行一種有效的監督了。他在謝絕信中這樣寫道：

> 「我所以想保存這一點獨立的地位，絕不是圖一點虛名，也不是愛惜羽毛，實在是想要養成一個無偏無黨之身，有時當緊要的關頭上，或可為國家說幾句有力的公道話。一個國家不應該沒有這種人；這種人越多，社會的基礎越健全，政府也直接間接蒙其利益。我深信此理，故雖不能至，心實嚮往之。以此之故，我很盼望，先生容許我留在政府之外，為國家做一個諍臣，為政府做一個諍友。」

綜觀胡適的一生，他完全當得起他所說的這句話：「為國家做一個諍臣，為政府做一個諍友」。

那麼，胡適所謂的「諍臣」、「諍友」又該具備什麼樣素質和品格呢？這一點筆者將在後面談到，這裡，讓我們先談談商務印書館經理張元濟在抗戰時期寫的一本小書《中華民族的人格》。抗戰爆發後，為弘揚中華民族的愛國精神，激發國人與日寇作決一死戰的鬥志，張元濟先生從《左傳》、《戰國策》與《史記》中，精心選出十餘篇關於豪傑勇士的篇章，譯成白話，印成一本小書，書名為《中華民族的人格》。這本小書在體例上很有特點，書的每頁均一分為二，上半印原來的文言，下半是張先生翻譯的白話，另外，書中選擇的人物都是張先生認為能代表中華民族人

格的大人物，如：公孫杵臼、程嬰、伍尚、子路、豫讓、聶政、荊軻、田橫、貫高等。張元濟說：「這些人有的是為盡職，有的是為知恥；有的是為報恩，有的是為報仇；歸根結果，都做到殺身成仁。」張先生編此書的目的就是為國土淪喪的人民樹立一個個榜樣，他說：「只要謹守我們先民的榜樣，保全我們固有的精神，我們中華民族不怕沒有復興之一日。」

書印好後，張元濟寄了一本給胡適「乞賜小序」。胡適時在美國任駐美大使，他看了書後，不同意張元濟的選擇，他在給張元濟的信裡說：「所選人物，事蹟不限於殺身報仇，而要注重有風骨、有肩膀，挑得起國家重擔子的人物，故選荊軻不如選張良，選張良不如選張釋之與汲黯。」

在胡適心目中，下列人物才能代表「中華民族的人格」：

漢：張釋之、汲黯；

後漢：光武皇帝、鄧禹、馬援；

三國：諸葛亮、曹操；

晉：杜預、陶侃；

唐：太宗、魏徵、杜甫、陸贄；

宋：范仲淹、王安石、岳飛、文天祥；

明：劉基、方孝孺、王守仁、張居正；

清：顧炎武、顏元、曾國藩。

胡適認為，在這些人物中，張釋之、汲黯可稱典型：「張釋之、汲黯雖不曾殺身成仁，他們都夠得上『富貴不能淫，貧賤不能移，威武不能屈』的風範。」

胡適提到的「汲黯」是漢武帝當政時的大臣。據記載，此人頗具剛正之風「臨大事，決大難，垂紳正笏，不動聲色，措天下於泰山之安」。汲黯時常對漢武帝犯顏直諫，而漢武帝的反應則是「默然」。不過，雖

然汲黯經常因言辭激烈而惹漢武帝不快，但漢武帝對汲黯的評價卻不壞：「古有社稷之臣，至如黯近之矣。」

由此可知，胡適所列舉的人物就是他所欣賞的「社稷之臣」，而他自己也一心想成為於國家於社會有作用的「社稷之臣」，這樣一來，胡適所說「諍臣」、「諍友」，其內涵是什麼，也就不言而喻了。

如果站在蔣介石的角度來看，胡適不愧為「社稷之臣」。這可以從以下四個方面來談。

一、社稷之臣並不死板地執行皇帝的命令，而是審時度勢，相機行事，能對社會局勢作出準確的判斷從而採取相應的措施。簡單地說，就是能做到——將在外，君命有所不受。

胡適當官時間不長，儘管如此，他也做到了「將在外，君命有所不受。」

1938 年，胡適出任中國駐美大使，上任後，胡適大部分時間只做兩件事，1、廣交朋友。與美國總統、部長、議員及名流顯要作廣泛的接觸，以期通過這些官員來影響美國對華政策；2、發表演說。在美國各處發表內容豐富而又激情洋溢的演說，以激發美國民眾對日本侵略者的憤恨。

在胡適全身心忘我地工作時，一些國民黨官員卻在蔣介石面前打胡適的小報告，說，胡適作為大使，不幹正事，只顧交友、演說，揚自己的名。蔣介石聽了，很不高興，就委託宋子文委婉地勸告胡適。宋子文對胡適說：「你莫怪我直言。國內很多人說你演說太多，太不管事了。你還是多管正事吧。」胡適沒有接受宋子文（他代表蔣介石）的勸告，依舊把精力放在「交友」和「演說」上。胡適知道，其他的事自己的部屬都可以幫自己來做，唯獨這兩件事必須自己親自出馬。因為胡適在美留學多年，有深厚的人脈，他當年很多同窗現在都身居要職，這樣，和他們接觸在很大程度上就能影響美國政府的對華政策；另外，胡適特別

擅長演說，他的演說，亦莊亦諧，聲情並茂，極具感染力。事實上，胡適的系列演講成功地激發了美國民眾對日本侵略者的憤恨。

日本東京的《日本年報》曾發表一篇專電，說：中國駐美大使胡適在美國大選年，作巡迴演講，激發了美國群眾的仇日情緒，引導美國進入戰爭危境。專電呼籲美國國會「非美活動委員會」對於胡適的活動，應予注意並加以限制。日本的恐慌，說明了胡適的演講取得了非常好的效果。

胡適未接受蔣介石讓他幹正事的命令，而是按自己的決定做，結果在外交上取得了一個又一個的成果。胡適的成功讓蔣介石化怒為喜。1949 年，蔣介石政權在大陸即將崩潰之際，蔣介石再次想到胡適，想利用胡適國際上的聲望，來為蔣家政權爭取到美國的援助。胡適當然是婉拒，因為他已看出蔣家王朝在大陸已無立足的可能。

1946 年 12 月 24 日，北大女生沈崇遭美國士兵強暴。事情在報上披露後，群情激奮，北平各高校學生罷課示威，要求當局懲辦罪犯。時在南京開會的胡適對美軍的暴行也極為憤慨，他敲著桌子，大聲說：「這還了得，真豈有此理！」當有人不贊成學生罷課遊行時，胡適說：「抗議，遊行，有何不可！眾怒難犯嘛！伸張正義嘛！」

在廣大青年學生、北平市民和各界人士的強烈要求下，美軍當局被迫將「沈崇事件」主犯皮爾遜和普利查德交由駐華海軍陸戰隊第一師軍事法庭審判。其間，北大學生強烈要求校長胡適以「監護人」的身份出庭作證，而當時國民黨當局害怕開罪美國，不同意胡適出庭。蔣介石親自授意，由外交部長王世杰從南京急電北平，阻止胡適：「報載兄對美兵案，準備出庭作證，未知確否？美方刻正羞憤同深，兄之地位或未便如此。」胡適頂住了來自蔣介石的壓力，毅然以被害女生的監護人身份出庭作證，並發表慷慨激昂的講話，痛斥美軍暴行。胡適此舉捍衛了北

大的尊嚴，也替國人出了口氣。蔣介石對胡適的不聽話雖然不滿，但胡適的「衝冠一怒」確出自良知和正氣，他也不能不予以默許。蔣介石可以私下阻止胡適，但卻不敢公開指責胡適，因為胡適的背後站著成千上萬有正義感的人民。蔣介石也怕眾怒啊！事實上證明，胡適毅然出庭的選擇是正確的，如果胡適聽從蔣介石的勸告不出庭的話，不僅北大蒙羞，國民黨政府也會顏面掃盡。

胡適這一次的「君命有所不受」再次顯露了他的勇氣和見識，同時也為他自己贏得了更多的尊重和敬意。

二、社稷之臣在乎氣節，但更注重事功，也就是說，不管幹什麼，首先要考慮對社稷有功，對百姓有益。社稷之臣不空喊激昂的口號，而是腳踏實地幹出成績，用胡適的話來說，就是以「一點一滴的努力」，求得「一寸一尺的改善」。

胡適晚年有幾次「軟弱」表現，如雷震被捕後他一直未探監，蔣介石違憲第三次連任總統後，胡適對此保持沉默，享受所謂「不說話的自由」，表面上看，早年的風骨在晚年胡適身上似乎蕩然無存。其實胡適這樣做，是因為他覺察到當時政治形勢嚴峻，自己如一味死頂，不過是以卵擊石，不會取得任何效用，而作必要的後退，還能保存已經取得的「一寸一尺的改善」。權衡利弊，胡適選擇了隱忍，也就是說，胡適出於功用的考慮，才這麼「軟弱」的。

蔣介石準備第三次連任總統後，雷震等人醞釀組建新黨「中國民主黨」，邀請胡適出任黨魁，胡適拒絕出任，並且勸阻雷震，要約束自己的行為，他說：「你說的話，我自己說的話，都會記在我的帳上。你不知道嗎？『殺君馬者道旁兒』。人家都稱讚這頭馬跑得快，你更得意，你更拼命的加鞭，拼命的跑，結果，這頭馬一定要跑死了。現在你以為《自由中國》出了七版、八版，你很高興，這都是你的災害！」

胡適為什麼反對雷震組建「中國民主黨」呢？因為當時有一些海外勢力和臺灣本土勢力想借助這個黨來推翻蔣介石政權，而蔣介石也意識到了這點，所以絕不允許雷震或其他人有組黨的意圖。胡適對蔣介市的想法明察秋毫，所以才提醒雷震適當收斂，因為一旦觸犯了蔣介石所能容忍的底線，不僅組建不了新黨，連「自由中國」這個陣地也保不了。雷震沒有接受胡適的勸告，結果《自由中國》被封，自己被捕。

胡適關於「反對黨」，和蔣介石有過一次談話：

「我回到臺北的第二天，所謂『反對黨』的發言人──李萬居、高玉樹、郭雨新、王地、黃玉嬌──來看我。我屋中客多，我答應了那個禮拜三晚上（10月26日）同他們吃飯面談。禮拜三（26日）的上午，我去看副總統，我把我要向他們說的話，先報告副總統。我說，李萬居一班人既然說，他們要等我回國，向我請教，我有責任對他們說幾句很誠懇的話。我要勸告他們兩點：1、在時間上要展緩他們成立新黨的時期：他們應該看看雷案的發展，應該看看世界形勢，如美國大選一類的事件。不可急於要組黨。2、我要勸他們根本改變態度：第一，要採取和平態度，不可對政府黨取敵對的態度。你要推翻政府黨，政府黨當然先要打倒你了。第二，切不可使你們的黨變成臺灣人黨，必須要和民、青兩黨合作，和無黨派的大陸同胞合作。第三，最好是要能夠爭取政府的諒解，──同情的諒解，──以上是我對副總統說我預備那晚上對他們幾位說的話。同時我還表示一個希望。十年前總統曾對我說，如果我組織一個政黨，他不反對，並且可以支持我。總統大概知道我不會組黨的。但他的雅量，我至今不忘記。我今天盼望的是：總統和國民黨的其他領袖能不能把那十年前對我的雅量分一點來對待今日要組織一個新黨的人？」

　　胡適知道，蔣介石最怕「反對黨」成為「臺灣人黨」，所以他特別告戒「反對黨」人士「切不可使你們的黨變成臺灣人黨」。胡適對「反對黨」人士的兩點勸告就是給蔣介石的兩粒「定心丸」。胡適這樣說，並不是為了安慰、討好蔣介石，而是想消除蔣介石內心的擔憂，從而使蔣能分一點「雅量」給臺灣組建新黨的人。胡適的意圖是，先把「反對黨」成立起來，然後再去壯大、發展，如果一開始行動過火，惹蔣介石不快，結果只能是欲速則不達。胡適晚年提倡「容忍比自由更重要」，其目的是告戒自由派知識份子不要圖一時言語痛快而招殺身之禍，先保存實力保住已有的戰果，待時機成熟再開始行動也不晚。

　　我們知道，胡適是反對蔣介石連任的，曾利用各種渠道勸蔣不要連任，然而，在蔣介石連任成功後，《中央日報》記者李青來請胡適發表意見，胡適說：「我站在老百姓的立場上，跟老百姓一樣高興。」

　　胡適為什麼會這樣說呢？因為胡適意識到木已成舟，再發一通牢騷惹蔣不快，已毫無用處，不如說一番含糊其詞的話，敷衍一下。胡適說：「哲學是我的職業，歷史是我的訓練，文學是我的娛樂，政治是我的一種忍不住的新努力。」此時的胡適，意識到自己作為政治上的「諫臣」已經失敗，但自己還可以潛心哲學或歷史，做一些對社稷或許無關，但對學術卻一定有補的事，當然前提是既不能像雷震那樣被捕入獄，也不能像江南那樣橫遭不測，這樣，就只能享受「不說話的自由了」。胡適這樣做，仍然是基於「留得青山在，不怕沒柴燒」的考慮。

　　當蔣家政府一意孤行判了雷震十年監禁，胡適沒去探監，有人問胡適為何不去探監時，胡適答：

　　　「我從美國回來後，原擬去監獄看雷先生，後有人告說軍監因知我要探監看雷先生，弄得非常緊張，還要呈報蔣總統批准才去。

其實我去探監看雷先生，也只是和雷先生寒暄閒話一番，什麼真
正的話都不能在那裡談。去只有添雷先生的緊張和麻煩。我想不
去還比去的好。故我去探監看雷先生，似無什麼意思，至於外面
如何批評我，也可不必計較。」

此前，胡適已經因為在蔣介石面前為雷震求情而遭批評，所以，他
知道，自己去探監，一方面，並不能改善雷震的處境；另一方面，自己
和蔣介石的關係會因此惡化，這樣，探監就不會產生任何良性的效果，
所以他才取消了探監計畫。

胡適相信「一點一滴的努力」，珍惜「一寸一尺的改善」，所以，在
晚年才宣揚「容忍比自由更重要」，才表現得「軟弱」。胡適說：「我們
要收將來的善果，必須努力種現在的新因，一粒一粒地種，滿倉滿屋地
收。」也就是說，在條件不許可的情況下，不要一味唱高調，而是要先
保護好自己，只要堅持「一粒一粒地種」，總有一天會「滿倉滿屋地收」。
從這個角度，我們對於胡適晚年的「軟弱」應給予一種「理解之同情」。

三、社稷之臣敢於犯顏直諫，不阿諛奉承，不一味順從，有且敢於
堅持自己的看法和主張。

1932 年 12 月 2 日。蔣介石的秘書黎琬君接胡適去蔣宅吃飯。席
上，蔣介石要胡適注意研究兩個問題：1、中國教育制度應該如何改革？
2、學風應該如何整頓？

胡適直言不諱地說：「當前教育制度並不壞，千萬不要輕易改動了。
教育之壞，與制度無關。十一年的學制，十八年的學制，都是專家定的，
都是很好的制度，可惜都不曾好好的試行。經費不足，政治波動，人才
缺乏，辦學者不安定，無計畫之可能，這些都是教育崩壞的原因，與制
度無關。」

　　蔣介石聽了這番話，臉色鐵青，但胡適仍然侃侃而談：「學風也是這樣。學風壞是由於教師不能安心教學，是因為政府不清明，用人不注重考試，不公平。學生大多是好的，學風之壞也不能怪學生，而應該歸因於政府！」

　　蔣介石越聽臉色越難看，但胡適毫不顧忌，一吐為快。當天晚上還意猶未盡地在日記裡繼續向蔣介石「發難」。

　　1952 年，《自由中國》月刊社舉辦三周年紀念會，胡適出席了這次大會，並圍繞「言論自由」作了講話。

　　胡適說：「言論自由，只在憲法上有那一條提到是不夠的。言論自由同別的自由一樣，還是要靠我們自己去爭取的。人人應該把言論自由看作最寶貴的東西，隨時隨地的努力爭取，隨時隨地的努力維持。」說到這裡，胡適話鋒一轉，把矛頭指向臺灣政府，說：「我們當政的人，應該極力培養合法的反對，合法的批評。什麼是合法的反對，合法的批評呢？輿論就是合法的反對，合法的批評。輿論的批評，只要是善意的，就應該承認是合法。至於代表民意的機關，無論是中央的立法機關，地方的立法機關，對政府的實施有反對、有批評都是合法的。在朝的應該培養鼓勵合法的反對；在野的應該努力使自己負起這個責任，為國家做諍臣，為政府做諍友。有這種精神才可以養成民主自由的風氣和習慣。這樣才可以在自由世界中站一個地位而無慚愧。我們的前途，我們的希望，我們的生命，都應該寄託在自由世界一塊。」

　　1953 年 1 月 16 日，蔣介石為拉攏胡適，邀他共進晚餐，胡適乘機批評臺灣的政治。他說：「臺灣現在幾乎沒有言論自由。第一，無人敢批評彭孟輯（臺灣警備司令）。第二，無人敢批評蔣經國。第三，無一語批評蔣總統。那麼，所謂的言論自由，也就『盡在不言中』了。」胡適的話一針見血，蔣介石聽了很不自在。胡適則一不做二不休，乾脆一

吐為快:「憲法只許總統有減刑與特赦之權,絕無加刑之權。而總統屢次加刑,這是明顯的違憲啊!可是政府竟無一人敢向總統這樣說!我認為,總統必須有諍臣一百人,最好一千人。如果總統願意開放言論自由,就等於是有了成百上千個諍臣了!」

胡適這番直言,充分顯示了他作為自由主義知識份子領軍人物的膽識和尖銳。

1956 年 10 月是蔣介石的七十大壽。遠在美國的胡適寫了一篇文章為蔣介石祝壽,這篇短文就是著名的〈述艾森豪總統的兩個故事給蔣總統祝壽〉。此文發表在 1956 年的《自由中國》雜誌上。

在這篇文章裡,胡適勸蔣介石學習艾森豪,他說:「一國元首要努力做到『三無』,就是要『無智、無能、無為』:『無智,故能使眾智也。無能,故能使眾能也。無為,故能使眾為也。』這是最明智的政治哲學。」文章的最後,胡適語重心長,曲終奏雅,說:「奉勸蔣先生要徹底想想『無智、無能、無為』的六字訣。我們憲法裡的總統制本來是一種沒有行政實權的總統制,蔣先生還有近四年的任期,何不從現在起,試試古代哲人說的『無智、無能、無為』的六字訣,努力做一個無智而能『御眾智』,無能無為而能『乘眾勢』的元首呢?」

胡適上面這番話,可謂忠言逆耳,用心良苦──其目的是提醒蔣介石要做一個守法守憲的「三無領袖」。蔣介石當然很惱火,因為,胡適的話直接妨礙了他「家天下」的獨裁計畫。於是,蔣家父子急不可耐地炮製出一份「特種指示」,圍剿胡適的「毒素思想」,其圍剿方式就是利用國民黨當局控制的輿論工具和黨的各級組織,以讀者投書和投稿的方式,辱罵胡適。「特種指示」發出不到兩個月,蔣經國又出版了長達六十一頁的《向毒素思想總攻擊》的小冊,對胡適為首的自由主義知識份子進行全面、徹底的清算。小冊子認為,胡適勸諫蔣介石做「無智、無能、無為」

的「國家元首」是包藏禍心,「含有極大的政治陰謀」。面對國民黨喪心病狂的圍剿,胡適不畏懼不退縮,繼續寫文章和對方筆戰,直到生命的最後時刻,他仍然說:「我講了一些該講的話,引起了圍剿,不要去管它,那是小事體,小事體。我挨了四十年的罵,從來不生氣,並且歡迎之至。」

蔣介石退到臺灣後,一心要把臺灣變為蔣家天下,所以,蔣介石一再違背憲法,愚弄百姓,連任總統。胡適是堅決反對蔣介石連任總統的。他曾在公開場合發表談話,希望蔣介石能遵守憲法,放棄連任。1959 年 11 月,胡適向總統府秘書長張群表示,他要見蔣總統,張群害怕胡適面諫蔣介石放棄連任,一直不敢安排胡適和蔣介石見面。他對胡適說:「如果總統聽得進你的意見還好。萬一聽不進,總統或許會很窘。」胡適理解張群的苦衷,就向張群講了幾點意見,由張群轉告蔣介石:

1. 明年二、三月裡,國民大會期中,是中華民國憲法受考驗的時期,不可輕易錯過。
2. 為國家的長久打算,我盼望蔣總統給國家樹立一個「合法的,和平的轉移政權」的風範。不違反憲法,一切依據憲法,是「合法」的。人人視為當然,雞犬不驚,是「和平的」。
3. 為蔣先生的千秋萬世盛名打算,我盼望蔣先生能在這一兩月裡,作一個公開的表示,明白宣佈他不要作第三任總統,並且宣佈他鄭重考慮後盼望某人可以繼他的後任;如果國民大會能選出他所期望的人做他的繼任者,他本人一定用他的全力支持他,幫助他。如果他作此表示,我相信全國人與全世界人都會對他表示崇敬與佩服。
4. 如果國民黨另有別的主張,他們應該用正大光明的手段明白宣佈出來,絕不可用現在報紙上登出的「勸進電報」方式。這種方式,對蔣先生是一種侮辱,對國民黨是一種侮辱;對我們老百姓是一種侮辱。

張群表示，如果有適當的機會，他會向蔣介石轉述胡適的話。不過，他卻在胡適面前為蔣介石辯解說，蔣介石想連任，不是為自己考慮，而是為了：1，革命事業沒有完成；2，他對反共復國有責任；3，他對全國軍隊有責任。

胡適反駁道：「在蔣先生沒有做國民政府主席也沒有做總統的時期──例如在西安事變的時期──全國人誰不知道他是中國的領袖？如果蔣先生能明白表示他尊重憲法，不做第三任總統，那時他的聲望必然更高，他的領袖地位必然更高了。」

後來，張群很委婉地把胡適的話轉告給了蔣介石，蔣介石鄭重地考慮了一會兒，說：「我要說的話，都已經說過了，即使我要提出一個人來，我應該向黨提出，不能公開地說。」

胡適聽到這樣的話，非常失望，當天，胡適在日記裡寫道：「我怕這又是三十七年和四十三年的老法子，他向黨說話，黨的中委一致反對，一致勸進，於是他的責任已盡了。」

胡適在這裡譏刺了蔣介石在 1948、1954 年已經耍弄了兩次把戲，這次又要故伎重演。

從結果上看，胡適對蔣介石的勸諫似乎沒起到應有的作用，但僅憑敢批逆鱗，敢向蔣介石直言相諫這一點，胡適已證明了他不愧為社稷之臣。

四、社稷之臣是有自己的信仰的，他可以作一時的隱忍，一時的退縮，但絕不會因為迎合君王而放棄自己的信仰。

1958 年 4 月 10 日，胡適就任「中央研究院」院長，就職典禮在臺北南港「中央研究院」考古館樓上舉行，典禮結束後，舉行第三次院士會議的開幕式。當時，蔣介石和副總統陳誠都親臨現場祝賀。蔣介石在講話中，讚揚了胡適「個人之高尚品德」，並號召大家「發揚『明禮義，知廉恥』之道德力量。」蔣介石話音剛落，胡適竟當面反駁了蔣介石的

說法，他說：「剛才總統對我個人的看法不免有點錯誤，至少，總統誇獎我的話是錯誤的。我們的任務，還不只是講公德私德，所謂忠信孝悌禮義廉恥，這不是中國文化所獨有的，所有一切高等文化，一切宗教，一切倫理學說，都是人類共同有的。總統年歲大了，他說話的分量不免過重了一點，我們要體諒他。我個人認為，我們學術界和中央研究院應做的工作，還是在學術上。我們要提倡學術。」

　　蔣介石要大家發揚道德的力量，而胡適當面反駁他，要「提倡學術」。聽了胡適這番話，蔣介石臉色突變。事後，有人指責胡適態度過分，勸胡適向蔣認錯、道歉，胡適拒絕了。他可以在某些方面做一點妥協和讓步，但絕不會放棄自己的信仰。

　　蔣介石想連任總統，又怕無記名投票，如果表決時採用無記名的投票方式，那蔣介石能否得到足夠的票數就很難說了。「國民大會」的主席之一陳啟天知道此事非同小可，就請示蔣介石。蔣介石知道美國憲法沒有規定選舉總統時一定用無記名投票，就讓胡適來發表意見，因為胡適一向喜歡效仿美國。胡適當然知道蔣介石的用意，但他不想迎合蔣介石而是堅持發表自己對此事的真實看法，他說：

　　「無記名投票是澳洲發明的，到今年還只有一百零四年的歷史，無記名投票是保障投票的自由，可以避免投票的威脅，因此很快的被世界採用。美國憲法是一百七十年前制定的，所以美國憲法上並沒有無記名投票。據我所知道，如禁酒，各州的憲法是不同，火車經過禁酒的一州時，火車上的酒排間就關了。否則是犯禁的。又如婦女參政問題，美國都是用無記名投票的，……四年前我在美國，美國正在慶祝無記名投票一百年紀念。」

　　胡適的回答讓蔣介石碰了個軟釘子，但在眾人面前，蔣介石不便發火，而他的心腹則忍不住了，當場站起來，質問胡適：「在此地誰威脅

誰？」胡適立即反駁道：「我本不想說話，在大會上，在主席團裡，我一句話也不說。今天總統點名要我說，我才說的。我說的無記名投票是保障投票的自由，可以避免投票的威脅。這是無記名投票的意義。」

在大庭廣眾之下，當著蔣介石的面，胡適堅持自己的信仰，據理力爭，毫不退讓，在場的人不能不為之肅然起敬為之暗暗喝彩。

胡適和汲黯確有諸多相似之點，比如，他們都對國家的最高領導忠心耿耿，都敢於對最高領導犯顏直諫。但胡適和汲黯也有著根本不同之處，正是這不同之處，使晚年的胡適遠遠超越了汲黯。我們知道，不管汲黯有多大的勇氣，他也不會勸漢武帝退位，作為一名忠臣，他也許會對皇帝提出尖銳的批評，但絕不可能產生這樣大逆不道的念頭。而胡適在晚年則一再勸蔣介石退位，一再要求蔣介石同意組建反對黨。這說明晚年的胡適終於徹底擺脫了忠君的傳統思想，這一點，蔣介石當然也覺察到了，所以才會授意國民黨對胡適進行「圍剿」。──從這個角度來看，我們可以說胡適是民國時期的「汲黯」，但不能說汲黯是漢代的「胡適」，雖然他們同樣堪稱「社稷之臣」。

胡適去世後，蔣介石給胡適的輓聯是：新文化中舊道德的楷模，舊倫理中新思想的師表。我以為，這幅輓聯準確地概括了胡適的亦新亦舊、中西雜糅的矛盾人生。無論在生活上還是在政治上，胡適的一生都充滿矛盾。生活上，作為一名留美博士，他與村姑江冬秀相伴一生，可謂恪守了傳統的「父母之命，媒妁之言」，然而胡適一生中，又至少有四位婚外戀人，這又顯露了他在婚姻方面極為現代的態度。政治上，他對蔣介石忠心耿耿，但他又一再向蔣介石灌輸西方的民主、自由、平等的思想，很多時候，他的言行確實矛盾得刺眼。看來，胡適畢竟在中國長大成人，畢竟在傳統文化裡浸泡得太久太深，所以，

即便他在美國留學期間接受了很多西方思想，即便他自己也極力想改頭換面，跳出傳統的藩籬，他也無法成為外黃內白的「香蕉人」了。就像一個人，被納入一個巨大的瓶子中，結果軀體不得不呈現一種畸形的形狀，有一天，瓶子碎了，但那畸形的軀體卻難以復原了。若干年後，人們從他怪異的身體上仍然看出當年那只瓶子留下的形狀。

　　我們從胡適的身上就一直能看到那個「瓶子」的形狀，那個「瓶子」名叫傳統。

文本內外：胡適的兩篇〈容忍與自由〉

　　1957 年 7 月，雷震主編的《自由中國》（第 17 卷第 3 期）發表了由殷海光執筆的社論〈反攻大陸問題〉，社論一針見血地指出，蔣介石掛在嘴上的所謂「反攻大陸」不過是「一個渺茫的假想」，而臺灣當局以這一假想為根據的種種做法是有顯著弊害的。這篇文字擊中了國民黨當局的要害。惱羞成怒的蔣家父子於是動用臺灣所有的宣傳機構對這篇社論進行圍剿。《自由中國》同仁不懼蔣家王朝的淫威，在 1957 年 9 月 1 日推出社論〈關於反攻大陸問題的問題〉，對國民黨的無理攻擊予以駁斥。社論對國民黨當局的自欺欺人作了毫不留情的譏刺：

　　「其實，官方人士的如意算盤也打錯了。那種長期高叫而老不行動的辦法，也並不聰明。長期維持高度緊張心理而不疲憊，那是不可能的。人，不是機器，人要思想。不要以為一張老不兌現的『支票』，可以長期的當作『現金』來使用。懷疑的因素會爬到人們的靈魂深處，並且在那裡漸漸擴張，僅僅是為著號召，為著鼓舞人心，也該提出一些新鮮的說法。如果稍有幾分謀『國』的忠誠，更應該從深處去思索，在苦悶之中打開出路，再不能靠裝腔作勢來做唯一的政治資本了。」

　　這兩篇社論言辭犀利，朝蔣介石的痛處一搗再搗。自此，蔣家父子視《自由中國》為眼中釘肉中刺，必欲拔之而後快。但蔣家父子一向標榜自由與民主，《自由中國》又一直呼籲倡導自由民主，所以，蔣家父子對有胡適做後盾的《自由中國》也不敢輕舉妄動，他們知道，對冒犯黨國的《自由中國》不能「強攻」，只能「智取」。

　　經過一番密室裡的策劃，國民黨當局決定用重金買通一個打手，由此人出面投書《自由中國》，待投書發表後，再反咬《自由中國》假冒他人名義發表文章，侵犯他人名譽權，從而讓《自由中國》落入陷阱。最終，國民黨買通了一個叫陳懷琪的人來完成這樁卑鄙的陰謀。此人為台南陸軍工兵基地勤務處製造廠中校行政課長。《自由中國》雜誌防備不足，果然中計，發表了署名陳懷琪的假投書，結果陷入焦頭爛額的境地，主編雷震不得不出庭應訊，顯然，國民黨政府想借此搞垮《自由中國》。

　　「陳懷琪」事件發生後，胡適陷入痛苦的思考中，他知道這是國民黨當局布下的陷阱，但他也覺得，如果《自由中國》能更妥善地處理來稿，能多留一個心眼，這一事件還是可以避免的。於是，他提筆給《自由中國》寫了一封信，對《自由中國》的編輯們來個一半提醒，一半責備。信的全文如下：

　　《自由中國》半月刊的編輯委員會的各位同仁：

　　我今天以編輯委員會的一個分子的資格，很誠懇地向各位同人說幾句話。我在四十一年（1952）就懇求你們許我辭去「發行人」的名義，那時我已預料今天發生的刑事訴訟案件一類的事，遲早必會發生，發生時應有發行人能實際負責。若用一個遠在「國」外的人做「發行人」，那種辦法只足以叫人認為不負責任的表示，實際上也不是爭自由的正當辦法。此次陳懷琪的事件，我以為我們應該檢討自己的編輯方法的是否完善。

　　此次事情由於「讀者來書」。編輯部沒有調查「陳懷琪」是真名假名，就給登出來了。這是根本最不合編輯「讀者來書」的普通原則的！這是我們的大錯誤。

凡讀者投書，（1）必須用真姓名、真地址，否則一概不給登載；
（2）其有自己聲明因特殊情形不願用真姓名發表者，必非另有
聲明的信用真姓名，真地址，否則一概不給發表。

我誠懇地盼望我們大家做一次嚴重的檢討，切實改善本刊的編輯
方法。例如「讀者投書」的編輯，必須嚴格地實行我上面指出的
兩條辦法（國外通行的辦法還有一條，就是加上聲明，投書人發
表的意見，並不能代表本社的意見）。

此外，我還有兩三個建議：

（1）本刊以後最好能不發表不署真姓名的文字。

（2）以後最好能不用不記名的「社論」。當年的《獨立評論》與
　　　《現代評論》皆沒有不署名的社論。

（3）以後停止「短評」。因為「短評」最容易作俏皮的諷刺語，
　　　又不署名，最容易使人看做尖刻或輕薄（《新青年》的「隨
　　　感錄」、《每週評論》的「隨感錄」，各條尾皆有筆名可以指
　　　定是誰的筆名）。

有人說，社論須署名，則社論更難找人寫了。我的看法是，爭取
言論自由必須用真姓名，才可以表示負言論責任。若發行人怕負
言論責任，則不如不發表這種言論。所以我辦《獨立評論》五年
之久，沒有發表一篇用假姓名的文字。我們當時的公開表示是「用
負責任的態度，說平實的話」。這種態度，久而久之，終可以得
到多數讀者的同情和信任。

以上諸點，我誠懇地提出來，請大家不客氣地討論批評。

胡適敬上

四八、三、五日下午[1]

　　胡適要求雷震在《自由中國》上發表這封信，以自我批評的姿態緩解和當局的關係，而雷震及其同仁對胡適這封信卻很不滿，他們認為胡適的做法顯得很軟弱，決定和當局抗爭到底，不惜對簿公堂，甚至不惜停刊。為了勸說雷震及其同仁，為了強調容忍的重要性。胡適寫下題為〈容忍與自由〉的文章，發表於 1959 年 3 月 16 日。瞭解這樣的背景，對理解此文至關重要。

　　文章一開始，胡適引用康耐爾大學史學大師布林先生話，亮出文章的主題：「我年紀越大，越感覺到容忍比自由還更重要。」

　　接下來，胡適以自己為例，說自己是無神論，但「這個國家、這個社會、這個世界，絕大多數人信神的，居然能有這雅量，能容忍我的無神論……我覺得這個國家、這個社會、這個世界對我的容忍態度是可愛的，是可以感激的。」所以，「我自己總覺得我應該用容忍的態度來報答社會對我的容忍。……我要用容忍的態度來報答社會對我的容忍。」

　　胡適緊接著舉了幾個宗教史上的例子，得出結論「容忍是一切自由的根本」。如果從宗教信仰的角度來看，胡適的話閃爍著極為珍貴的真知灼見。不過，從政治角度來看，胡適的話就並非無懈可擊了。而胡適寫此文的目的不是要雷震、殷海光容忍他人的宗教信仰，而是要他們容忍當局的壓制。如此，如果一味談宗教方面的容忍，那這篇文章就起不到勸說《自由中國》同仁的效果了。

　　胡適當然意識到了這一漏洞，於是他在文章裡設法從「宗教」延伸到「政治」，比如文章裡有這樣一句話：「在宗教自由史上，在思想自由史上，在政治自由史上，我們都可以看見容忍的態度是最難得、最稀有的。」不過，由於胡適舉的例子完全是宗教方面的，他的這一觀點「在政治自由史上，我們都可以看見容忍的態度是最難得、最稀有的」並沒有得到有力的支撐。

在文章的後面，胡適再次把話題由宗教轉到政治上來，「在政治思想上，在社會問題的討論上，我們同樣的感覺到不容忍是常見的，而容忍總是很稀有的。」為了說明這一點，胡適舉了一個陳獨秀的故事做例子。

「四十多年前，我們在《新青年》雜誌上開始提倡白話文學的運動，我曾從美國寄信給陳獨秀，我說：

> 此事之是非，非一朝一夕所能定，亦非一二人所能定。甚願國中人士能平心靜氣與吾輩同力研究此問題。討論既熟，是非自明。吾輩已張革命之旗，雖不容退縮，然亦絕不敢以吾輩所主張為必是而不容他人之匡正也。

獨秀在《新青年》上答我道：

> 鄙意容納異議，自由討論，固為學術發達之原則，獨於改良中國文學當以白話為正宗之說，其是非甚明，必不容反對者有討論之餘地；必以吾輩所主張為絕對之是，而不容他人之匡正也。……。

胡適抓住陳獨秀的這句話「必以吾輩所主張為絕對之是，而不容他人之匡正也」做文章，說：

> 「我當時就覺得這是很武斷的態度。現在四十多年之後，我還忘不了陳獨秀這一句話，我還覺得這種『必以吾輩所主張為絕對之是』的態度是很不容忍的態度，是最容易引起別人的惡感，是最容易引起反對的。」

其實，對陳獨秀這句話必須結合當時的特定背景來分析、理解。因為陳的這句話明顯偏激，明顯不妥，通常情況下，任何一個思維正常的人都不會同意這樣的話，那麼，陳獨秀為何偏偏這樣說呢？這是因為

當時的保守勢力氣焰熏天，不可一世，那麼陳獨秀說這樣的話，其目的主要是在氣勢上壓倒對方，也是為自己壯膽，如若不然，對方是不會有絲毫妥協的，同時也不能激發同道們的鬥志的。另外，陳獨秀這樣說，也是出於策略上的考慮，因為不把話說得如此偏激，保守勢力就不會感受到「文學改良派」的破釜沉舟的決心，從而對「文學改良派」的主張不屑一顧不予理睬。相反，當保守勢力從陳獨秀「蠻不講理」的話中感受到一種咄咄逼人的氣勢和一股撲面而來的壓力後，在驚慌失措之際會不由自主作出一點讓步。這個道理，魯迅在〈無聲的中國〉裡說的很清楚。魯迅說：「中國人的性情是總喜歡調和、折衷的。譬如你說，這屋子太暗，須在這裡開一個窗，大家一定不允許的。但如果你主張拆掉屋頂，他們就會來調和，願意開窗了。沒有更激烈的主張，他們總連平和的改革也也不肯行。」

由魯迅這句話，我們也就理解了陳獨秀為什麼要把話說得那麼偏激了。因為他不是要闡述什麼真理而是在表明一種不達不目的不甘休的態度。所以，胡適的分析表面公正、剴切，實質上南轅北轍，不得要領。另外，嚴格地說，陳獨秀這番話表明的是一種嶄新的文學觀念，與胡適想要證明的「政治思想」並非一回事。

在文章的最後，胡適顯露了他寫此文的動機：

> 「我們若想別人容忍諒解我們的見解，我們必須先養成能夠容忍諒解別人的見解的度量。至少我們應該戒約自己絕不可『以吾輩所主張者為絕對之是』。我們受過實驗主義的訓練的人，本來就不承認有『絕對之是』，更不可以『以吾輩所主張者為絕對之是』。」

在這裡，胡適一連用了五個「我們」，意在提醒，此文的宗旨是強調「我們」（胡適、雷震、殷海光等自由主義知識份子）要容忍。言下之意是不能和當局抗爭到底了，要學會容忍，這樣才能保存實力。所以文章發表後，國民黨當局很滿意，而《自由中國》的同仁，絕大多數不以為然。青年黨領袖陳啟天就當面對雷震說：「我看到胡適先生用自責的口吻為《自由中國》講話，心裡很難過。」

胡適這篇文章說的頭頭是道，譽之鞭辟入裡也不為過，但卻有無的放矢之嫌，因為雷震、殷海光們並未說過與「以吾輩所主張者為絕對之是」相類似的話，而且他們恐怕也和胡適一樣並不同意陳獨秀這番有特殊目的的偏激話語，他們只是不想被當局壓制，想捍衛尊嚴，爭取言論自由罷了。所以，胡適的話雖言之成理，但他的初衷──勸雷震、殷海光們「容忍」──卻很難實現了。

誠如殷海光所云，胡適的〈容忍與自由〉是「近四十年來中國思想史上的一個偉大的文獻」，是「中國人應走的大方向的指南針」，不過，此文的漏洞也是顯而易見的。

毛子水先生在其〈「容忍與自由」書後〉中指出，胡適文章的哲學基礎是宋朝呂伯恭的兩句話：「理未易明，善未易察」。胡適對此表示同意：

> 「毛子水先生在那篇文章中指出：胡適之先生這篇文章的背後有一個哲學的基礎。他引述我於民國三十五年在北京大學校長任內作開學典禮演講時所說的話。在那次演說裡，我引用了宋朝的大學問家呂伯恭先生的兩句話，就是：『理未易明，善未易察。』宋朝的理學家，都是講『明理、察善』的。所謂『理未易明，善未易察』，就是說善與理是不容易明白的。過了十二、

三年，毛先生又引用了這兩句話。所謂『理未易明』，就是說真
理是不容易弄明白的。這不但是我寫〈容忍與自由〉這篇文章
的哲學背景，所有一切保障自由的法律和制度，都可以說建立
在『理未易明』這句話上面。」

　　殷海光一方面盛讚此文，另一方面，也指出此文有不合國情和不合
適宜的地方，因為在文章裡，胡適一味要求「無權無勢」的弱者去「容
忍」，對有權有勢的當局是否該容忍卻閉口不談，這就有點本末倒置了。
據此，他對胡適提出如下要求：

「同樣是容忍，無權無勢的人易，有權有勢的人難。……有權
有勢的人頤指氣使慣了。他言欲為無窮則，行欲為後世法，到
了現代更變為『主義』等類『絕對真理』的化身。要這類人士
學習容忍，真比纜繩穿過針孔更難。適之先生是歷史大家，他
一定知道，就咱們中國而論，自古至今，容忍的總是老百姓，
被容忍的總是統治者。所以我們依據經驗事實，認為適之先生
要提倡容忍的話，還得多向這類人士說法。我們認為胡先生不
應以這個社會對你底『無神的思想』容忍為滿足，而應以使千
千萬萬人不因任何『思想問題』而遭監禁甚至殺害為己任！」[2]

　　殷海光目光如炬，一下看出胡適文章的癥結所在，胡適後來不得不
對此做出回應，亦對自己的文章做了一點修正。
　　發現胡適此文漏洞的不止殷海光一人，著名史學家周策縱先生也認
為，胡適強調容忍是有道理，說容忍是自由的保證也是對的，但不能只
要求「我們」容忍，對「他們」，甚至對每個人都要提這樣的要求。周
先生在文中這樣寫道：

「我們承認容忍是自由的一個基礎，社會如果沒有容忍就絕不會有
真正的自由。因為現代社會上人與人的關係過於密切，蜂窠的每
個巢穴互相密集著，有一個巢孔過度擴張時，別的孔就要被壓縮
變形了。同樣的，一個人的自由也必然會受到別人的自由的限制，
即如穆勒所說的，自由必以別人的自由為界限。所以我的自由常
常建立在別人的容忍上，別人的自由也常常建立在我的容忍上。
我多一分容忍，別人便可能多一分自由。是就這一意義說，容忍
雖然有點像自由的必要條件，它是否為自由的充分條件，卻還得
看情況如何而定。換句話說，社會上沒有容忍固然談不到自由，
但有了容忍是否就有自由，卻要看這容忍的態度普遍到什麼程度
而定。中國的婦女在舊禮教的束縛下不是容忍了幾千年麼，她們何
嘗得到婚姻上和經濟上的自由？有許多專制政治和獨裁政治下，
大多數的人民往往容忍到了極點，但自由也不曾自動地降臨，固
然有許多被迫的服從不能算作容忍。原來一個社會裡要是只有一
部分人能容忍而另一部分卻可以不顧的時候，容忍還可能成為奴
隸的道德。我們若希望容忍發生好的效果，能作為自由的保障，
必須社會上的人全體或大多數都多多少少能採取這種態度。」[3]

胡適把容忍的重要性無限放大，對抗議的重要性卻隻字不提。如果
把容忍比喻成「女人」，把抗議比喻成「男子」，那麼，只有雙方纏綿在
一起，才有可能創造出新的生命——自由。就創造生命而言，男人與女
人的作用應該是平分秋色，且缺一不可。而胡適在文章中盛讚「女人」，
似乎有了「女人」，就一定會有孩子，這當然不妥！所以，周策縱先生
認為要對「容忍」和「抗議」一視同仁，因為容忍與抗議同樣重要，光
有容忍或光有抗議均不能帶來自由：

「抗議和容忍在表面上似乎相反，在實質上卻相輔相成，而不是互相反對的。容忍的成立，和抗議一樣，也必須建立在不同意的前提下。」

「容忍之所以成為必要，因為『理未易明』。抗議之所以要人不可不表示異議，就某些人看來也許是基於自認『吾輩所主張者為絕對之是』，我們卻不贊成從這點出發，它無寧還是基於『理未易明』的觀點，因為我們同樣地覺得對方所主張的也未必就是『絕對之是』，我們與其相信別人，還不如相信自由獨立的思考和判斷。我的見解如有不同，就最好說出來，這樣一來，『不怕不識貨，就怕貨比貨』，才能希望更接近真理。穆勒在《自由論》第二章的末了，總結他替思想言論自由辯護的理由為四點，就是：一、對方的意見可能是真理；二、即使對方錯了，也還可能有部分的真理，容或可補充我所認為真理的不足；三、沒有對抗的言論則流行的思想將成為成見，引不起理知的體認；四、思想成為教條後就會變成空洞的形式，對人沒有益處。這四件理由都可用來說明容忍的需要，同時，尤其是後面兩點，也可支持抗議的必需。」[4]

胡適過分強調容忍作用，在他看來，對容忍的作用怎麼誇大都不為過，但周策縱先生則清醒地指出，容忍也應該有一個限度，如果不管對何事都容忍，且毫無限度，那，你的容忍也許並非美德而有可能演變成一樁罪行：

「容忍的精神有時須用抗議的精神來補救，因為容忍應該有它適當的限度，超過這限度，容忍也可以鼓勵別人來侵犯自由，照美國獨立宣言的理想，自由本應是一種『不可出讓的權利』。容忍

退讓如到了放棄自由的程度，毋寧成了一種罪行。因為這不僅是
當事者本身受了損害，別人的自由也將因此而削弱，結果所及，
社會上大多數人的福利也可能受到影響。」【5】

最後，周先生得出了自己的結論：

「在 1761 年的法國，有一個人的兒子因生意失利而吊頸自殺了。
照當時的法律，凡是自殺的人，必須把他的屍體裸露著放在刑車
上，公開在街上遊行，然後掛到絞刑架上去。這父親不忍他兒子
死後遭受這樣的待遇，便請了好些親戚朋友來作證，證明是壽終
正寢的，於是謠言傳佈開來，竟說這父親因為恐怕兒子要信舊教，
所以把他謀殺的。結果被判處了死刑。兩年後，伏爾泰為了這事
便寫成他有名的《容忍論》，用鼓吹容忍來表示對用教條殺人的抗
議。他滿以為東方的非耶教徒更能容忍些，卻料想不到兩百年來
人類並沒有進化多少，因此我們仍需要用容忍論來作抗議。然而
我們並不希望走上巴士底的道路，我們應採取更平易的態度。
這就是：我們必須容忍抗議，必須抗議我們認為不該容忍的事，
抗議的人更要容忍別人的抗議。這都是極平凡的道理。」【6】

平心而論，周先生的結論比胡適一味強調容忍的觀點更合理更有
說服力。

毛子水，殷海光，周策縱從不同側面不同角度分析了胡適的〈容
忍與自由〉，後兩位還對胡適的文章做了必要的修正和補充。由於胡適
寫此文的動機是單一的，就是為了勸戒《自由中國》同仁在「陳懷琪
事件」中保持克制、冷靜、秩序、忍讓，所以他寫作時的視角也變得
單一，結論自然片面。

　　急切的寫作動機──勸說《自由中國》編輯們──使胡適不自覺地把筆力鎖定在「容忍」上，對「抗議」則刻意回避。用「一隻眼」看世界，就可能重蹈盲人摸象的悲劇了。不過，在當時，這篇文章還是起到了一定的作用，《自由中國》的編輯們或多或少聽從了胡適的勸說，在「陳懷琪」事件裡採取了忍讓的態度。不久，胡適那封要求《自由中國》編輯自我檢討的信終於刊登出來了。胡適寫〈容忍與自由〉的目的部分達到了。

　　1959 年 11 月 20 日，是《自由中國》創刊十周年，雜誌社舉行了一個盛大的慶祝活動。在這次慶祝會上，胡適又發表了〈容忍與自由〉的演講。〈容忍與自由〉發表後，殷海光等人提出了一些不同的看法，另外，胡適也意識到《自由中國》的一些編輯對他的那篇文章恐怕也是口服心不服，為了回應殷海光，進一步說服開導《自由中國》的編輯們，同時也對自己的文章做一些修補，胡適便以演講的方式重述〈容忍與自由〉。

　　殷海光曾撰文說，胡適提倡容忍，應多向有權有勢者去說，胡適對此做了回應：

　　「不過殷先生在那篇文章中又講了一段話。他說：同是容忍，無權無勢的人容忍容易，有權有勢的人容忍很難。所以他好像說，胡適之先生應該多向有權有勢的人說說容忍的意思，不要來向我們這班拿筆桿的窮書生來說容忍。我們已是容忍慣了。殷先生這番話，我也仔細想過。我今天想提出一個問題來，就是：究竟誰是有權有勢的人？還是有兵力、有政權的人才可以算有權有勢呢？或者我們這班窮書生、拿筆桿的人也有一點權，也有一點勢呢？這個問題也值得我們想一想。我想有許多有權有勢的人，所以要反對言論自由。反對思想自由，反對出版自由，他們心裡恐

怕覺得他們有一點危險。他們心裡也許覺得那一班窮書生拿了筆桿在白紙上寫黑字而印出來的話，可以得到社會上一部分人的好感，得到一部分人的同情，得到一部分人的支持。這個就是力量。……誠如殷海光先生說的，用權用慣了。不過他們背後這個觀念倒是準確的；這一班窮書生在白紙上寫黑字而印出來的，是一種力量。而且是一種可怕的力量，是一種危險的力量。……我認為我們這種拿筆桿發表思想的人，不要太看輕自己。我們要承認，我們也是有權有勢的人。……不過我們的勢力，不是那種幼稚的勢力，也不是暴力。我們的力量，是憑人類的良知而存在的。所以我要奉告今天在座的一百多位朋友，不要把我們自己看得太弱小；我們也是強者。但我們雖然也是強者，我們必須有容忍的態度。」

很明顯，胡適在這裡巧妙地偷換了概念。殷海光所說的權勢，是指統治者掌控著對老百姓的生殺予奪大權，而胡適說知識份子也有力量，但這是一種文字、道義、良知的力量。這種力量和統治者的權勢當然不是一回事，而胡適為了反駁殷海光，強行將其扭在一起。所以，胡適的話雖言之成理，但殷海光的話也一樣能自圓其說，也就是說，胡適的話不能構成對殷海光的反駁。兩人是各說各話，是「兩股道上跑的車」，根本不搭界。殷海光說的是「大炮」的力量，胡適說的是「文字」的力量，兩人的立足點完全不同，所以兩人的對話就變成了——雞同鴨講，公說公的理，婆說婆的理，你打你的鼓，我敲我的鑼。

在我看來，殷海光說的更有道理。正因為「自古至今，容忍的總是老百姓，被容忍的總是統治者。」所以，胡適更應該向有權有勢的人宣傳容忍的重要性。當教會要燒死布魯諾時，我們是應該去勸教會容忍布魯諾的思想自由，還是勸布魯諾去容忍教會對他的迫害？按胡適的說

法，布魯諾也是「有權有勢」者，因為他有「在白紙上寫黑字而印出來」的書，是「拿筆桿發表思想的人」，所以「也是強者」，也「必須有容忍的態度」，那麼，在布魯諾走上火刑架時，我們難道還要向他宣傳一番「容忍比自由更重要」「沒有容忍就沒有自由」的大道理？

當胡適得出自己的結論──「有權有勢的人當中，也包括我們這一班拿筆桿的窮書生；我們也是強者」後，他不管此結論的推導過程有偷樑換柱之嫌，也不管聽眾是否認同他的這一結論，就一廂情願也是別無選擇地開始以此為基礎來展開他的論述了：

> 「但我們雖然也是強者，我們必須有容忍的態度；因為我們也是強者，我們也是有權有勢的人，我們絕對不可以濫用我們的權力。」

胡適一整段文字論述了「不可以濫用我們的權力」的道理：

> 「我們的權力要善用之，要用得恰當；這就是毛先生主張的，我們說話要說得巧。毛先生在〈《自由中國》十週年感言〉中最後一段說：要使說話有力量，當使說話順耳，當使說出的話讓人家聽得進去。不但要使第三者覺得我們的話正直公平，並且要使受批評的人聽到亦覺得心服。毛先生引用了《禮記》上的兩句話，就是：『情欲信；辭欲巧。』內心固然要忠實，但說話亦要巧。從前有人因為孔子看不起『巧言令色』，所以要把這個『巧』字改成了『考』（誠實的意思）字。毛先生認為可以不必改；這個巧字的意思很好。我覺得毛先生的解釋很對。所謂『辭欲巧』，就是說的話令人聽得進去。怎麼樣叫做巧呢？我想在許多在座的學者面前背一段書做例子。」

胡適所舉的例子出自《論語》：

> 定公問：「一言可以興邦，有諸？」孔子對曰：「言不可以若是；
> 其『幾』也！人之言曰：『為君難，為臣不易。』如知為君之難
> 也，不『幾』乎一言而興邦乎？」曰：「一言而喪邦，有諸？」
> 孔子對曰：「言不可以若是；其『幾』也！人之言曰：『予無樂乎
> 為君；唯其言而莫予違也。』如其善而莫之違也，不亦善乎！如
> 不善而莫之違也，不『幾』乎一言而喪邦乎？」

胡適對《論語》中的這段話作了如下評價：

> 「《論語》中這一段對話，不但文字美妙，而且說話的人態度非
> 常堅定，而說話又非常客氣，非常婉轉，夠得上毛子水先生所引
> 用的『情欲信，辭欲巧』中的『巧』字。所以我選了這一段作為
> 《論語》中第一等的文字。」

本來是談容忍和自由的，而胡適突然對說話的技巧大談特談。我相
信很多人，看了這段文字會一頭霧水，不明究裡。有人甚至認為，胡適
把話題扯到談話技巧上來，顯露出一種「胡適式的淺薄」：

> 「不過，胡適這裡並沒有循此繼續進行闡述，而是轉而將容忍與
> 語言的修辭技巧聯繫了起來，並循循善誘道：要使說話有力量，
> 要使說話順耳，當使說出的話讓人家聽得進去。如何做到呢？那
> 就要『情欲信，辭欲巧』。這已經是非常具體、具有相當操作性
> 的言說方式的訓練指導了。胡適式『淺薄』或者『不深刻』，由
> 此亦可見一斑。」[7]

　　段先生這番話或許有一定的代表性，但卻完全理解錯了，持這種觀點的人沒有領會胡適強調談話技巧的良苦用心。其實，胡適在這裡強調談話技巧，其目的是暗示《自由中國》的編輯們要學會抗爭的技巧，就是「要使說話有力量，當使說話順耳，當使說出話讓人家聽得進去。」，也就是說，如果你批評政府的話，政府不以為忤，反而「覺得心服」，那麼，你的批評你的抗爭也就卓有成效了。另外，胡適這番話主要是說給殷海光聽的，因為殷海光的文章，言辭激烈，氣勢逼人，蔣家父子越是諱疾忌醫的地方，他越是一搗再搗，正因如此，他的文章，儘管讀起來很解氣很過癮，但卻屢屢惹禍。所以，胡適一直認為，殷海光的談話缺少技巧。

　　其實，早在 1958 年，胡適剛從美國回到臺灣，就認為《自由中國》在爭取言論自由時，「在技術上還要學習」，且批評了殷海光執筆的〈反攻大陸問題〉一文：

> 「我覺得《自由中國》社儘管爭取言論自由方面很有成績，但在技術上還要學習，比如就『反攻大陸』的問題來講，『反攻大陸』是一個招牌，也是一個最重要的希望和象徵。……這樣一個無數人希望的象徵的一個招牌，我們不可以去碰的。」[8]

　　在那次談話中，胡適也勸雷震等人放棄「反對黨」的提法，以「在野黨」一詞取而代之：「我個人對此問題，認為最好不要用『反對黨』這個名詞，一講『反對黨』就有人害怕了。不明道理的人，有搗亂、有顛覆『政府』的意味。所以最好是不用『反對黨』這個名詞。」而「在野黨」這個名詞聽上去沒有危險氣味，所以，胡適主張用它代替「反對黨」。為了使自己的話能讓對方接受，胡適在挑選詞語方面下足了功夫。

所有這些都表明，胡適對談話技巧極為看重，因為他認為把話說得「巧」會直接影響到你的建議和抗爭是否有效。所以這一回，再次強調談話技巧，不過是老調重談，當然，論述得更為細緻，語氣也更為誠懇。

胡適本人是個在不同的場合，對不同的聽眾，說不同的話的人，他的談話有高度的技巧。在 1947 年，胡適就曾對一個外國記者說：「在眼下，自由主義者是一個可怕的稱謂，所以最好說我是一個獨立主義者。」胡適如此斟酌詞語，是為了更好地保護自己。

1947 年 4 月，胡適曾寫過一篇文章，題目是〈兩種根本不同的政黨〉，在文章裡，胡適「把英、美、西歐式的政黨叫做甲式政黨」，而將「這三十年來蘇俄、意、德諸國後起的政黨叫做乙式政黨」，在談到國民黨的轉變時，胡適說：

> 「中國國民黨的創立者孫中山先生本是愛自由講容忍的政治家。他在革命事業最困難的時期，感覺到一個『有組織、有力量的革命黨』的需要，所以他改組國民黨，從甲式的政黨變成乙式的政黨。但中山先生究竟是愛自由講容忍的人，所以在他的政治理想系統裡，一黨專政不是最後的境界，只是過渡到憲政的暫時訓政階段。他的最後理想還是那甲式的憲政政治。
>
> 近年國民黨準備結束訓政，進行憲政，這個轉變可以說是應付現實局勢的需要，也可以說是孫中山先生的政治綱領的必然趨勢。一個握有政權的政黨自動的讓出一部分政權，請別的政黨來參加，這是近世政治史上稀有的事。所以無論黨內或黨外的人，似乎都應該仔細想想這種轉變的意義。依我個人的看法，這個轉變應該是從乙式的政黨政治變到甲式的政黨政治，這裡面似乎應該包括黨的內容與作風的根本改革，而不僅僅是幾個政黨分配各種

選舉名額或分派中央與地方的官職地位。如果訓政的結束能夠引起一個愛自由的、提倡獨立思想的、容忍異己的政治新作風，那才可算是中國政治大革新的開始。」

著名學者張忠棟認為，胡適此文最值得注意的是胡適採用了「甲式」和「乙式」的劃分，而捨棄了「民主」和「極權」的劃分，胡適這樣做的用意何在，張忠棟先生一語道破天機：

「用意所在，當是避免以『極權』的惡名，刺激當時中國的兩大政黨。其次是他顯然反對戰後各黨各派政治協商，整天互爭地盤名額，而希望所有中國政黨藉實行憲政的機會，共同走民主的大道。」[9]

由以上可知，胡適無論是寫作還是演講，用詞均極為考究，他這樣做，不是出於語法、修辭、文采方面的考慮，而是有明顯的政治意圖，這哪裡是淺薄，分明是別有深意藏焉。

胡適反覆強調用詞的技巧，另一個原因是因為他對語言太敏感了，總能從語言的花朵裡嗅到危險的氣息。

1951 年 1 月 15 日到 20 日，因陳誠和蔣夢麟要出去避壽，蔣夢麟又約王世杰和胡適一同去，到各地遊覽了六天。《新聞天地》等報導此事，將四人說成是「商山四皓」。「商山四皓」是一個典故，說的是漢初商山有四隱士，名東園公、綺里季、夏黃公、用直先生。四人鬚眉皆白，故稱四皓。高祖召見他們，不應。後高祖欲廢太子，呂後用留侯計，迎四皓，使輔太子。一日，四皓侍太子見高祖。高祖曰：「羽翼成矣。」遂輟廢太子之議。媒體把胡適等四人說成是「商山四皓」，可苦了胡適等人，這等於是說胡適等四人想另立幫派，要與蔣介石政府分庭抗禮。胡

適對記者的亂用詞非常不滿，他對秘書胡頌平說：「最近幾個月來的政治激動，都是這句『商山四皓』的話而來的。」【10】

你看，本來政治局勢風平浪靜，說了一句「商山四皓」立即風雲突變，胡適能不一再重申措辭的重要性嗎？

接下來，胡適從雷震的話「我們要用負責的態度，來說有分際的話」入手，進一步闡述自己的觀點：

> 「雷先生在那篇文章中又說：『我們要用負責的態度，來說有分際的話。』……怎麼樣叫做『說有分際的話』呢？就是說話要有分量。我常對青年學生說：我們有一分的證據，只能說一分的話；我有七分證據，不能說八分的話；有了九分證據，不能說十分的話，也只能說九分的話。……我們只應該用負責任的態度，說有分際的話。所謂『有分際』，就是『有幾分證據，說幾分話』。」

胡適曾在多種場合不厭其煩表達過「有一分證據，說一分話」的看法，他為何對這樣的看法念念不忘？在這裡，我們先蕩開一筆，說說胡適與蔣介石的一次「抬槓」。

1958 年 4 月 10 日，胡適就任中央研究院院長，就職典禮結束後，又召開了中研院第三次院士會議。蔣介石在會上發表了講話，稱讚了胡適「最令人敬佩者即為其個人之高尚品德」，期望「教育界、文化界與學術界人士，一致負起恢復並發揚我國固有文化與道德責任」；他還說：「倫理道德實為吾人重建國家，復興民族，治標治本之基礎，必須此基礎鞏固，然後科學才能發揮其最好效能，民主才能真正成功，而獨立自由之現代國家亦才能確實建立起來。」

對蔣介石的表揚，胡適並不領情，反而說：

「我們的任務，還不只是講公德私德，所謂忠信孝悌禮義廉恥，
這不是中國文化所獨有的，所有一切高等文化，一切宗教，一切
倫理學說，都是人類共同有的。總統對我個人有偏私，對於自己
的文化也有偏心，所以在他領導反共複國的任務立場上，他說話
的分量不免過重了一點。我們要體諒他，這是他的熱情所使然。
我個人認為，我們學術界和中央研究院挑起反共複國的任務，我
們做的工作還是在學術上，我們要提倡學術。」

蔣介石認為大陸清算胡適，是「摧毀」中國「倫常道德之一例」；
胡適卻不這樣看，他說：

「我被共產黨清算，並不是清算個人的所謂道德：他們的清算
我，是我在大陸上，在中國青年的思想上，腦袋裡，留下了許多
『毒素』……

共產黨為什麼反對我？因為我這幾十年來對學生講：我考證《紅
樓夢》、《水滸傳》是要藉這種人人知道的小說材料提倡一種方
法，教年青人有一種方法，等於孫行者身上有三根救命毫毛，可
以保護你們不受任何人欺騙，什麼東西都要拿證據來，大膽的假
設，小心的求證。這種方法可以打倒一切教條主義、盲從主義，
可以不受人欺騙，不受人牽著鼻子走。我說：被孔夫子牽著鼻子
走固然不是好漢，被朱夫子牽著鼻子走也不是好漢，被馬克斯、
列寧、史達林牽著鼻子走，更不算是好漢。共產黨現在清算胡適，
常常提到這幾句話，認為胡適一生做的學問，都是為了反對馬克
斯主義的……」[11]

　　由以上可知，胡適一生中，最珍愛的兩句話是：「大膽的假設，小心的求證」「有一分證據，說一分話」，因為，胡適認為，如果凡事都按照這兩句話的要求來做，那麼，無論說話做事，都不會盲目、盲從，你的言論、思想、行為都會是你獨立思考的結果。用胡適的話來說，記住這兩句話，「可以保護你們不受任何人欺騙」「可以不受人欺騙，不受人牽著鼻子走」。

　　那麼，在〈容忍與自由〉的演講中，胡適為什麼要向雷震、殷海光等人灌輸這種「有一分證據，說一分話」的道理呢？因為胡適敏感地覺察到，雷震、殷海光等人，容易被他人的情緒所感染，容易「受人牽著鼻子走」從而做出一些過激的行為。事實證明，胡適的擔心並非多餘。

　　我們知道，胡適本人並不反對組建反對黨，但對如何組建反對黨，胡適有自己的想法。胡適在 1958 年發表的一篇文字〈從爭取言論自由談到反對黨〉，其中有這樣的話：

> 「讓立法院中那種政治的分野，讓他們分為兩個黨、三個黨或四個黨，後來慢慢歸併為兩個大黨。這樣等於都是自己的子女，今天我的大少爺執政，明天我的二小姐執政，結果都是自家人，這不是很好的事實嗎？國民黨的黨員有政治組織的經驗，由他們分出一部分黨員出來辦黨，憑他們的政治經驗、組織經驗，也許可以比現在兩個友黨辦得好一點，也許比另組新黨更好一點。」[12]

　　本來，雷震也對胡適的看法表示同意，但到了 1958 年夏，雷震改變了看法，當時，以郭雨新、李萬居、高玉樹為代表的臺灣本土人士擬出《自治章程》，組黨已是山雨欲來風滿樓。雷震意識到形勢嚴峻，想請胡適出面組黨，以化解潛在的風險。於是，他致信胡適，請胡適出面：

「我說在臺灣搞反對黨，可能流血，如先生出來，不僅可以消
弭臺灣人、內地人之隔閡，且可防止流血。先生當時亦不以為
然，今日看情形，我的話一點也沒說錯，對在野黨事，是為中
國民主政治鋪路，我還是希望先生出來。我們絕不是為這找出
路。」[13]

胡適對雷震的提議不以為然，他認為雷震這樣做完全是被臺灣本土
人士「牽著鼻子走」，從而違背了他做人做事的原則，於是，他給雷震
回了一封拒絕的信。

「我不贊成你們拿我來作武器，我也不牽涉裡面和人家鬥爭。如
果你們將來組織成一個像樣的反對黨，我可以正式公開的贊成，
但我絕不參加你們的組織，更不給你們作領導。」[14]

當胡適發現雷震開始被別人牽著鼻子走後，他對組建反對黨的態度
也發生了微妙的變化。不過，雷震並未聽從胡適的勸告，反而一意孤行，
以「唯一著名的大陸人」的身份捲入臺灣本土人士組建反對黨的風潮
中，胡適因此對他做了更嚴厲的批評：

「你說的話，我自己說的話，都會記在我的帳上。你不知道嗎？
『殺君馬者道旁兒』：人家都讚這頭馬跑得快，你更得意，你更
拼命的加鞭，拼命的跑，結果這頭馬一定要跑死了。現在你以為
《自由中國》出了七版、八版，你很高興，這都是你的災害！」[15]

胡適的話得到了驗證。不久，雷震因參與臺灣本土人士組建反對黨
活動而被捕。

「雷震在這一年試圖組織一個國民黨的反對黨，參加這一活動的多數人都是臺灣本地人，雷震是他們中唯一著名的大陸人。大約就在此時，要選舉市、縣長和市、區參議會了，我想，蔣介石和國民黨政府最害怕的是，如果允許成立什麼反對黨，其候選人就可能在選舉中獲勝，這就是為什麼他們要以捏造的罪名逮捕雷震，是為了制止成立反對黨。我認為他們做到了。」[16]

綜上所述，我認為，把胡適的兩篇〈容忍與自由〉從時空背景中抽離出來，抽象地閱讀、分析，其結果是要麼會無限拔高，過度詮釋；要麼會淺嘗輒止，掛一漏萬；要麼會隔靴搔癢，不得要領。我以為，只有而且必須結合這兩篇同題文本的特定寫作背景以及文本作者胡適特殊的寫作動機，我們才能準確、細緻、全面地理解這兩個文本的多重含義，同時也能洞悉其中隱秘的破綻和漏洞。

註 釋

[1] 汪幸福著：《胡適與「自由中國」》，湖北人民出版社 2003 出版，第 164、231、238 頁。

[2] 同注【1】。

[3] 周策縱著：《棄園文粹》，上海文藝出版社 1997 年版，第 16-17、21、25 頁。

[4] 同注【3】。

[5] 同注【3】。

[6] 同注【3】。

[7] 段懷清著：〈胡適和他的「容忍與自由」〉，刊《社會科學論壇》，2007 年第十九期。

[8] 同注【1】。

[9] 張忠棟著：《胡適五論》，允晨文化實業股份有限公司 1987 年出版，第 239 頁。

[10] 楊金榮著：《角色與命運：胡適晚年的自由主義困境》，生活‧讀書‧新知三聯書店 2003 年出版，第 297、302-303、307、366-367 頁。

[11] 《隨筆》，2008 年第四期，第 149 頁。

[12] 同注【10】。

[13] 同注【10】。

[14] 同注【10】。

[15] 同注【10】。

[16] 同注【10】。

馬寅初：「敢言敢怒見精神」

馬寅初畢業於美國哥倫比亞大學，獲經濟學博士。他的博士論文《紐約市財政》十分出色，成書後立即出版發行，成為暢銷書，而且還被哥倫比亞大學破例列為一年級的教材。畢業後的馬寅初本可以留校教書，但他卻婉謝了校方負責人的好意，決定回國報效祖國，他對哥倫比亞的校長說：「我來貴校學習，就是為了學成回國，為祖國做點貢獻。」

憑一張美國名校的博士文憑，回國後的馬寅初若想升官發財簡直如探囊取物。但剛正不阿的他不願與官場上的貪官污吏同流合污，於是，他投身教育界，一心為國家培養棟樑之材。抗日戰爭期間，國民黨「四大家族」，渾水摸魚，大發國難財。馬寅初拍案而起，仗義執言，利用一切機會，或撰文或演講，揭穿「四大家族」囤積居奇，哄抬物價，搶購黃金，牟取暴利的陰謀。馬寅初石破天驚的話，如春雷，使廣大民眾如夢方醒；如火苗，點燃了廣大民眾的反抗情緒。為了鉗住馬寅初的口，蔣介石威逼利誘，什麼手段都用了，但毫無效果。最後只得把他關入牢房，但入獄的馬寅初並未屈服，仍然孜孜不倦地研究著、思考著──苦苦尋覓一條救國救民的道路。

解放後，馬寅初以其經濟學家的敏銳，覺察到中國眾多人口存在的隱患，於是寫出《新人口論》，提倡計劃生育。沒想到卻因此惹火燒身，遭到圍攻，當時年已八旬的他，面對圍攻，毫無懼色，舌戰群儒，堅持真理，其浩然之氣，令人油然而生敬意。

馬寅初去世後，有這樣一幅輓聯對其一生概括得非常準確：

> 馬師在舊社會不畏強暴，敢怒敢言，愛國一片赤子之心，深受同仁敬重；
>
> 先生為新中國嚴謹治學，實事求是，堅持真理不屈不撓，堪為晚輩楷模。

馬寅初一身正氣，渾身是膽，為反抗強權不懼入獄，為追求真理以死抗爭。真可謂「富貴不能淫，貧賤不能移，威武不能屈。」難怪其好友黃炎培誇他「是一粒蒸不爛、煮不熟、捶不扁、炒不爆、響噹噹的銅豌豆」，讓蔣介石頭疼萬分又無可奈何。

解放後，馬寅初曾任浙江大學校長，在歡迎其出任校長的大會上，中共領導人譚震林作了熱情洋溢的講話，高度評價了馬寅初，他說：「馬寅初先生是堅強的民主鬥士，曾赤手空拳同國民黨反動派進行過生死搏鬥，因為他一直跟人民一道，所以也終於和人民一同勝利。馬寅初先生英勇鬥爭的光榮，是中國人民的光榮，是馬先生自己的光榮，也是浙江大學的光榮。」

「我就是要言人之欲言，言人之不能言。」

抗日戰爭爆發後，國民黨政府推行專制獨裁統治，人民沒有言論自由，面對國民黨一系列禍國殃民的政策，很多人敢怒而不敢言，而時任重慶大學經濟學教授的馬寅初卻毫不畏懼，他對學生們說：「言人之所言，那很容易；言人之欲言，就不太容易；言人之不能言，就更難。我就是要言人之欲言，言人之不能言。」

當時，為了抗日，全國人民同仇敵愾，齊心協力。前方將士流血，後方百姓流汗，大家節衣縮食，共同抗戰，生活艱險甚至嚴酷，每天都

在死亡線上掙扎，而「四大家族」卻大發國難財，過著紙醉金迷，驕奢淫逸的生活。馬寅初對此怒不可遏，在一次立法院的會上，他向四大家族發難，要求向他們徵收「臨時財產稅」，他說：

> 「在國家存亡危急之秋，人民所貢獻於國家者，不外力與財，所謂有力出力，有財出財，無產者既盡其力，甚至流其鮮血以衛國，則有產者犧牲一部分財產，亦在情理之中。
>
> 現在，有幾位大官，乘國家之危急，挾政治上之勢力，勾結一家或幾家大銀行，大做其生意，或大賣其外匯。在做生意之時，以統治貿易為名，以大發其財為實，故所謂統治者是一種公私不分之統治。至於這幾位大官大賣其外匯之事實，中外人士，知之甚眾。大量的事實和材料證明：中國的幾戶『大貪污』其誤國之罪，遠在奸商漢奸之上。吾人以數百萬同胞之死傷，數百萬財產之損失，希冀獲得勝利以求民族之快復興，絕不願以如是巨大犧牲來交換幾個大財神，一個握財政之樞紐，一個執金融之牛耳，將吾人之經濟命脈，操在手中。」

說到這裡，馬寅初故意模仿蔣介石腔調，重複了蔣介石常說的一句：「此豈抗戰之用意？」雖然，馬寅初自始至終沒提蔣介石的名字，但他對蔣介石腔調、口頭禪的戲仿已把他對蔣介石的不滿和譏諷表達得淋漓盡致，可謂「盡在不言中」。

最後，馬寅初強調：「政府必須對發國難財者從速徵收臨時財產稅，先從大官之中發國難財者入手，令其將用政治勢力所獲得的不義之財全部提出，貢獻於國家！」

馬寅初要求國民黨「四大家族」為國家貢獻出他們非法牟取的錢財，無異於與虎謀皮。腐敗的國民政府當然不會採納他正確的建議，但

他的這番言論在社會各界引起了很大的反響。被馬寅初搗到疼處的「四大家族」自然如坐針氈，十分恐慌，當然，對這個敢在他們頭上「放了一把火」的大學教授，他們恨得咬牙，但由於馬寅初是蜚聲中外的知名學者，他們也不敢輕舉妄動。

馬寅初「徵收臨時財產稅」的提議未被採納，他並不氣餒，而是利用一切機會宣傳自己的主張，揭露「四大家族」渾水摸魚，大發國難財的醜惡行為。

在國民黨陸軍大學的一次演講中，馬寅初以更為犀利的言辭抨擊了國民黨高官見利忘義，大發國難財的醜惡嘴臉，並且指明道姓痛斥了孔祥熙、宋子文之流：

> 「抗戰打了三年多，從戰爭上講，在前線扛槍打戰，流血犧牲的是誰呢？是有人講『人不分老幼，官不分大小』的『全民抗戰』嗎？從經濟上講，這三年來的戰爭經費是誰負擔的？真的如同有的人說『有錢出錢，有力出力』嗎？
>
> 這三年來打仗的都是勞動人民的子弟。因為有錢人如果要被抽去當壯丁，可以花錢買一個窮家小夥去頂替，由缺衣少食的老百姓的子弟頂替他們到前線打仗！可見，有力出力的只是『下等人』；那麼，有錢人該出錢了？事實卻不是這樣。後方廣大人民屬『中等人』，『中等人』一邊受到通貨膨脹，物價上漲之害，一邊還是照樣要完成『皇糧國稅』；『上等人』是誰不言自明，這些『上等人』既不出錢，又不出力，還要囤積居奇，高抬物價，從中牟利！還有一種『上上等人』，他們是『上等人』的後臺。他們有的靠濫發紙幣賺錢，有的靠克扣軍餉賺錢，有的則依靠權勢，利用國家機密，從事外匯投機。翻手成雲，覆手成雨，頃刻之間就獲巨利，存

到外國，大發超級國難財！由此可見，這三年以來，付出血汗錢充當戰爭經費的是普通老百姓！流盡鮮血為抗戰的是普通老百姓！」

說到這裡，馬寅初怒不可遏，索性一「罵」為快：「發國難財的『上上等人』豬狗不如！我可以直言不諱地告訴諸位，這種豬狗不如的『上上等人』，就是孔祥熙和宋子文等人！

現在我們中華民族已經到了生死存亡的嚴重關頭，在此危亡之際，全國必須一致抗日。全國上下，應該有錢出錢，有力出力，同心同德，共赴國難。要做到這些，首先就要把孔祥熙、宋子文等人撤職，把他們的不義之財拿出來充作抗日經費！」

馬寅初的話贏得如雷般掌聲。他的正氣凜然讓人敬仰，他的無畏勇氣讓人欽佩。

馬寅初的話，矛頭直刺國民黨最高當局。重慶大學的校長葉元龍聽了非常害怕，他問馬寅初：「委員長對您是很尊重的，您的演講是不利於蔣委員長的，他並沒有得罪你啊？」

馬寅初答：「不錯，他沒得罪我，但他得罪了全國人民！」

難怪馬寅初敢直言無忌，因為他是站在人民的立場，替人民喊出正義之聲。一個人，如果不追求個人利益，不顧及個人安危，心繫國家心繫人民，他當然會無所畏懼，勇往直前。表面上看，馬寅初似乎是一馬當先、孤軍奮戰，其實他的背後站著無數中國老百姓。我想，正是老百姓的支持賦予了馬寅初勇氣和力量，也給了他必勝的信念！古往今來，順人民者倡，逆人民者亡，已成了一條顛撲不破的真理。蔣家王朝的最終覆滅再次驗證了這條真理。

馬寅初這次演講使得蔣介石再也坐不住了，儘管他想對馬寅初來個「格殺勿論」，但馬寅初是知名人士，而且還做過蔣介石的經濟學老師，

所以他也不敢做出冒天下之大不韙的事來。一番苦思之後，蔣介石想出「妙招」，他動員馬寅初出國考察，並許諾給馬寅初一個駐美特使的官銜。馬寅初當然不領情，他說：「國難期間，我不會出國考察，要留在國內，為國效力。」蔣介石無奈之下，又對馬寅初來個「雙管齊下」、軟硬兼施，他派人給馬寅初送了兩個信封，一封信裡裝有五千塊錢和一支金筆，信裡有一行字：筆下留情；另一封信裡裝著一粒子彈，信裡也有一行字：再亂講話，請吃「衛生丸」。這種卑鄙的伎倆惹惱了馬寅初，他索性出了個告示：

一、值此國難當頭，我絕不離開重慶去美國考察；

二、為了國家和民族利益，我要保持說話的自由；

三、不搞投機生意，不買一兩黃金，一元美鈔。有人想封住我的嘴，不讓我說話，這辦不到。

此後，馬寅初沒有停止他的寫作和演講，並且，在演講時，他的態度更為堅決，言辭更為激烈，火藥味更濃。

一次，應黃炎培的要求，馬寅初在重慶市實驗劇院演講。登上講臺，馬寅初開門見山地說：

「最近，我提出向發國難財者徵收『臨時財產稅』的主張。博得了許多人的同意，並認為在抗戰進入相持階段的今天，為在經濟上求得一條生路，就必須採用這種手段！這是因為，面對國難當頭的形勢，人民大眾已經做到了有錢的出錢，有力的出力。交皇糧國稅者我普通百姓，前方作戰者我勞苦子弟。但那些豪門權貴，卻趁機大發國難財。可謂前方吃緊，後方緊吃；前方流血抗戰，後方的『上等人』和『上上等人』和平滿貫。真是天良喪盡，

> 喪盡天良！他們利用國難，把自己養肥！要抗戰，就必須讓這幫
> 人拿出錢來！」

台下如潮的掌聲表明馬寅初的話道出了大眾的心聲。

接著，馬寅初直接向蔣介石「開火」：

> 「諸位也許早有所聞，前些時候，蔣委員長要我去見他，他為什
> 麼不來見我？我在南京教過他讀書，同他有師生之情，難道學生
> 就不能來看老師嗎？他不敢來見我，就是因為他害怕我的主張！
> 為什麼害怕我的主張？因為他就是『上等人』和『上上等人』的後臺！
> 有人說蔣委員長領導抗戰，可以稱民族英雄，但我認為他根本不
> 夠資格。因為他不能法辦孔祥熙、宋子文，因為他包庇親戚和家
> 族，危害國家和民族。所以要說英雄，蔣介石也是一個英雄，不
> 過並非『民族英雄』，而是『家族英雄』！」

在重慶，在蔣介石的眼皮底下以如此辛辣的言辭抨擊蔣介石，除了
馬寅初，恐怕沒有第二人。其嫉惡如仇的品性，視死如歸的勇氣，由此
顯露無遺。在常人看來，馬寅初以如此「大不敬」的語言斥責蔣總裁，
簡直是吃了豹子膽，因為他的這番直抒胸臆完全可能帶來殺身之禍，而
此刻的馬寅初早將生死置之度外，他知道台下也有密探，可能想伺機對
自己下手，於是他索性打開窗戶說亮話：

> 「有人寫匿名信寄子彈對我進行恫嚇，說什麼再要亂講，要吃『衛
> 生丸』；還稱如果再要以演講攻擊政府，將以手槍對待云云。
> 今天，我把兒女都帶來了，讓他們都來聽我的演講，知道我的主
> 張究竟是什麼。我的講話，算是對他們留下的一份遺囑。為了抗
> 戰，多少武人死於前方；我們文人也要不惜身家性命，拼死在後

方幹！我今天來向大家發表演講，就是報著這樣的決心。『我自
橫刀向天笑，去留肝膽兩崑崙』！我馬寅初根本不怕死，如果怕
死就不會來這裡！」

民不畏死，奈何以死懼之！既然馬寅初有「捨得一身剮，敢把皇帝
拉下馬」的氣概，蔣介石的手槍和子彈也就失去了威力。如果說專制政
府是暗無天日而又壁壘森嚴的碉堡，那麼，馬寅初的話就如同扔向它的
炸彈。如果多幾個像馬寅初這樣的捨命相拼，衝鋒陷陣的勇士，這樣的
「碉堡」肯定會被炸平。

由於馬寅初軟硬不吃，黔驢技窮的蔣介石只得卑鄙地將他軟禁起
來。但馬寅初並未停止他的抗爭，而是利用一切機會，向周圍的任何一
個人揭露國民黨腐敗真相，宣傳抗日救國思想。一個看守在他的宣傳教
育下，棄暗投明，奔赴前線去了。

用高官厚祿來收買，馬寅初嚴詞拒絕；用鐵窗牢獄來封鎖，馬寅初
橫眉冷對。子曰：言必信，行必果。馬寅初做到了這一點，哪怕是失去
了人身的自由，哪怕是面對死亡的威脅，馬寅初也做到了「言人之欲言，
言人之不能言」。

「那是從心頭裡流出來的赤血。」

1944 年 12 月 22 日，在朋友的邀請下，馬寅初出席了「星期五聚餐
會」，與會者是重慶工商界人士。在會上，馬寅初發表了題為〈中國工
業化與民主是不可分割的〉演講，他以洪亮的聲音說：

「中國對日抗戰，不知不覺已將近八年。在抗戰開始之際，敵人
都以為中國的財力不能持久抗戰，三個月結束戰爭，不成問題。

現在，中國竟支持了八年。試問中國所用之錢從何而來？

吾敢答曰農民。看在戰爭中，其斷肢折足，或流血陣亡，或死於饑餓、疫癘，或輾轉於溝壑者，十之八九為農民的子弟。我們若以『真正的民族英雄』這個頭銜給農民，他們定可當之無愧。我們站在大後方，既吃農民的米，又抽農民的子弟去拼命，吃的是魚肉，穿的是絲綢，住的中高樓，坐的是汽車，捫心自問，覺得卑鄙不堪，有何偉大可言。其不肖者反當存亡危急之秋大刮民財，大事囤積居奇，其狼肺狗心，可恨亦可殺！」

馬寅初目光銳利，往往能透過紛繁複雜的表面現象，一眼洞穿問題的實質。表面上看，是國民黨政府在堅持抗戰，但馬寅初提醒人們，在抗戰中起到關鍵作用的、付出最多的、犧牲最慘重的是廣大農民。馬寅初這番話也體現了他對底層百姓的深切關懷和同情。

馬寅初在重慶的演講每次都會產生轟動效應，各種愛國團體都請他去演講。一次，重慶伊斯蘭青年教會請他去演講，他一口答應，說：「我曾作過許諾，只要我有空，青年們找我，我是隨叫隨到！」

那天演講一開始，馬寅初就很巧妙地切入正題，說：「聽說你們當中有些人，今年暑期就要畢業，走到社會上去，這是很讓人興奮的消息。我希望在座諸君，畢業之後，務以造福人民為前提，切莫專圖做官發財，為個人利益打算。你們當中免不了有人要成為社會領袖，不要笑，完全有這種可能。你們人人都有做大總統的機會。你們人人皆可以做什麼『袖』，什麼『長』！但是一旦成了什麼『袖』，什麼『長』，可千萬要想著天下的老百姓，要使人民心悅誠服，大家擁護。不要使擁護你的人群，只限於少數的親友！不要為自己私黨，為幾個親戚朋友謀私利，讓他們弄到幾十萬萬、幾百萬萬元到美國去享受。這樣一個自私自利的領袖，中國並不需要！」

　　雖然馬寅初沒有點這個「自私自利的領袖」的名，但聽眾已心領神會，知道馬寅初指責的是誰了。對於蔣介石的獨裁和專制，馬寅初非常痛恨，於是，他越說越激動，越說越氣憤：「可有的人不這麼想。他總以什麼『抗戰領袖』自居，說我想做漢高祖、明太祖，還有什麼祖的。人們告訴他，那不行了！那是一百年、幾百年前的事了，現在的世界潮流是和平與民主，你那套現在行不通了！他卻說：『我就要這樣做！』」

　　「我就要這樣做！」是蔣介石的一句口頭禪，馬寅初模仿老蔣說出這句話，引得聽眾一陣大笑。

　　馬寅初接著說：「像這種人，一腦瓜殼的自我，一腦瓜殼的自私，外面的世界潮流一點也裝不進去，拿他有什麼好比的呢？只能說他是一個『真空管』！對了，真空管！就是你們在試驗室裡做實驗用的真空管。真空管是肚子裡空空的，沒有東西，對外面的東西卻又堅決地抗拒不讓進來。所以，我們青年學生千萬別做真空管！如果一個人非要做真空管，完全不顧當今世界潮流，一意孤行，那麼，歷史對他的評價將是：『禍國殃民，萬世罪人』。」

　　馬寅初的演講之所以廣受歡迎，不僅在於他充滿激情，目光敏銳，看問題透徹，也在於他演講時語言活潑，舉例生動，比喻形象。你看，「真空管」的比喻就十分傳神地刻畫了蔣介石這個外強中乾、拒絕批評、一意孤行的獨裁者形象。此次演講後，「真空管」這個說法在重慶流傳開來，成了蔣介石的一個代名詞。

　　1947 年 5 月，南京中央大學舉行校慶，南京學聯邀請馬寅初去演講。中央大學就在國民黨「總統府」附近，馬寅初去演講，就等於是在「總統府」眼皮底下造反。國民黨特務再次給馬寅初送去裝有子彈的恐嚇信，很多親友勸馬寅初不要去南京，但馬寅初卻說：「我不能讓反動分子說，他們讓我不出門，我就乖乖地待在家中。我就是要和他們對著幹，

不讓我去，我偏去。」一些進步學生要護送他去南京，他執意拒絕，說：「我知道自己今天走的是一條死路，又不是去紹興喝酒！我能讓年輕人陪我去嗎？我今年六十五歲了，以花甲為限，我死是『順路』，而你們風華正茂，還有大好前程等著你們！」

在中央大學的禮堂，馬寅初將生死置之度外，再次對蔣介石的獨裁、專制痛加撻伐，他說：

> 「現在中國的當務之急，第一是要制止內戰，第二是要實行民主。我們要和平反對內戰；要民主，反對獨裁。這是我們時代的任務，世界的潮流。大家知道，民主這個詞，在歐美叫作『德謨克拉西』，我們就是要爭取這個『德謨克拉西』。蔣介石也喊要實行民主，並且召開了國民黨代表大會，制定了什麼憲法，竭力標榜民主。但是他這個民主，與全國人民要求的民主背道而馳，因此，我們可以把他所實行的民主叫作『德謨克拉東』吧！」

順手拈來的一個「德謨克拉東」，既辛辣又詼諧，引來全場一片笑聲和掌聲。

馬寅初接著說：「蔣介石只會立正稍息，以權壓人。他喊立正，絕不許部下稍息。他搞經濟，但是現在的物價就不聽委員長的命令。他喊『立正』，物價一個勁地『跑步走』，物價飛漲啊！

眾所周知，如果以抗戰前夜的物價為標準，那麼日本投降前夜的物價已經上漲了1800倍，而截至現在的物價則上升到60000倍！許多學校的學生不是這樣說嗎？『鈔票越印越多，學校越辦越窮，衣服越穿越爛，飯菜越吃越糟。』老百姓何嘗不是如此！而國民黨的官員呢？現在是無官不貪！

有人說，馬寅初是學經濟的，講政治是不務正業。這是不懂國情之評判。如果把凱恩斯學派的學識移植於我國，實有格格不入之弊。政治問題不解決，一切經濟措施都是紙上談兵！故此，我們要和平，要民主，要使經濟學發揮作用，非把社會政治改造一番不可！」

馬寅初的這次演講像一把利刃，直刺國民黨政府的「心臟」，像一道光，照亮了青年學子前行的路，更是一聲怒吼，道出了人民的心聲。

馬寅初很喜歡杜鵑花，他對朋友說：「人們都只見這花的顏色，而我卻看到了它的魂魄，它的精神。你知道，它為什麼能有這般的殷紅嗎？那是它們從心頭裡流出來的赤血。唯有這赤血，才叫人醒心醒目！」

我以為，馬寅初的演講那麼激動人心，那麼動人心魄，就是因為在他激昂話語背後跳動著一顆滾燙的愛國之心，湧動著一股灼人的殷紅熱血。「唯有這赤血，才叫人醒心醒目！」魯迅說：「噴泉裡流出的是水，血管裡流出的是血。」正因為馬寅初是鐵骨錚錚的漢子，他的演講才那麼擲地有聲，氣貫長虹！

「不屈不淫徵氣性，敢言敢怒見精神。」這是馬寅初演講大獲成功的根本原因，也是他一生傲岸不屈、揮斥方遒的真實寫照。

「我是姓馬克思的馬！」

解放後，經過廣泛的調查和深入的思考，馬寅初敏銳地覺察到中國人口眾多所存在的隱患，於是，他寫出了《新人口論》，提倡計劃生育。由於「人多力量大」的口號在當時深入人心，所以，馬寅初的提倡雖具前瞻性，但卻極為不合適宜。在當時的「理論權威」康生的策劃、鼓動下，各大報刊都發表文章狠批馬寅初的《新人口論》。一天，女兒為馬寅初整理資料，對他說：「爸爸，批判你的文章多達 200 多篇啊！」馬

寅初答道：「1930 年，德國出版了一本批判相對論的書，書名為《100 位教授出面證明愛因斯坦錯了》。有人將這一消息告訴愛因斯坦，愛因斯坦卻無動於衷。當那人追問愛因斯坦如何應對時，愛因斯坦才說，『幹嘛要 100 多人？只要一個人能夠證明我真的錯了，就夠了』！」

馬寅初引用愛因斯坦的話是想告訴女兒：真理往往掌握在少數人手中，同時，他也想以這句話表明，人多勢眾不能讓自己屈服，只有講事實擺道理才能讓自己口服心服。

不過，當時的馬寅初所遇到的壓力前所未有，就連敬愛的周總理也勸他承認錯誤，接受檢討。壓力下的馬寅初反覆念著一句名言：「吾愛吾師，但吾更愛真理。」他終於沒有寫出檢討，而是寫下這樣一行「歉意」：「最後我還要對另一位好朋友表示感忱，並道歉意。我在重慶受難的時候，他千方百計來營救，我 1949 年自香港北上參政，也是應他電召而來。這些都使我感激不盡，如今還牢記在心。但這次遇到了學術問題，我沒有接受他真心誠意的勸告，心中萬分不愉快。因為我對我的理論相當有把握，不能不堅持，學術的尊嚴不能不維護，只得拒絕檢討。希望這位朋友仍然虛懷若谷，不要把我的拒絕檢討視作抗命則幸甚。」

不過，在那樣嚴峻的形勢下，堅持真理，維護學術的尊嚴，是要付出沉重的代價的，對此，馬寅初已做好了充分的思想準備，他在自己的文章裡表明了自己的態度：「我雖年近 80，明知寡不敵眾，自當單槍匹馬，出來應戰，直至戰死為止，絕不向專以力壓服不以理說服的那種批判者們投降！」

明知山有虎，偏向虎山行；明知單槍匹馬，也要抵死抗爭。馬寅初此番豪邁之語使我們想到海明威的那句名言：一個人可以被毀滅，卻不能被打敗。古巴的老漁夫是打不敗的硬漢，中國的馬寅初也是打不敗的英雄。

在一次批判馬寅初的大會上，馬寅初和康生有一次「短兵相接」，在這次面對面的「白刃戰」中，馬寅初未作絲毫退縮，堅持了真理，捍衛了尊嚴，打擊了康生囂張的氣焰。

康生：「在我們偉大的社會主義社會裡，馬寅初居然三番五次要脅我黨在全國推行計劃生育，其目的同資產階級馬爾薩斯如出一轍！馬寅初這個馬，就是姓馬爾薩斯的馬！」

馬寅初：「我是姓馬克思的馬。」

康生：「這是你自封的。」

馬寅初：「這是國民黨特務說的。」

康生：「你反動。」

馬寅初：「1943 年我被國民黨軟禁時，在歌樂山寫成並出版了《經濟學概論》，此書的封皮當時被印成紅色，著者又姓馬，國民黨反動派居然將收藏此書的讀者捉去槍殺，罪名是收藏馬克思的書！現在我的著作怎麼不姓馬克思而姓馬爾薩斯了？荒唐！」

康生無言以對，不得不敗下陣來。

因為堅持真理，拒絕檢討，馬寅初最終被撤銷了一切職務。位卑未敢忘憂國，成為布衣的他依然牽掛著國家大事，在任何場合仍然堅持說真話。在一次政協小組的學習會上，馬寅初說：「我認為五七年的右派劃得太多了，很明顯，他們中有的人是錯劃的。對搞錯了的，就應該給他們平反。這樣做對他們本人，對黨都是一件大好的事情。」

還有一次，也是在政協小組的學習會上，一位委員說：「毛主席的話一句頂一萬句。即使在一千年以後也是對的，我們要永遠讀毛主席的書，聽毛主席的話。」

馬寅初聽後，說：「不能這樣說，你這樣說不對，不符合主義原理，革命實踐告訴人們：馬列主義的基本原理是放之四海而皆準的，是永遠

不會過時的；但無論是馬克思、恩格斯、列寧、史達林，還是毛澤東同志，他們的話或著作，特別是關於政策方面的言論，只能管一段時間，一個時期，並不是在百年、千年之後，或永遠都有用的。我相信毛澤東先生本人，如果聽了你今天的發言，也肯定不會贊成！」

為什麼在舉國瘋狂時，馬寅初能如此冷靜；為什麼在眾人皆醉時，馬寅初能獨自清醒？就是因為他不迷信權威，不盲目跟風，而是在任何時候都堅持獨立思考。當然，在說謊成風的年代，像馬寅初堅持講真話，不僅需要冷靜的頭腦，也需要無畏的勇氣。

馬寅初百年後，有人以這樣的文字來悼念他：「人口宏論，富國強民，千秋大業留遺澤；經濟巨擘，學桃育李，百代宗師惠眾生。」

如果說馬寅初的學術著作為我們留下了寶貴的文化遺產的話，那麼，他「言人之欲言，言人之不能言」的勇氣，他「單槍匹馬，戰死為止」的氣概，以及「苟利國家生死以，豈因禍福趨避之」的胸懷，對我們後人來說，則是一筆難得的精神財富。

梁漱溟：「三軍可奪帥也，匹夫不可奪志」

在現代史上，梁漱溟以特立獨行而著稱。終其一生，他堅持獨立思考，表裡如一。不趨炎，不附勢，不妥協，不畏懼。是一位真正的大儒。程思遠先生對梁漱溟的評價是：潛心行學，一代宗師，探索人生，無所畏懼。我認為，梁先生是完全當得起這樣的評價的。

「雖泰山崩於前，亦可泰然不動」

1941 年，梁漱溟在香港創辦《光明日報》。當年 12 月太平洋戰爭爆發，香港淪陷。梁漱溟等人經介紹結識海上豪傑「吳發仔」，由他安排，乘船過海到大陸。當時，吳發仔手下有幾千義民，擔任抗日工作，將內地急需的物資如汽油等運送到大陸。

那天晚上，月黑風高，吳發仔運棉紗的船共有十六隻，分三批出發。梁漱溟原先是和一位陸君乘一船，後友人發現梁漱溟和陸君都不會粵語，怕萬一出事不好應付，於是讓梁氏換船，與擅長粵語的陳君一道走。隨後，小船乘黑揚帆而去。那天晚上，風大但風向順，一開始，小船向箭一樣向目的地駛去，但後半夜風向突變，小船開始顛簸，又苦又鹹的海水不停地濺入口中，小船隨時有被海浪掀翻的危險。熬了一天一夜，梁漱溟這隻船總算靠岸。吳發仔一清點，有十三隻船被海匪劫去，到達的三隻船，一船的貨物被劫光，一船被海匪劫了兩次，只有梁漱溟這隻船安然無恙，毫髮未損。原先與梁氏乘一船的陸君下落不明。如此經歷讓梁漱溟感慨不已，也讓他感到十分幸運。

　　他後來對兒子說：「第一個感想，自然是：我太幸運！在香港炮火中，敵軍和盜匪遍地行劫中，我安然無事。冒險偷渡出港、出澳，一路上安然無事，始終沒碰到一個敵兵、偽軍或土匪。不但沒有危險，即辛苦亦只往香港仔下船時不足二十華里的平路，哪算得辛苦呢？損失亦沒有什麼損失。人家或被劫若干次。我不獨沒有遇劫，而且自己棄於香港的一箱春夏衣服，還意想不到有朋友給我送到桂林。所以和人家談起來，任何人亦沒有我這般幸運！」

　　梁漱溟的幸運當然是一種偶然，但這樣的偶然在梁漱溟的生活中一再出現。

　　1939 年，梁漱溟視察敵後游擊區，數次遭遇日寇偽軍，但他總能化險為夷。6 月 10 日《日記》：「黎明行抵連谷峪，入民家小睡，遽聞槍炮聲，知前方已發生戰事。出門遙見敵騎在西面山嶺上，空中並有飛機，即向東向南趨奔。」6 月 24 日《日記》：「行抵對經峪一小村……方解衣烘烤覓求飲食之間，聞石人坡方面槍聲大作，知是接觸開火。不敢怠慢，出村向東北一高山攀登，……至山腳入岩洞掩蔽。洞內幾已人滿，見我等異鄉人物，指點隱於最後。此時前後各山頭敵我兩軍漸集，不久開火，各種槍聲、炮聲、炸彈聲、飛機聲震耳。」6 月 25 日《日記》：「此時洞內空無他人，可以走動向外瞭望，對面山頭敵人旗幟、軍官皆在目中。約十時後戰場轉至西北方，槍聲稀少，敵旗撤走，三兩敵人下山搜索，兩次經洞口外走過，卻不入內探視，我等乃得以安然無事。」

　　在香港，梁漱溟的經歷也是險象環生，而最終卻是安然無恙，彷彿他就是颱風中心，其他地方已被肆虐得一片狼藉，滿目瘡痍，而他衣冠整潔，毫髮未損。如他在信中所云：「就以此番香港戰事而言，我離開黃泥湧道不久，敵軍便占了黃泥湧道；我離開軒鯉詩道黃家，並將衣服取走之一天，黃家便被匪劫。」

　　屢次化險為夷，死裡逃生的傳奇經歷給了梁漱溟這樣的信心：「我是碰不到兇險事情的。我在某處，某處便無兇險事……這樣的暗示給我一種自信！我總是平安的。」「一旦出事，總有不相識的人出來搭救。」

　　我認為，梁漱溟之所以能有驚無險地逃過一次又一次的劫難，應歸功於他處變不驚，鎮定自若的良好心態。梁先生非同尋常之處就在於，在任何情況下，他都是神色自若，若無其事。1939年，梁漱溟出入敵後長達八個月，和他同行的人無不說他膽子大，不管遇到什麼險情，他總是神色自若，如同無事。冒險出香港時，路上有位范君，也對梁先生大加讚歎，說：「梁先生真奇怪，若無其事！梁先生了不起，若無其事！」

　　所謂「若無其事」，兼指梁漱溟先生的的身體如常，能應付任何困難，修養超常，能吃得任何辛苦，不叫苦，不抱怨，樂觀自信，談笑自如。其實，梁漱溟的身體並不比別人強健，但由於心態好，飲食起居，一如往常，所以，疾病也就侵襲不了他。梁先生曾對自己的家人說：「其實我原是心強而身不強的人，不過由心理上安然，生理上自然如常耳。你若是憂愁，或是惱怒，或是害怕，或有什麼困難辛苦在心，則由心理馬上影響生理（如呼吸、循環、消化等各系統機能）而起變化，而形見於體貌，乃至一切疾病亦最易招來。所以心中坦然安定，是第一要事。」

　　遇險若無其事，鎮定自若，也就能從容不迫，化解磨難，走出困境；相反，如是膽小怕事之輩，遇事慌亂，手足無措，反而難逃不測。

　　梁漱溟在險境中為何能做到若無其事呢？關鍵在於梁漱溟先生有不同一般的人生觀。他說：

　　　　「我心中何以能這樣坦定呢？當然這其間亦有一種天分的，而主要還由於我有一種自喻和自信。自喻，就是自己曉得。我曉得我

的安危，不是一個人的問題，而是關係太大的一件事。我相信我
的安危自有天命，不用擔心。……。

假如我所作所為，只求一個人享樂，那麼，我的安危只是我一人
之事而已。又若我做事只顧一家人的生活安享，那麼，我的安危
亦不過關係一家而已。但不謀衣食，不謀家室，人所共見。……
我棲棲惶惶究為何事，朋友國人，或深或淺，多有知之者。」

一個不追求個人享樂的人，一個「不謀衣食，不謀家室」的人，何
懼之有！對於一個終身為百姓利益為國家利益奔波勞碌的人來說，死
亡，毋寧是一種休息！

梁漱溟說，我相信我的安危自有天命，不用擔心。與其說，梁漱溟
不擔心他的安危，不如說，他根本無暇顧及個人的安危，每天一睜眼就
開始忙碌、思考、奔波，他哪有時間考慮個人安危？

梁漱溟自十四歲後，就一直思考兩個問題：一個是人生問題，一個
是社會問題（或中國問題），抗戰爆發時，梁先生已年近五十，而他思
考的兩個問題也已漸漸成熟：

「一是基於人類生命的認識，而對孔孟之學和中國文化有所領
會，並自信能為之說明。

一是基於中國社會的認識，而對於解決當前大局問題，以至復興
民族的途徑，確有所見，信其為事實之所不易。」

對於前者，梁漱溟計畫寫三本書來闡述，這三本書是：《人心與人
生》、《孔學繹旨》、《中國文化要義》，梁漱溟認為，寫完三本書，自己
這方面的任務也就算完成了。關於後者，梁漱溟已出版了三本書：《中
國民族自救運動之最後覺悟》、《鄉村建設理論》、《我努力的是什麼》，

但是要實現書中所寫到各種設想，梁漱溟還需要不斷奔走努力。換句話說，梁漱溟認為，歷史賦予自己的人生使命還沒完成，所以自己不會死。

他說：「『為往聖繼絕學，為來世開太平』，此正是我一生的使命。《人心與人生》等三本書要寫成，我乃可以死得；現在則不能死。又今後的中國大局以至建國工作，亦正需要我；我不能死。我若死，天地將為之變色，歷史將為之改轍，那是不可想像的，萬不會有的事！」

有人說，梁漱溟這番話有些狂妄，其實，「狂妄」是其表面，其內核則是「堅定」。梁漱溟以這番故意略顯「狂妄」的話來顯示自己堅定的信念──一定會完成歷史賦予自己人生使命，只有到那時，自己才會坦然赴死，含笑九泉的。在「狂妄」話語的背後，梁漱溟顯示了他對磨難、險境、敵人的藐視，言下之意是，任何人任何險境也阻擋不了他「潛心行學」、「探索人生」的腳步。正是從這個角度，我們才理解了他下面的這句話：「雖泰山崩於前，亦可泰然不動；區區日寇，不足以擾我也。」對梁漱溟來說，這句話絕非冠冕堂皇的大話，而是他內心的真實寫照。

一個人，如果像梁漱溟這樣有高尚的人格，有遠大的目標，自然不會為一時的困難所嚇倒，為眼前的險境而恐慌。只有喪失了自信喪失了理想的人，才會恐懼哀傷、張惶失措，乃至消沉頹唐、一蹶不振。

1940 年，梁漱溟在重慶參加國民參政會，當時，日寇喪心病狂輪番對重慶進行轟炸，但梁漱溟無所畏懼，一反常規地不去躲警報，照常看書思考，埋首工作。

1940 年 5 月初旬的一天，重慶平民教育促進會的三位青年，逃警報回來，發現學校操場上放著一張藤圈椅，一問，才知道是他們的客人在警報時間內從房內搬來看書的。他們的客人戴一付無邊框眼鏡，身穿長袍馬褂，他就是梁漱溟。

　　警報響起，眾人匆忙鑽入防空洞，而梁漱溟先生卻從房間內搬出椅子，坐在操場上，安靜地讀書。在敵機轟鳴中，梁漱溟先生端坐讀書的身影，是那麼穩重那麼堅定，如磐石，如支撐他一生的信念。

「主席您有這個雅量，我就更加敬重您；若您真沒有這個雅量，我將失掉對您的尊敬。」

　　1953 年 9 月 11 日下午，梁漱溟在全國政協常委會擴大會議上，梁漱溟作了即席發言，在發言的第三部分，梁漱溟著重談了當時的「農民問題或鄉村問題」，梁漱溟說：

> 「還有其三，是我想著重點說出的。那就是農民問題或鄉村問題，過去中國將近三十年的革命中，中共都是依靠農民而以鄉村為根據地的。但自進入城市後，工作重點轉移於城市，從農民成長起來的幹部亦都轉入城市，鄉村便不免空虛。特別是近幾年來，城裡的工人生活提高得快，而鄉村的農民生活卻依然很苦，所以各地鄉下人都往城裡（包括北京）跑，城裡不能容，又趕他們回去，形成矛盾。有人說，如今工人的生活在九天，農民的生活在九地，有『九天九地』之差，這話值得引起注意。我們的建國運動如果忽略或遺漏了中國人民的大多數──農民，那是不相宜的。尤其中共之成為領導黨，主要亦在過去依靠了農民，今天要是忽略了他們，人家會說你們進了城，嫌棄他們了。這一問題，望政府重視。」

　　梁漱溟的話顯示了他觀察之敏銳，思考之深刻，然而，他在發言中提到了政府建設計畫有「黨內黨外之嫌」，同時一針見血指出工農差距太大，而這兩個問題與當時提出的總路線的精神是相違背的，這樣一來，梁漱溟的這番話就必然引火焚身。

　　9月12日，梁漱溟以政協委員的身份，列席了中央人民政府擴大會議。彭德懷司令員先作了抗美援朝情況的報告，接著是主席的即席發言。主席講話時，突然岔開話題，提到關於農民生活苦的問題，他說：「有人不同意我們的總路線，認為農民生活太苦，要求照顧農民。這大概是孔孟之徒施仁政的意思吧。但是要知道，有大仁政小仁政的區別，照顧農民是小仁政，發展重工業，打美帝是大仁政。施小仁政而不施大仁政，便是幫助了美國人。有人竟班門弄斧，似乎我們共產黨搞了幾十年農民運動，還不瞭解農民？笑話！我們今天的政權基礎，工人農民在根本利益上是一致的，這一基礎是不容分裂，不容破壞的！」

　　毛主席沒有點梁漱溟的名，但梁漱溟當然知道是針對自己那天的發言。他一方面感到意外，一方面也不服氣，因為他並沒有反對總路線的意思。

　　當天晚上，梁漱溟給毛主席寫了封信，信中說：

> 「你說的一些話，是說我。您說我反對總路線，破壞工農聯盟，我沒有這個意思，您說得不對，請你收回這個話，我要看看您有沒有這個雅量。我那天發言時，您不在場，希望主席給個機會，由我當面向您復述我那天的發言，以求指教，解除誤會。」

　　13日的晚上，梁漱溟與毛澤東有過一次時間約為二十分鐘左右的談話，梁漱溟強調自己並不反對總路線，是毛澤東誤會了他，而毛澤東說梁漱溟不肯承認，兩人話不投機，不歡而散。

　　17 日，繼續開會，會上章伯鈞發言，中心內容就是批判梁漱溟一貫反動。其間，毛澤東多次插話，份量很重，如：「你（指梁漱溟）雖沒有以刀殺人，卻是以筆殺人的。」「人家說你是好人，我說你是偽君子！」「對你的此屆政協委員不撤銷，而且下一屆（指 1954 年）政協還要推你參加，因為你能欺騙人，有些人受你欺騙。」「假如明言反對總路線，主張注重農業，雖見解糊塗卻是善意，可原諒；而你不明反對，實則反對，是惡意的。」梁漱溟聽了主席的話，感到主席對自己的誤會很深，有辯解的必要，他要求發言，但主席臺認為沒時間。會議主席安慰他，回去好好準備一下，明天發言。

　　第二天開會，梁漱溟拿起準備好的稿子，開門見山地說：「昨天會上中共領導人的講話，很出乎我的意外；當局認為我在政協的發言是惡意的，特別是主席的口氣很重，很肯定我是惡意。但是，單從這一次發言就判斷我是惡意的，論據尚不充足，因此就追溯過去的事情，證明我一貫反動，因而現在的胸懷才存有很多惡意。但我卻因此增加了交代歷史的任務，也就是在講清當前的意見初衷之外，還涉及歷史上的是非。而我在解放前幾十年與中共之異同，卻不是三言兩語說得清楚的，這就需要給我比較充裕的時間……」

　　梁漱溟剛講到這裡，台下有人打斷他的話，不讓他說下去。梁漱溟只得把目光投向主席臺，對毛主席說：「我現在唯一的要求就是給我充分的時間讓我說話。昨天，大家說了我那麼多，今天不給我充分的時間是不公平的。我很希望黨和黨外人士考察我，考驗我，給我一個機會。同時，我也直言，我還想考驗一下黨，想看看毛主席有無雅量。什麼雅量呢？就是等我把事情的來龍去脈都說清楚之後，毛主席能點點頭說：『好，你原來沒有惡意，誤會了。』這就是我要求的毛主席雅量。」毛

主席則回答：「你要的這個雅量，我大概不會有。」梁漱溟接著說：「主席您有這個雅量，我就更加敬重您；您若真沒有這個雅量，我將失掉對您的尊敬。」毛主席說：「這點『雅量』還是有的，那就是你的政協委員還可以當下去。」梁漱溟說：「這一點倒無關緊要。」毛主席生氣地說：「無關緊要？如果你認為無關緊要那就是另一回事了；如果有關緊要，等到第二屆政協開會，我還準備提名你當政協委員。至於你的那些思想觀點，那肯定是不對頭的。」梁漱溟毫不退縮，說：「當不當政協委員，那是以後的事，可以慢慢再談。我現在的意思是想考驗一下領導黨。因為領導黨常常告訴我們要自我批評，我倒要看看自我批評是真是假。毛主席如有這個雅量，我將對您更加尊敬。」毛主席答：「批評有兩條，一條是自我批評，一條是批評。對於你實行哪一條？是實行自我批評嗎？不是，是批評！」毛主席的口氣越來越重，但梁漱溟不為所動，仍然堅持自己的觀點：「我是說主席有無自我批評的雅量！」

　　多少年過去了，但梁漱溟與毛澤東這次「雅量」之爭仍令人難以忘懷。在這次爭執中，梁漱溟顯示了他堅持不渝的倔強和寧折不彎的激情。解放後，有誰敢當眾和毛主席爭執不下呢？這樣的人，如果不是獨一無二的話，那也屈指可數的。梁漱溟直抒胸臆，仗義執言，不僅震撼了國人，就連域外人士也為之讚歎不已——國外一家媒體稱他為中國「最有骨氣的人。」梁漱溟死後，有幅輓聯這樣寫道：「鉤玄決疑百年盡瘁以發揚儒學為己任；廷爭面折一代直聲為同情農夫而執言。」所謂「廷爭面折一代直聲」，所謂「為同情農夫而執言」，說的就是這次不同尋常的「雅量」之爭。事實上，如果中國多幾個像梁漱溟這樣敢於「廷爭面折」的學人，那對中國的影響將是不可估量的。

「人性是不夠善，但人性是向善的。」

梁漱溟很喜歡〈書魯亮儕事〉一文，經常要他的兒子梁培恕背誦給自己聽。這篇古文說的是這樣一件事：雍正年間，河南某縣李縣令，因挪用公款被撤職，巡撫大人派魯去接任。魯進入該縣後，發現這位李姓縣令在當地口碑甚好。等到魯見到李姓縣令後，也覺得不像揮霍無度、魚肉百姓的貪官污吏，便問他，為何挪用公款？李答，自己是雲南人，離家已長達十年，這次借公款，只想把母親接過來，結果，母親到了，自己的官也丟了。魯聽後，很不忍，就回去找巡撫大人，提議還是由李某擔任縣令。兒子每次背誦這篇課文，梁漱溟會不覺地流出淚來。梁漱溟的心腸實在很軟，聽不得這些感傷的故事。

一次，梁培恕看望父親，因看不慣社會的不公，就對父親說了句氣話：「我對人類感到失望，我已經差不多相信人性惡了。」

梁漱溟則笑著搖頭。

梁培恕說：「難道不是這樣，人性能說是善嗎？」

梁漱溟回答：「人性是不夠善，但人性是向善的。」

「但是，並不是每個人都有向善的一面啊？」

「你覺得他惡，是因為你善啊！」梁漱溟說這話時，眼裡已有淚光閃爍。

終其一生，梁漱溟一直對勞苦大眾有一種難以割捨的感情，他正因為同情農民，為窮苦的農民仗義執言而引來大禍的。

1960 年 3 月，梁漱溟以全國政協委員的身份，帶領水利部有關人員到鄆城考察。為招待梁漱溟一行，鄆城縣專門派人去濟寧市買了蝦、海參等高檔菜，由專業廚師烹飪。中午吃飯時，梁漱溟看到這桌奢侈的宴席，大怒，說：「你們鄆城有這樣的菜嗎？太浪費，太奢侈！」梁

漱溟很少有大發雷霆的時候，這一次終於忍無可忍。鄆城領導忙不迭地解釋，說：「鄆城地方小，恐招待不周，才特意去外地採購的。」並表示下不為例。梁漱溟則說：「我只吃白菜豆腐。」結果，飯桌上，梁漱溟只吃自己的白菜豆腐，其他的，動也未動。鄆城領導很尷尬，但也很受教育。

當天下午，梁漱溟在縣領導的陪同下，去鄉下視察。在街上看到有孩子吃炸肉丸。須知，當時是三年困難時期，這種現象絕對罕見。一打聽，天真的孩子說出了實話：「今天上面當官的來看看我們吃的好不好，所以生產隊就發丸子。」旁邊還有孩子隨口念了句順口溜：「節節草（當地一種水草，當地人經常用來充饑），拉弦子，生產隊裡炸丸子。大人仨，小孩倆，生產長用碗挖。趕快吃，趕快咽，別讓社員看得見。」梁漱溟聽了這些，兩眼發酸，心中一陣翻江倒海，但他知道在當時的中國，這絕非某地獨有現象，而他除了灑一掬同情之淚，恐怕別無良策。

有人說，梁漱溟是中國的甘地，確實如此。一方面，對窮苦的平民，梁漱溟有顆柔軟的菩薩心，而他自己則過著苦行僧般的生活，常年茹素，衣著簡樸，工資剛發下來，就接濟給他人。事實上，他的一生就像甘地那樣為窮苦人過上好日子而不停地呼籲，不畏勞苦，不懼丟官，甚至為此不惜付出寶貴的生命。

梁漱溟平素不苟言笑，但他心地善良，為人正直，所以外表的嚴肅並不影響他廣交朋友，廣受尊敬。梁漱溟曾云：嚴正出乎秉性之自然，既非有意嚴正，亦非陷於慣性的嚴正，那是無礙於其人之和易近人、溫厚可親的。他的這番話無異於夫子自道。

梁漱溟身上散發的人格魅力，就連那些誤入歧途的狂熱青年也會因受到感染而良知甦醒、迷途知返。

　　文化大革命時期，梁漱溟的家被紅衛兵抄了。紅衛兵一度把梁漱溟的住家當作了辦公室。可是，在和梁漱溟的相處過程中，在梁漱溟的耳濡目染下，紅衛兵對梁漱溟的態度發生的很大的改變，他們陸續歸還了被他們抄去的家庭日常用品、現金，乃至梁漱溟視為命根子一般貴重的《人心與人生》的手稿。梁漱溟的正直、無私、坦蕩使紅衛兵們深受教育，他們決定撤出梁漱溟的寓所。臨走前，他們還像朋友那樣對梁漱溟說，以後有麻煩就找他們幫忙。

　　看來，任何時候，我們都不能低估高尚的人格對人的感染力。一個人格偉岸、人品高潔的長者智者，自然有其鎮邪扶正，袪病強身的威力的。

「三軍可奪帥也，匹夫不可奪志。」

　　1970 年下半年，政協軍代表決定恢復政協直屬組每週兩次的學習。當時，中央準備召開四屆人大，中共中央和中央文革擬就了「憲法草案」，發給開會的政協委員討論、修改。在一次學習會上，梁漱溟發言了，他不慌不忙地說：

> 「領導上歡迎我們提意見，是看得起我們……因此我考慮再三，在這裡放言，提兩點意見。
>
> 第一點，據我的淺見，近代的憲法最早產生於歐洲，首先是英國，其重要出發點之一是為了限制王權。換句話說，就是為了限制個人的權力太大。有了憲法，則從國家元首到普通公民，都得遵循，且在法律面前一律平等，而不允許把任何一個個人放在憲法之上。……因此，我認為，現在的『憲草』序言中，寫上了個人的名字，包括

林彪為接班人，都上了憲法，這是不妥當的，起碼給人
有個人高於憲法的感覺。接班人之說，是中國的特殊情
況，而憲法的意義是帶有普遍性的。不能把特殊性的東
西往普遍性的東西裡邊塞。

第二點，這次『憲草』的條文比先前那部憲法少了許多，條文少
不見得就一定不好，但有的重要條文少了卻不甚妥當，
比如設國家主席。一國的元首，不能沒有。設國家主席
是一回事，選誰當國家主席合適是另一回事。現在的『憲
草』沒有設國家主席這一條，不知為何？」

梁漱溟的話在別人聽來簡直是石破天驚。因為當時的林彪炙手可
熱，可謂「一人之下，萬人之上」，而梁漱溟則把矛頭指向「副統帥」，
直接說不應該在憲法裡寫上指定林彪為接班人這一條，其實，恰恰是毛
澤東建議在憲法裡寫上林彪為接班人這條的，所以，梁漱溟這番話其實
是開罪了兩位當時的領袖級人物，這樣的勇氣真有點驚世駭俗；另外，
梁漱溟提議設國家主席更是一不留神踩響了地雷，因為毛澤東已洞悉林
彪的奪權意圖，堅決不同意設國家主席，而林彪及其死黨為搶權則堅決
要求設國家主席。對於如此敏感的問題，明哲保身者自然會三緘其口，
而梁漱溟則是我口說我心，一點不遮攔。本來，這樣的發言肯定會引來
大禍，後在周恩來辦公室的保護下，梁漱溟才涉險過關。我想，周恩來
之所以保護梁漱溟，也一定是出於對梁的敬重——在那樣一個說謊話當
官，說真話遭殃的年代，竟然還有這一位倔強正直、直言無忌的大儒。
這樣的事，讓人振奮；這樣的人，令人崇敬。

林彪叛逃後，「四人幫」別有用心在全國發動一場「批林批孔」運動，
其真實目的是想借這場運動向周恩來放冷箭。「四人幫」一夥毫無道理地

把孔子和林彪綁在一起大加批判，梁漱溟對此顯然不以為然。1974年，在一次政協會議上，梁漱溟發言，認為孔子有功有過，不能全盤否定。

> 「我現在認識到的孔子，有功和過的兩個方面。在沒有新的認識
> 之前，我沒有別的辦法，只能表裡如一。我的文章，我的觀點，
> 確實是對時下流行的批孔意見不同意的。……我的看法是，中國
> 有五千年文化，孔子是接受了古代文化，又影響著他之後的中國
> 文化的。這種影響，中國歷史上的任何一個古人都不能與孔子相
> 比。……他本人是承前啟後。」

對於「四人幫」批判什麼「克己復禮」，梁漱溟也認為不妥，他說：「如今批判『克己復禮』一詞最時行，殊不知許多解釋是經不起推敲的。『克己』且不說了，單說這『復禮』之『禮』吧。既然中國並沒有典型的奴隸社會，那麼這『禮』又怎能是指奴隸主之『禮』呢？至於林彪寫『克己復禮』這張條幅，據說還在臥室掛了起來，究竟他為什麼這麼做，他的『己』和『禮』又何所指？我看除了問他自己，別人難以解釋。」

當時，「四人幫」一夥猖獗一時，「批林批孔」呼聲更是甚囂塵上，而梁漱溟竟然為孔子辯護，其膽量之大可謂驚世駭俗。他的被批鬥也就成了順理成章的事了。對於批判林彪，梁漱溟本來不想再說話了，他知道他的不合時宜的話一出口就會招來猛烈的批鬥的。但問題是不表態就過不了關，於是，梁漱溟只得再次發言，不慣說謊的他一出口仍是不合時宜的大實話。

> 「我的批林，與眾說不大一樣。我認為林彪沒有路線，談不上路
> 線，無路線可言。而大家則頗熱衷於批判林彪的路線。這個問題，
> 得從何謂政治路線談起。我自己分析，所謂政治路線，應該有公

開拿得出來的政治主張和綱領。如劉少奇的主張就很多，不管怎麼錯誤，但他敢於拿出來，公開提出，並自信是對的，這才夠上路線。而林彪的路線又是什麼呢？不但我看不出，回答不上來，恐怕連他自己也說不上來，因為他公開說的全是假話，用假話欺騙信任，是說假話的第一能手！誰能找出林彪的公開主張呢？我認真找過，沒有發現。……。

在林彪破壞毛主席正確路線這個意義上，我也可以承認在中共黨內發生了一場第十次路線鬥爭。但林彪本身我認為不存在什麼路線，夠不上路線。一個政治家為國家、民族之前途設想而提出的公開主張，才稱得上是路線。路線是公開的，可以見人的！不敢見人的，不是路線！從做人的角度說，光明是人，不光明是鬼！……。劉少奇的主張很多，都是公開的。彭德懷也有公開信給毛主席，他對黨的路線政策有懷疑，公開提出自己的主張。他們的錯誤只是所見不同或所見不對，但他們都有為國家、民族前途設想而提出的主張，是明明白白有路線，夠得上路線的。」

梁漱溟這番話只能讓他引來革命群眾更激烈的批判。在被批了七、八個月後，會議主持人一再徵問梁漱溟對眾人七、八個月來批判他的感想，他開始一言不發，最後逼急了，脫口而出：「三軍可奪帥，匹夫不可奪志！」

聽了梁漱溟的答覆，眾人怒不可遏，喝令他對孔子這句話做出解釋，而梁漱溟接下來的解釋更是鏗鏘有力，語驚四座：

「我認為，孔子本身不是宗教，也不要人信仰他，他只是要人相信自己的理性。我只是相信自己的理性，而不輕易去相信別的什

麼。別的人可能對我有啟發，但也還只是啟發我的理性。歸根結底，我還是按我的理性而言而動。因為一定要我說話，再三問我，我才說了『三軍可奪帥也，匹夫不可奪志』的老話。吐露出來，是受壓力的人說的話，不是在得勢的人說的話。『匹夫』就是獨人一個，無權無勢。他的最後一著只是堅信他自己的『志』，什麼都可以奪掉他，但就是這個『志』沒法奪掉，就是把他這個人消滅掉，也無法奪掉！」

梁漱溟說完這番話，會場竟反常的陷入一片沉默。顯然，梁漱溟凜然正氣震懾了在場所有的人。

一個珍視自由超過生命的人，是任何力量任何人也摧毀不了的。梁漱溟這番鏗鏘之語猶如暗夜裡的夜明珠，永遠閃著奕奕的光輝；又如傳說中的干將莫邪，甫一出鞘，便精光四射。在謊話風行的非常時期，梁漱溟頂住了巨大壓力，堅持講真話，真可謂雖千萬人，吾往矣。梁漱溟的存在雄辯地證明了，在華夏大地上，「寧鳴而死，不默而生」的傳統不僅源遠流長，而且綿延不絕，即使在最黑暗的時期，它的火種也未熄滅。

梁漱溟去世後，在北京醫院告別大廳舉行了遺體告別儀式。靈堂入口處掛的輓聯是：

百年滄桑，救國救民；
千秋功罪，後人評說。

橫批是：

中國的脊樑。

我想，梁漱溟先生是完全無愧於這樣的評價的。

劉文典：
「養生未羨嵇中散，嫉惡真推禰正平」

劉文典，字叔雅，安徽人，幼年就讀於教會學校，受到了良好的外語訓練。1909 年，他留學日本，是早稻田大學的高才生。在日本，他結識了章太炎，跟隨章太炎積極參加反清活動，成為章門弟子。1912 年，劉文典回國在上海創辦《民立報》，發表大量文章，宣傳民主，提倡共和，痛斥袁世凱。1913 年，袁世凱派人刺殺宋教仁，劉文典也同時遇刺，手臂受傷，隨後，他再次流亡日本。1917 年，他回國在北大任教，並擔任《新青年》英文編輯和翻譯。

作為學者，劉文典勤奮刻苦，治學嚴謹，其學問之深厚，著述之精嚴，在學界有口皆碑。他的第一部專著《淮南鴻烈集解》於 1923 年由商務印書館出版後，獲得學界名流的極高評價。大名鼎鼎的胡適破例用文言為該書作序，云：「叔雅治此書，最精嚴有法……其功力之艱苦如此，宜其成就獨多也。」他的另一部書《莊子補正》出版後，學界泰斗陳寅恪為之作序，曰：「先生之作，可謂天下之至慎矣。其著書之例，雖能確證其有所脫，然無書本可依者，則不之補，雖能確證其有所誤，然不詳其所以致誤之由者，亦不之正。此書之刊佈，蓋將一匡當世之學風，而示人以準則，豈僅供治《莊子》者之所必讀而已哉！」

有兩位大家的推崇，劉文典在學界自然會名振一時。陳寅恪稱讚劉文典著述為「天下之至慎」，並非過譽。因為在治學方面，劉文典對自己的要求十分嚴格，他的治學格言是「一字之微，徵及萬卷」，他校勘古籍不僅字字講究來歷，連校對也一絲不苟，從不讓他人幫忙，他在給

胡適的信裡表露了他在校對時的嚴謹和慎重：「弟目睹劉績、莊逵吉輩被王念孫父子罵得太苦，心裡十分恐懼，生怕脫去一字，後人說我是妄刪；多出一字，後人說我是妄增；錯了一字，後人說我是妄改，不說手民弄錯而說我之不學，所以非自校不能放心，將來身後虛名，全繫於今日之校對也。」著述時能有如此戰戰兢兢，如履薄冰的心情，其下筆自然是慎之又慎了，而他為此付出的辛苦也就可想而知了。

作為教授，劉文典上課從不用講稿。一次，有位學生大膽地問劉文典：「老師，您上課怎麼不用教案？」劉文典笑了，他指指腦袋，說：「全在這裡。」課堂上，劉文典旁徵博引，口若懸河，妙語連珠，引人入勝。他的一個學生，曾這樣回憶老師的授課丰采的：「先生雖體弱氣虛，當登上講臺後，一進入課題即飽含深情，神采奕奕，正本清源，言而有據，闡幽發微，旁徵博引。有時淺吟低唱，有時慷慨悲歌。忽如神龍遨遊天宇，忽如黃河之水天上來，異彩紛呈，令人應接不暇。我們這群學子，由於根基淺薄，只好摒氣凝神，洗耳恭聽。」

劉文典學問精深，令人嘆服；講課精彩，令人欽佩；而他熱愛祖國，寧死不降的氣節更為人稱道！北平淪陷後，劉文典不顧身體羸弱，冒死南下，一路上，跋山涉水，餐風露宿，九死一生，終於由北平輾轉河內抵達昆明。他在給西南聯大校長梅貽琦的信中說：「典浮海南奔，實抱有犧牲性命之決心，辛苦危險，皆非所計。」

「你就是新軍閥！」

劉文典性詼諧，善諷刺，人剛正，語尖銳，對於看不慣的人和事，他嚴加痛斥，毫不留情，不管對方是誰，不顧自身安危。

　　一次，和同事談到庸醫，劉文典說：「你們攻擊中國庸醫，實是大錯而特錯。在現今的中國，中醫中的庸醫是萬不可無的。你看有多多少少的遺老遺少和別種的非人生在中國，此輩一日不死，是中國一日之禍害。但是謀殺是違反人道的，而且也謀不勝謀。幸喜他們都是相信國粹的，所以他們的一線生機，全在這班大夫們手裡。你們怎好去攻擊他們呢？」表面是在為庸醫辯護，其實是在痛斥「遺老遺少和別種的非人」，可謂綿裡藏針，「笑裡藏刀」，痛快淋漓！

　　在「國民代表打國民」的那天晚上，劉文典給胡適寫了封信，吐露了內心的憤懣：「典這兩天眼看人類十分墮落，心裡萬分難受，悲憤極了，坐在家裡發呆，簡直揀不出一句話來罵那班『總』字型大小和『議』字型大小的禽獸。」

　　寫了信後，恨還是難消，他又對「國會議員」們罵了一通：「想起這些人來，也著實覺得可憐，不想來怎麼的罵他們，這總之還要怪我們自己，假如我們有力量收買了他們，卻還要那麼胡鬧，那麼這實在應該重辦，捉了來打屁股。可是我們現在既然沒有錢給他們，那麼這也就只好由得他們自己去賣身去罷了。」以如此尖銳之語斥罵賣身求榮的「國會議員」，真是快人快語，一針見血！

　　1927 年 9 月，劉文典出任安徽大學文學院院長兼預科籌備主任，實際上履行校長職責。當時，蔣介石是國民政府的首腦，氣焰囂張，不可一世，但劉文典根本不買他的帳，從不請他去安徽大學訓話，並當眾放出這樣的話：「我劉叔雅非販夫走卒，即是高官也不應對我呼之而來，揮之而去。我師承章太炎、劉師培、陳獨秀，早年參加同盟會，曾任孫中山秘書，聲討過袁世凱，革命有功。蔣介石一介武夫耳，其奈我何！」劉文典還在各種場合宣揚這樣的觀點：「大學不是衙門。」意思是自己

身為大學校長，並非衙門裡的當差的，所以處理校內事務完全可以自作主張，不需看軍閥的臉色，也不會仰達官貴人的鼻息。

1928 年 11 月，安大學生鬧學潮。蔣介石趕到安慶召見劉文典。劉文典去見蔣介石，並不像旁人那樣點頭哈腰，而是不卑不亢，坐在一旁抽煙。蔣介石問他如何處置鬧事學生，劉文典答：「鬧事者不光是安大學生，也有他校學生。」蔣介石說：「他校不問，先處理你校學生。」蔣介石又讓他查出學生中的共產黨，劉文典答：「我不知道誰是共產黨。你是總司令，就應該帶好你的兵；我是大學校長，學校的事由我來管。」蔣介石聽了，大怒，罵道：「你看你站沒站相，坐沒坐相，衣冠不整，成何體統！簡直是個墮落文人！」劉文典毫不畏懼，反唇相譏道：「我是墮落文人，你就是新軍閥！」蔣介石哪受過這樣的侮辱，當即下令逮捕劉文典，準備來個殺一儆百。後在蔡元培等人的大力救助下，蔣介石在社會各界輿論的壓力下不得不同意釋放劉文典。

劉文典獲釋後去看望老師章太炎，章太炎對弟子不畏強暴、嫉惡如仇的行為非常欣賞，抱病揮毫，給劉文典寫了幅對聯：「養生未羨嵇中散，嫉惡真推禰正平。」此聯用禰衡擊鼓罵曹的典故，譏刺了蔣介石的獨裁專橫，誇讚了劉文典的剛直不阿、敢批逆鱗。得到老師的誇獎，劉文典當然十分高興。這幅墨寶他一直珍藏。1938 年他逃出北京時，很多珍貴書籍都不得不丟在家裡，卻把這幅對聯帶到昆明。

「寧吃鮮桃一口，不吃爛杏一筐。」

講臺上的劉文典給學生留下了深刻、難忘而美好的印象。在我看來，作為教師，劉文典的魅力來自於以下幾個方面：新，細，活，準，奇，入。

　　新。一次講《紅樓夢》，劉文典的開場白如下：「寧吃鮮桃一口，不吃爛杏一筐。仙桃只要一口就行了。我講《紅樓夢》嘛，凡是別人講過的，我都不講；凡是我講的，別人都沒有說過。」劉文典授課內容之「新」，就在於他講的，「別人都沒有說過」。劉文典這番開場白顯示了一種自信，倘非腹笥廣博，別出心杼，誰敢說「凡是我講的，別人都沒有說過。」劉文典授課內容之所以「新」，是因為他所講授的內容往往是他多年研究的結果或思考的結晶。

　　細。劉文典別具隻眼，心細如髮，擅長從細微地方入手挖掘出富有創意的內涵。如他對《紅樓夢》中的「蓼汀花漵」作了這樣的解釋：「元春省親遊大觀園時，看到一幅題字，笑道：『花漵二字便好，何必蓼汀？』花漵二字反切為薛，蓼汀二字反切為林，可見當時元春已屬意薛寶釵了。」這樣的分析，令人信服，也啟人心智。

　　在解說〈海賦〉一文時，劉文典提醒學生留意課文裡的文字。學生留神一看，果然滿篇文字多是水旁的字，劉文典進一步啟發學生，說：「先不必看此篇文章好壞，光看這麼多的水字旁的字，就已經令我們感受到波濤澎湃瀚海無涯，宛如置身海上一般。」中國的文字是象形文字，字的外形與內涵有著千絲萬縷的聯繫，劉文典讓學生先從文字的外形來感受一下作品的神韻，說明他洞悉了中國文字的奧秘。因為這一角度獨特，學生們得到的感受和啟發往往顯得新奇而難忘。

　　活。劉文典喜歡把授課的內容與授課的場景結合起來，營造一種獨特的氛圍，讓學生有身臨其境之感。一次，他上課只上了半個小時，就宣佈下課，說：「今天提前下課，改在下星期三晚飯後七時半繼續上課。」原來，下星期三是陰曆五月十五，月光皎潔，他要在月下給大家講〈月賦〉。那天晚上，月光下擺了一圈座位，學生們在美麗月光下聽完那堂

別具一格的〈月賦〉。那些聽課的學生有福了。在月光下聽〈月賦〉，這樣的場景即便想像一下已讓人心馳神往，更何況身臨其境，躬逢盛況呢！這不僅是一次難忘的課，更是一次珍貴的人生經歷！

準。劉文典讀書認真，常常能準確領悟作者的用意。魯迅有篇小說〈白光〉，寫一個封建社會的文人，多次參加科舉考試，未中。最後一次落榜後，他絕望了，便在自家屋裡亂挖，想挖出一點銀子，結果一無所得，就投湖自盡。屍體被撈上後，魯迅寫道：「那是一具男屍，五十多歲，身中面白無鬚。」劉文典對學生說：「陳士成是個鬚髮皆白的老童生，怎麼會『面白無鬚』呢？」學生答不出來，他就進一步解釋：「科舉時代，應考的人無論多大歲數，皆稱『童生』，填寫相貌時一律寫『身中面白無鬚』，魯迅用這個六字暗示了陳士成到死還是個童生，而他之所以尋死也正是因為這一點。所以，魯迅其實是用這六個字來抨擊那個不合理的科舉制度的，表面上很含蓄，其實很辛辣。」只有細讀文本，用心揣摩作者的意圖，才會得出如此準確的結論。劉文典讀書之認真，領悟之精準，由此可見。

奇。為了吸引學生的注意力，劉文典上課時會說出一些令人驚奇的話語，而經他分析之後，學生們會恍然大悟，這些貌似「奇談怪論」的話語背後隱藏的內涵卻極有見地。

一次，有學生問劉文典，如何才能寫出好的詩作？劉文典答：「只須注意『觀世音菩薩』就行了。」學生不懂，他再解釋：「『觀』，是要多觀察；『世』，是要懂得人情世故；『音』，就是要講究音韻；『菩薩』，就是要有一付同情民眾、救苦救難的菩薩心腸。」這樣的解釋真讓人擊節讚歎！如此奇特的話語蘊涵的內容卻是如此精湛！劉文典話語之奇，讓學生們過「耳」不忘；其道理之深，又讓學生們終身獲益。

　　入。所謂「入」，就是投入，劉文典上課時，總是全身心投入到所講授的內容中去，如同演員入戲一般。一次，劉文典給學生講李商隱的〈錦瑟〉，下課鈴響了，劉文典還沉浸在「追憶」「惘然」中，不能自拔，過了20來分種，他的感情才慢慢平復，這才夾了書包，緩緩走出教室，神情有些恍惚，眼神裡含一絲迷惘，彷彿還在體味「莊生曉夢迷蝴蝶」的韻味。

　　每次給學生講授詩歌時，劉文典一忽兒淺吟低唱，一忽兒慷慨悲歌。動情時，他會背著雙手在講臺上來回踱步，一面搖頭晃腦地吟誦著，一面示意學生跟著吟誦。有學生不願吟誦，他就對他說：「詩不吟，怎知其味？欣賞梅蘭芳梅先生的戲，如果只是看看聽聽而不出聲吟唱，怎麼能體會其韻味呢？」是啊，對於詩歌，如果不吟頌，就不能全身心投入到作品所營造的意境中去，也就不能領會詩歌的妙處了。

　　北大教授金克木年輕時當「北漂」，曾在北大圖書館打零工糊口。一次，圖書館進來一位神氣有點落拓的穿舊長袍的先生。他夾著布包，手拿一張紙向借書臺上一放，一言不發。金克木接過一看，是些古書名，後面寫著為校注某書需要，請某館長准予借出。金克木請他稍候，自己快步跑上四樓書庫。庫內老先生看了書單就皺眉，說，這人不在北大教書，借的全是善本、珍本，有的還是指定抽借一冊，而且借去一定不還。這怎麼辦？老先生想了一會兒，終於想出一個辦法，並讓金克木按此辦法行事。金克木下樓對借書者恭恭敬敬地說，這些書我們無權出借。現在某館長已換了某主任，請你到辦公室去找主任批下來才好出借，來人一聽館長換了新人，略微愣了一下，面無表情，仍舊一言不發，拿起書單，轉身揚長而去。金克木望到他的背影出門，連忙抓張廢紙，把進出書庫時硬記下來的書名默寫出來。以後有了空隙，便照單去找善本書庫中人一一查看。金克木很想知道，這些書中有什麼奧妙值得那位老先生

遠道來借，這些互不相干的書之間有什麼關係，對他正在校注的那部古書有什麼用處。經過親見原書，又得到書庫中人指點，金克木增加了一點對古書和版本的常識。後來，金克木對朋友說：「我真感謝這位我久仰大名的教授。他不遠幾十里從城外來給我用一張書單上了一次無言之課。」

這位教授就是劉文典。倘若他知道，他無意間給一個圖書館的小夥計上了一堂「無言之課」，而這個小夥計，解放後竟成了北大名教授，我想，他一定感到非常欣慰的。

劉文典的一個借書單，讓一個好學青年大開眼界，且獲益終生，由此也證明了劉文典的學問之深之大了。

「國家民族是大節，馬虎不得，讀書人要懂得愛惜自己的羽毛。」

劉文典早年投身革命，且精通日文，很多軍閥想拉攏他，但他以民族大義為重，潔身自好，不願捲入內戰。1931 年廣東軍閥陳濟棠曾多次函請他赴粵當官，並先匯來鉅款作為聘金。劉文典不為所動，將鉅款退回。他對朋友說：「正當日寇侵華，山河破碎，國難深重之時，理應團結抗日，怎能置大敵當前而不顧，搞什麼軍閥混戰？皮之不存，毛將焉附？」重金、高官非劉文典所求，他渴盼的是民族的團結，國家的強大。

「九一八」事變後，北平愛國青年不滿當局的消極妥協，血氣方剛的愛國青年，發起了臥軌請願活動，當時，劉文典的長子劉成章在輔仁大學讀書，也參加了這次活動。時值嚴寒，劉成章露宿在野外感染傷寒，不幸去世。中年喪子，劉文典悲痛欲絕。不過，愛子之死更激發了他對日寇的憤恨，自此，每次上課，他都要給同學們講一段「國勢的阽危」，揭露日本侵略中國的險惡用心，以期喚醒學生們的愛國激情，激發他們

的抗敵鬥志。為了讓學生能儘快瞭解日本，劉文典連夜翻譯有關資料。他的行為讓學生大為感動，一位學生在作文裡這樣寫道：「……有一天上國文課時精神萎靡得連說話都幾乎沒有聲音，說是因為昨晚譯書到夜裡三時才休息。我當時聽了劉先生的話，眼淚真要奪眶而出了。」劉文典的人格和氣節通過言傳、身教，春風化雨一般滋潤著年輕學子的心田。身正為範，學高為師，劉文典不愧為這樣的好老師。

1937 年「七七事變」後，日本人通過周作人多次請劉文典出任偽職，他一概嚴詞拒絕。日本人惱羞成怒，數次查抄他的寓所，想迫使他就範。劉文典則橫眉冷對，一語不發，雖然他精通日語，卻裝作聽不懂日語，拒不回答日本人的問題。家人問他何以如此。他說，在日寇面前，發夷聲是可恥的。對家人，對朋友，他一再強調：「國家民族是大節，馬虎不得，讀書人要懂得愛惜自己的羽毛。」對周作人的落水，他很不解也很憤慨，說：「他讀了那麼多的書，怎麼不知道愛惜羽毛啊！」

他和四弟劉管廷本來感情很好，住在一起。北平淪陷後，四弟在偽政府謀了差使，劉文典大怒，堅決不和四弟在一桌上吃飯，以此和對方劃清界限，並且喝令四弟立即搬走，從此不再往來。

1938 年，為了不當亡國奴，劉文典不顧身體羸弱，決計離開北平。他託英國大使館的朋友買了船票，轉道天津、香港及越南，在路上奔波了整整兩個月，終於抵達目的地昆明。當他抵達西南聯大時，不禁老淚縱橫，因為他終於逃出了虎口，重回祖國的懷抱。

在西南聯大，他給遠方的妻子寄去自己寫的兩首詩：

其一為：

故國飄零事已非，江山蕭瑟意多違。

鄉關烽火音書斷，秘閣雲煙內籍微。

> 豈有文章千載事，更無消息幾時歸。
>
> 蘭成久抱離群恨，獨立蒼茫看落暉。

此詩表達了他對日本侵略者憤恨，和他對祖國山河深厚感情。

其二：

> 繞屋松篁曲徑深，幽居差幸得芳林。
>
> 浮沉濁世如鷗鳥，穿鑿殘篇似蠹蟬。
>
> 極目關河餘戰骨，側身天地竟無心。
>
> 寒宵振管知何益，永念群生一涕零。

此詩表露了他對蔣介石消極抗戰的不滿，對祖國命運的擔憂和對人民苦難的關注。其對祖國的熱愛對人民的關愛，瀰漫在字裡行間，動人心弦。

劉文典任教於西南聯大那段生活非常艱苦且充滿危險，因敵機經常來此轟炸，人員傷亡時有發生。其艱苦狀況，劉文典在給校長梅貽琦的信中有所表露：「自千年寓所被炸，避居鄉村，每次入城，徒行數哩，苦況尤非楮墨所能詳。」儘管如此，劉文典從未缺課，他說：「國難當頭，寧可被飛機炸死，也不能缺課。」同時，他也向校長顯示自己戰勝一切困難，為國家貢獻出自己微薄之力的決心：「典雖不學無術，平日自視甚高，覺負有文化上重大責任，無論如何吃苦，如何貼錢，均視為應盡之責，以此艱難困苦時，絕不退縮，絕不逃避，絕不灰心。」一番鏗鏘之語，顯示了一個知識人與祖國同甘共苦的決心和報效國家的熱望以及承傳文化的信念。

在西南聯大，除了教學，劉文典還傾心研究莊子，並完成了他一生中的重要著作《莊子補正》，他為什麼要耗盡心血研究莊子呢？原來，

他是通過研究莊子來弘揚民族氣節，復活民族精神，從而使災難中的祖國能振興起來。在《莊子補正》的序言裡，劉文典道出了他寫作本書的目的和意圖：

> 「雖然莊子者，吾先民教忠教孝之書也。高濮上之節，卻國相之聘，孰肯污偽命者乎？至仁無親，兼忘天下，孰肯事齊事楚，以黍所生者乎？士能視生死如晝夜，以利祿為塵垢者，必能以名節顯，是固將振叔世之民，救天下之敝，非徒以遺世、陸沉名高者也。苟世之君子，善讀其書，修內聖外王之業，明六通四辟之道，使人紀民彝復存於天壤，是則余董理此書之微意也。」

　　看來，劉文典是借莊子的「酒杯」，澆胸中之塊壘。同時，他也想通過研究莊子、講授莊子使學生們能樹立「振叔世之民，救天下之敝」的遠大抱負，讓更多的學子能「修內聖外王之業，明六通四辟之道」。劉文典埋首研究莊子，是出於一顆拳拳愛國之心。

　　為了讓更多的人理解並接受自己的良苦用心，他在各種場合用更為通俗的語言闡明自己以學術來救國的意圖。在一次演講中，談及國文系的使命和任務時，他說：「我們國文系，除研究文學外，還負了一個重大的使命，就是研究國學。現在國難當頭，國家存亡之際，間不容髮，我們應該加倍的努力，研究國學……因為一個人對於固有的文化涵濡不深，必不能有很強的愛國心。不能發生偉大文學的國家，必不能卓然自立於世界。文藝、哲學，確乎是救國的工具。要求民族精神的復活，國家的振興，必須發揚我們民族的真精神。」

　　劉文典是把學術研究當作救國工具，他研究莊子，是想從中挖掘民族精神，其最終目的是讓祖國能「卓然自立於世界」，讓滿目創痍的祖國走出困境，再振雄風。看來，劉文典不是一個「兩耳不聞窗外事」

的麻木書蟲，而是「風聲、雨聲、讀書聲，聲聲入耳；家事、國事、天下事，事事關心」的熱血學人。他是在一個特殊的崗位揮灑自己的愛國激情。

1949 年全國解放前夕，胡適曾謀劃把劉文典送往美國，並為他一家三口辦好了入境的簽證，但劉文典謝絕了胡適的「美意」，說：「我是中國人，為什麼要離開祖國？」

解放後，對劉文典這樣的愛國學者，黨和政府給予他很高的禮遇。評定職稱時，他被評為雲南省唯一一名一級教授，並被推選為全國第一屆政協委員，受到毛澤東等國家領導人的接見。在政協大會上，劉文典作了如下發言：「我很僥倖地、很光榮地趕上了這個偉大時代，更高興的是以一個九三學社的成員來做一個共產黨的助手。我願意獻出我的餘生，獻出我的全力，為國家社會主義化而奮鬥！」

言為心聲。劉文典在新社會重獲新生後的欣喜、激動、振奮之情在這番話中顯露無遺。

王實味：
「他的骨頭從未軟過，而且不比任何人軟」

　　1937 年，王實味懷著救國救民的願望，拋妻別子，隻身來到革命聖地延安。王實味先在陝北公學進行了為期四個月的學習，後被分配至馬列學院，任特別研究員。在馬列學院，王實味辛勤工作，為馬列主義在中國的傳播做出了巨大的貢獻。短短幾年間，他和別人合作翻譯的馬列原著大約有兩百萬字，這樣的工作量實在驚人。不過，王實味並非埋首書齋的書呆子，相反，他對現實極為關注。臺灣的李敖曾說過這樣一句話：「看見壞的我要說，不讓我說不可以！」倘把這句話放在王實味身上，是十分貼切的。王實味的尖銳、敏感、剛正，促使他寫下了兩篇揭露陰暗面的文章〈野百合花〉、〈政治家‧藝術家〉，而正是這兩篇文章給他帶來殺身之禍。

　　在人類歷史上，有兩類知識份子，一類好比花喜鵲、吹鼓手，習慣謳歌現實社會的光明，這種知識份子往往能身居高位，活的很滋潤；另一類好比貓頭鷹、投槍手，習慣暴露現實社會的陰暗，這種知識份子往往窮愁潦倒，活的很艱難。無疑，王實味這樣的知識份子屬於後一類。

　　本來，對王實味的〈野百合花〉、〈政治家‧藝術家〉完全可以批評，但因這兩篇文章把王實味打成反革命，就是亂扣帽子、無限上綱的結果了。對於批評者強加給自己的「反革命」帽子，王實味不能接受，他曾給毛澤東的秘書胡喬木寫過一封信（託作家蕭軍轉交），信的內容如下：

「偉大的喬、轉呈偉大的毛主席、轉黨中央：

我要請教你們偉大的偉大的偉大的，

人為什麼定要用『腳底皮』思想呢？

為什麼人在如『象』如『熊』更能解決問題時，卻是蠢到非用、

『狐狸似的小狡獪』不可呢？？

為什麼『為工農』的偉大的偉大的那樣多，而工農卻覺自己是『三

等革命』、『不是人』、『沒有出路』呢？

為什麼『頭等革命』是唯物論，而『三等革命』卻必須是唯心

論呢？

為什麼說謊的是好幹部，而老實人卻是反革命呢？

王實味

1942 年 10 月 1 日」

　　王實味的話有些偏激，但他的話並非危言聳聽，特別令人深思的是這樣一句話：「為什麼說謊的是好幹部，而老實人卻是反革命呢？」事實上，在很長一段時間裡，確實有很多老實人被打成了反革命，例子太多，就不必列舉了。

　　有人曾寫過這樣一首詩：「書生都有嶙崢骨，最重交情最厭官。倘若推誠真信賴，自能瀝膽與披肝。」王實味寫〈野百合花〉、〈政治家‧藝術家〉，其實是一種「瀝膽與披肝」，但他卻沒能得到高層領導的「真信賴」，反而因言獲禍，竟因此獻出寶貴的生命。半個多世紀後，王實味雖獲平反，但人死不能復生，一個正值盛年的學者，竟因了自己的真誠和正直而死於非命，無論如何是要令人扼腕長歎的！如果我們不從王實味悲劇裡吸取教訓從而在未來的歲月裡杜絕此類悲劇的發生，那王實味的血也就白流了。

「他的血好像比別人的都熱。」

　　王實味年輕時就稜角分明，個性張揚，對官僚們高高在上、頤指氣使的嘴臉十分看不慣。十七歲那年，王實味考取了河南郵政管理局的郵務生，倘若他肯鑽研，善逢迎，是不愁升官發財的。但王實味對官場上的一切都極為厭惡，天生的傲骨使他與周圍的環境格格不入。上班第一天，郵務長召見員工並作了一通訓話。郵務長官腔十足的語調以及他舉手投足流露出的優越和傲慢讓王實味看了很不舒服。回來後他對朋友說：「今天郵務長召見我們，聽洋大人訓誡，簡直像是覲見皇帝一般，真是憋氣。」

　　官場上的爾諛我詐、勾心鬥角讓王實味忍無可忍。在郵政局幹了一年，王實味就辭職報考了北京大學並被順利錄取。在北大，王實味已經確立了自己的人生目標，他在一篇文章裡這樣寫道：「我們青年的使命，就是要用我們的力去搗毀一切黑暗的淵窟，用我們的血去澆滅一切罪惡的魔火；拯救阽危的祖國，改造齷齪的社會，乃是我們應有的唯一目標與責任。我們要做個積極的革命者，做個破壞現社會的戰士和建設新社會的工程師，去造成個天國的社會，遺留給我們的子孫。」

　　為實現自己的人生理想，不久，王實味加入了中國共產黨。

　　1926 年，北京大學文學院有一個支部，屬於中共北京地下黨市委系統。王實味是支部成員之一，期間，他愛上了同一支部的湖南女子李芬，而李芬在老家湖南已訂親，無奈之下，她把此事告訴了支部書記段純，想通過段純之口委婉地回絕王實味。而此前已愛上李芬的段純聞聽此事後勃然大怒，決定在湖南會館召集一次北京西城部委與北大支部的聯席會議，解決王實味事件。

　　段純在會上「強調王實味之所以入黨，只是為了更方便地追求李芬，根本不是來參加革命的。又說在此白色恐怖極端嚴重的時候，在此

黨的領導人遭遇大難，鬥爭萬分緊張與異常困難之際，身為黨員的王實味非但不化悲痛為力量，以行動答覆鎮壓，卻拼命追求女同志，幹些無恥勾當，實在荒唐之至。他主張會議通過決定，給王實味以嚴厲的黨紀處分，縱然不開除黨籍，也該留黨察看。其他到會的人都發了言。大家都批評王實味，其中尤其以陳清晨的批評最為厲害。他完全以大哥的身份來責備這位『小弟弟』，說他不該如此胡鬧。但是誰都不支持段書記的『卑鄙動機論』，沒有一個人主張把王實味開除或給以嚴重警告。……結果給了王實味一個正式批評，要他不再給李芬寫信。」

王實味後來沒再找李芬，但卻和段純大吵了一架。段純罵他無組織無紀律，不接受黨的批評，糾纏女同志，威脅他若再鬧就把他開除。王實味則梗著脖子吼道：「你是支部書記，你有這個權！但是你不要以為你利用職權把我開除出組織，就能開除掉我頭腦中的共產主義理想。」

王實味認為自己寫信求愛是私事，支部書記段純不應粗暴干涉，更不應該說自己在「糾纏」女同志。王實味不能忍受段純簡單粗暴的工作作風，只能選擇離開當時的北大支部。王實味的個性決定了他不是一個善於忍耐、善於妥協的人，對於看不慣的人和事，他往往會針鋒相對、據理力爭。然而，當時的社會似乎並不歡迎也不寬容這樣鋒芒畢露的個性。王實味的人生苦酒由此釀成。

王實味的朋友曾說：「王實味感情外露，喜怒哀樂溢於言表，他的血好像比別人的都熱。」正因如此，別人熟視無睹的事在他卻忍無可忍，別人不想深究的事他偏要爭個水落石出。在很多人看來，這是不懂人情世故，鑽牛角尖，認死理，而在王實味看來，這恰恰是人的可貴之處。在那篇惹來禍端的文章〈野百合花〉裡，王實味寫道：「青年的可貴，在於他們純潔，敏感，熱情，勇敢，他們充滿著生命的新銳的力。別人沒有感覺的黑暗，他們先感覺到；別人沒有看到的骯髒，他

們先看到；別人不願說不敢說的話，他們大膽地說。」事實上，王實味正是這樣的青年。

當時的延安，每週都有舞會。很多人都認為，這是一種消遣，一種調劑，一種無傷大雅的娛樂。可王實味對跳舞卻不能接受，甚至很厭惡，一次，他當胸一把抓住俱樂部主任金紫光，指著下面隱隱有樂聲傳來的禮堂，恨恨地說：「再跳，再跳我就找顆手榴彈來把你們全炸死！」王實味為什麼對跳舞如此反感，因為在當時，前方流血後方跳舞，這樣強烈的對比實實在在刺痛了他的神經。在〈野百合花〉裡，他表露了這種「痛」：「在這歌囀玉堂春、舞回金蓮步的升平氣象中，提到這樣的故事，似乎不太和諧，但當前的現實——請閉上眼睛想一想罷，每一分鐘都有我們親愛的同志在血泊中倒下——似乎與這氣象也不太和諧」！如果我們能理解王實味的血比別人的熱，我們也就能理解王實味對跳舞的厭惡了，也就能包容他的一些稍顯偏激的言辭了。

1941 年冬天，中央研究院在發棉衣時，王實味沒有領到幹部服，他就跟副院長范文瀾從前山吵到後山，從山下鬧到山上。最後，范文瀾把自己的棉衣給了王實味，才算平息了這場風波。難道王實味對一件棉衣如此在乎？非也，他只是對等級制度極為惱火罷了，他認為這種等級制度會傷害同志間關係，在〈野百合花〉中，他對此的表述平和多了也更為細緻：

> 「我並非平均主義者，但衣分三色，食分五等，卻實在不見得必
> 要與合理——尤其是在衣服問題上，一切應該依合理與必要的原
> 則來解決。如果一方面害病的同志喝不到一口麵湯，青年學生一
> 天只得到兩餐稀粥。另一方面有些頗為健康的『大人物』，作非
> 常不必要不合理的『享受』，以致下對上感覺他們是異類，對他
> 們不唯沒有愛，而且——這是叫人想來不能不有些『不安』的。」

　　王實味這樣說是想提醒人們「去探求那產生這些現象的問題的本質，合理地消除這些現象的根源」。但事與願違，王實味的這番話卻被指責為對延安生活的歪曲，他的生命之舟因此轉向並最終傾覆。

　　直言無忌的醫生碰到諱疾忌醫的病人，悲劇就產生了。

「以後我要把自己交給國家，全力盡忠。」

　　王實味的內心充滿了正義和良知，特別是對底層人民懷有一種深厚的感情。

　　有段時間，王實味在上海賣文為生，收入僅夠糊口。一次，他回家發現一個小偷竟在大白天溜進他家中，拎著他的唯一一隻皮箱想跑。小偷撞上主人，撲通一聲跪下，說自己孩子病了，無錢去醫院，無奈之下才出此下策。換了旁人，誰會聽小偷的申辯？可王實味卻想弄個究竟。他跟著小偷去看看情況是否屬實。原來，小偷說的是真話，孩子正躺在床上，發著燒，孩子的母親在一旁哭著，家裡幾乎一無所有。王實味二話不說，掏出身上僅有的十塊錢，交給孩子的母親，囑咐她趕緊帶孩子去醫院。

　　回家後，王實味把這事告訴了妻子，妻子不以為然，說：「你把錢給了別人，我們怎麼辦？」王實味答：「如果我晚回來一會，箱子不是被他拎走了嗎？我們還不是一樣過日子。就當我們丟了隻箱子吧。」

　　一個對底層人民有如此深厚感情的人，幾年後竟被污蔑為「反革命」並被秘密處死，這樣的結局對王實味來說，是多麼的不公正多麼的冤！王實味的死，即使到了今天，也仍然是一個沉重的話題。雖然傷口已經結痂，但只要觸摸一下，那種尖銳的痛感依舊存在！

　　王實味是個堅強的革命者，但他的家庭觀念也很重，王實味曾認為，贍養父親應放在革命工作之前，所以，他的妻子劉瑩，對此頗有微詞：

　　「那時他們都剛剛得知李芬的犧牲。王實味恨得切齒捶胸，只想立即找到黨組織，為烈士報仇。劉瑩那時尚未接上關係，不能貿然介紹。然而，就在她日後已經與王實味結婚，並且正式參加黨組織生活的時候，也沒有打算再發展自己的丈夫入黨——她不是對他的忠誠有所懷疑，只覺得他覺悟太低：心急如焚的王實味告訴她，入黨之前，一定得先掙一筆稿費給父親養老，然後再全心全意投入鬥爭——他實際上也這樣做了——劉瑩認為將贍養父親擺在革命工作之前這種思想，無論如何也不夠共產黨員標準。」

　　1932 年 7 月，王實味從家信中得知父親患病臥床，他心急如焚，帶著辛苦掙來的所有的積蓄趕回老家。在老家的一個月裡，王實味端茶送水一直侍奉在父親的病床前，盡心盡力。待父親病癒後，他又準備返回上海。行前，他對父親說：「這一個月就算是兒子盡孝了，以後我要把自己交給國家，全力盡忠，望父親多保重。」

　　王實味此舉很富人情味。看來，王實味深受儒家文化的薰陶，他的言行舉止都在不經意中打下傳統的烙印。我想，家庭觀念如此強的人，怎麼可能是一個偏狹、自私的怪人。其實，王實味犯的最大「錯誤」就是，「別人不願說不敢說的話」，他說了，而且說的那麼尖銳那麼不留情面。

　　有人說王實味「怪」、「偏激」、「不可愛」，倘若我們瞭解到他對家人、對國家的深厚感情，我們也就能包容他性格上的一些瑕疵之處了，畢竟，人無完人，金無足赤，評價一個人，認識一個人，都應該看本質，而不能片面地攻擊一點，不及其餘。

「王實味充分自信，他的骨頭從未軟過，而且不比任何人軟！」

1942 年 3 月 18 日，中央研究院整風檢查工作動員大會在全院召開，副院長范文瀾主持會議，他傳達了毛澤東關於整頓三風的報告，並號召大家向院領導提意見。隨後，羅邁發言作補充，他提出六點具體意見，其中後兩點是：院長、秘書長及各研究室主任是整風檢查工作委員會的當然委員；贊成出壁報，但必須有組織地進行，而且，共產黨員在黨內不應匿名。羅邁講完，因身體不適提前退席。他沒想到，他的話引起王實味等人的激烈反對。

羅邁離開會場後，王實味第一個發言，他說「……羅邁的補充意見，活現了他過去家長制的作風……這是比豬還蠢的作風。」王實味還認為整風檢查工作委員會應實行民主選舉，選到誰就是誰，另外，王實味還談到整風中要檢查每個人的骨頭，凡是敢向「大人物」、「上司」提意見的就是至大至剛，否則，就是軟骨頭。王實味的話贏得熱烈的掌聲。

3 月 23 日，為配合整風出版的壁報《矢與的》創刊。王實味將自己的發言加工整理成兩篇文章，發表在壁報的創刊號上。

他措辭激烈的文章理所當然引來他人的反擊，一場爭論由此展開。3 月 28 日，王實味在《矢與的》發表一篇回應文章，在文章裡，他首先作了檢討：

> 「我絕不否認我那天發言之尖刻和過頭。羅邁同志威勢逼人的家長武斷作風，確使我十分激動，因而聯想到那不知斷送了多少同志性命的『比豬還蠢』的領導。我罵了羅邁同志，為了這，我願接受一切批評。」

罵別人「比豬還蠢」,確實過分!但考慮到王實味的熱血,考慮家長武斷作風多麼要命,我們也就不能苛求王實味的過激言辭了。

接下來,王實味又談到了他的「骨頭」問題:

> 「在這個鬥爭中我們還需要首先檢查自己的骨頭。向自己發問:同志,你的骨頭有毛病沒有?你是不是對『大人物』(尤其是你的『上司』)有話不敢說?反之,你是不是對『小人物』很善於深文羅織?要瞭解,軟骨病本身就是一種邪氣,我們必須有至大至剛的硬骨頭!」

王實味這番話說的很精彩。很長一階段,「軟骨病」成了流行病,而那些屈指可數的「至大至剛的硬骨頭」們則一個接一個遭到沉重打擊!

> 「……。三附帶談一談我的骨頭。一個人做人的骨頭,要由瞭解他的廣大群眾來鑒定。一個黨員政治上的骨頭,要由中央組織部來鑒定。一切關心王實味的這兩種骨頭的人,不管從善意或惡意出發,都請去詳細調查研究一下,正面站出來說話。用謠言中傷人是最卑鄙齷齪的手段。王實味充分自信,他的骨頭從未軟過,而且不比任何人軟!」

我絲毫不懷疑王實味無論是在做人上還是在政治上都是一個罕見的硬骨頭。正如一位作家說的那樣,王實味是那種以挑戰權威為樂趣的人。然而,當王實味於 1943 年 4 月被押送到中央社會部看守所接受審查後,他的骨頭似乎不再像以往那樣硬了,至少,他有過幾次軟弱的表現。

1943 年夏末,毛澤東邀請一個中外記者團訪問延安,由王震陪同參觀訪問。記者團曾要求會見王實味,負責接待的王震立刻就答應了。幾

周後，王實味被帶到記者團面前，關於當時的情形，記者團中的記者魏景蒙有如下一段記錄。

> 「當王實味與我們正面相對時，他一本正經地宣稱：『我是個托派』。我在他幾乎毫無表情的臉上唯一察覺到的情緒是恐懼。
>
> 他重複說，『我是個托派。』我攻擊毛主席應該被處死。我應當被槍斃一千次。但毛主席寬宏大量，他不希望我死。他讓我工作。我勤奮地工作，這才瞭解到勞工神聖的偉大。我對他的仁慈感激不盡。」

1944 年夏初，又有一個中外記者訪問團訪問延安，其中成員之一是北大畢業生楊西昆，於是由范文瀾任會長的北大同學會邀請楊西昆舉行了一個座談會。座談會大概四十餘人參加，當介紹王實味時，楊西昆相當吃驚。王實味在發言中說，他犯了錯誤，但生活很好，而西安為他開追悼會後，說是被迫害致死。這樣，如果他的親友知道了，該是多麼焦急難過？由於國民黨的封鎖，他無法與家人通信，希望楊西昆作為校友，利用自己的方便，幫助他說明真相，他將非常感激。另外，《新民報》記者趙超構在他的〈延安一月〉中就曾有過這樣的描寫：「一個臉呈死灰色的青年，讓丁玲帶著，出來背書似地向記者們痛罵自己。」

以上幾次談話，表明昔日激烈、剛正的王實味完全變了，變得那麼膽怯那麼溫馴。當然，也有人認為，王實味以上行為完全是或言不由衷或身不由己的表演。「可以看出，王實味無論是在記者會上的發言還是在與記者們的座談，他的講話的內容都是早已安排好了的。」我同意這一看法，但問題是，昔日桀驁不馴的硬漢子為什麼會如此馴順，服從上級的「安排」呢？

我們知道，因為王實味是個很重親情的人，所以，當囚禁中的他聽說西安為自己開了追悼會，他就十分擔心這樣的假消息會給老家親人帶去難以承受的打擊，這樣，他就需要記者將他活著的消息報導出去，「幫助他說明真相」，免得家人擔憂，當然，要想達到這樣的目的，他必須聽領導的話，服從上級的安排。我認為，這是王實味公開認錯（或曰表演）的一種潛在原因。

王實味桀驁不馴，敢批逆鱗，但他身上洋溢的革命熱情卻不容否認，也不該低估。另外，值得一提的是，王實味對毛澤東的崇敬與愛戴無可置疑。我認為，王實味在記者會上的「認錯」、「服軟」也有可能與他對毛澤東的熱愛、感激有關。

我們知道，國民黨曾利用王實味事件在西安演出了一幕當時被稱為「活人追悼會」的鬧劇，毛澤東針對這一事件發表了一通講話：

> 「整風審幹改造了人，我們有一條，叫一個不殺方針，是教育人。王實味是托派，又是特務，我們也不殺。今天是民國三十三年某月某日，某人在這裡說了，如果殺了一個，豈不是自己打自己的嘴巴。王實味也變了，有進步。西安給他開了個追悼會，還說延安殺了好多人。現在我們把王實味的照片一登，送給他外面的朋友。」

王實味雖然不承認自己是「托派」，但他還是能聽出毛澤東這番話的善意，也能掂量出毛澤東這番話的份量的。我認為，也有可能是出於對毛澤東的崇敬和感激，王實味才在記者會上違心地「認錯」、「服軟」的。

有個細節耐人尋味，王實味雖然公開在記者會上承認自己犯了錯誤，是托派，但在後來的審訊，他又不斷說自己沒有參加過托派，自己不是特務。王實味為什麼會這樣？因為他知道，所謂托派，就是和毛主席作對的那一派，承認自己是托派，就等於承認自己是在攻擊毛

主席，而王實味雖然看不慣當時延安的「衣分三色，食分五等」，但對毛澤東本人，他還是真心崇敬和愛戴的，所以，說什麼他也不肯承認自己想攻擊毛澤東。

對於王實味，毛澤東曾做過明確批示：「不殺也不放」。當他得知王實味已被處死後，十分震怒，曾要求有關人士「賠一個王實味」，這當然是不可能的。關於王實味之死，李克農也做了檢查：

> 「（關於王實味處死的事）我應負主要的責任。當時我距中央僅一河之隔，且有電臺與中央保持聯繫，這樣殺人大事，尤以負保衛工作主要責任者，事先既未請示，事後也未報告，只藉口軍事情況緊急及強調王實味由延安撤退到興縣的反動言行，不顧黨的政策擅自批准晉綏公安總局的請求，將王秘密處死，這充分表現我無組織無紀律，圖省事、怕麻煩，自以為是、表現自己的錯誤……」

言語是真誠的，檢討是深刻的，教訓是沉痛的，代價卻是慘重的——因為他的錯誤導致了一個正值盛年的學者死於非命！

王實味因為暴露陰暗面，講真話而獻出了寶貴的生命。王實味之死給我們留下了這樣的艱難選擇：是冒著巨大風險，堅持講真話呢？還是隨波逐流，人云亦云，過自己幸福安康的小日子——代價是隨時準備說謊？倘若有一天，這樣的問題不成為問題；倘若有一天，對於講真話者，人們捧出的是「鮮花與美酒」，對於說謊者，迎接他們的有「獵槍」，那我們的社會將邁出巨大的一步。我相信，這一天，終將來到。

殷海光：「一片傲霜葉」

　　殷海光是二十世紀五〇年代著名的知識份子，在二十世紀中國思想史上佔有重要地位。殷海光滿腹經綸，激情洋溢。他有嶙峋的風骨，也有獨立的人格。作為思想家，他深邃冷靜，鞭辟入裡；作為一個人，他堅強不屈，鋒芒畢露。可以說，殷海光的血管裡流淌的是一股灼人的熱血。早在抗戰時期，還在昆明聯大讀書的殷海光，出於愛國激情，聽從祖國召喚，毅然投筆從戎，是當時第一位從軍的研究生。

　　在臺灣期間，殷海光不畏打擊和迫害，反抗國民黨的專制統制，寫下大量的文章、著作，抨擊專制，傳播民主。身為臺灣大學教授的他，利用三尺講臺，傳授知識，塑造靈魂，春風化雨，育人無數。他的一系列行為引起了國民黨專制政府的恐慌，他們剝奪了他教書育人的權力，不准他出國，最終在專制和病魔的雙重重壓下，這樣一位特立獨行的勇敢鬥士，英年早逝，齎志以沒。

　　在常人眼中，殷海光只能算個失敗者，兩袖清風，無官無職，然而，面對厄運，他絕不屈服，以死抗爭的行為卻令後人為之動容，為之肅然起敬。

　　關於殷海光，林毓生下面這段話道出了很多人的心聲：「殷先生生命中追求的目標是否達成，似乎不是最緊要的事，他追求奮鬥大仁大勇的精神是永恆不朽的。殷先生在天有知也一定會同意我這個看法。因為殷先生一生為學術、自由、正義的奮鬥實導源於人性中最真實的成分，只要人性本身是永恆的，這種精神也是永恆的，至於世界上的成敗，都是不相干的事。換句話說，如果殷先生在乎世間的成敗，他也就不會對自己的理想那樣堅定不移。」

　　殷海光曾對他的學生說：「一個思想家的責任，就是告訴群眾如何不受欺騙。」殷海光的著作和言行表明，他正是這樣的思想家。

　　作為學者，殷海光有批評的激情，也具創造的稟賦；作為教師，殷海光則融智慧與正義於一身。追求真理，義無反顧；呼籲自由，勇往直前。這樣一個殷海光為我們留下了一個「鼓舞知識尊嚴與個人勇氣」的榜樣。在懦夫遍地，宵小橫行的年代，殷海光顯示了其獨特的意義和價值。就連他的政敵徐復觀也為他的正氣和良知所感化，從而改變了自己的立場，對他發出由衷的讚歎：「由他的硬骨頭，真熱情發出的精光，照耀在許多軟體動物之上，曾逼得他們聲息毫無，原形畢露。」

　　殷海光晚年曾對弟子說：「今天的知識份子，不是淪為啦啦隊，就是變成蛀蟲，特立獨行的太少了，在時代的大震盪下，一幅晚秋的景象，涼風一吹刮，滿樹的落葉紛紛飄下，枝頭只剩三二片傲霜葉在冷風中顫慄。有風範有骨格的知識份子太少了！像方東美先生那樣，便是其中的一片傲霜葉。」其實，重壓下絕不低頭的殷海光自己不也是一片殷紅的「傲霜葉」嗎？

「小狂士啊！」

　　1919 年，殷海光出生在湖北黃岡回龍山鎮一個破落的大家庭中。在殷海光來到人間時，其家庭已呈衰敗之象，而家中的長輩──他的大伯父和父親，強充面子，竭力維持著一個早已腐朽、即將崩潰的大家庭，其結果只能讓家中充塞著猜忌、自私、虛偽從而令人窒息。這樣的家庭當然不能給殷海光一個愉快的童年。由於壓抑，由於缺少溫情，殷海光小小年紀就顯得很叛逆。成年後的殷海光在給朋友信裡曾這樣剖析了自己的個性：「在家世方面，當我童少年時，家道已經中落，但是長一輩的

人還要擺出一副架子，說話矯揉造作，室屋之內充滿理學式的虛偽。我簡直討厭透了！這成為我日後不分青紅皂白的反傳統文化的心理基礎。」

童年的殷海光智力超群，但頑皮、淘氣、桀驁不馴。上初中後，殷海光狂放不羈、自由奔放的個性開始初現端倪。感興趣的科目，他學得津津有味，成績也是名列前茅；不感興趣的科目，他不肯敷衍，成績自然「慘不忍睹」。他在學習上的隨心所欲，率性而為，激怒了他的父親，父親認為他不堪造就，不可救藥，於是，讓他輟學去學做生意，以便將來有碗飯吃。

學徒生涯對殷海光來說是不堪回首的。早上四點就要起床去別的地方搶購剛剛出爐的麵包從而燙傷了手；老闆用糖水將過夜麵包塗一遍再當作新鮮麵包來賣，血氣方剛的殷海光當然看不得這種欺騙行為，老闆娘和青年夥計的偷情更讓殷海光像吞了蒼蠅那樣作嘔。苦熬了八個月，殷海光忍無可忍，終於不辭而別跑回家。

經過一番據理力爭，殷海光得以重回學堂。那一年，殷海光剛十六歲，便直接進入高中。讀高中時，愛辯論的他很自然地喜歡上了邏輯課，他到處搜羅有關邏輯方面的書，刻苦攻讀。一次，在書店裡看到一本《倫理學 ABC》，他如獲至寶，如饑似渴地讀起來。隨著閱讀量的增大，他對哲學的興趣越來越濃厚，對羅素的著作更是情有獨鍾。

一次，父親讓他到離家幾十里的遠房親戚家去辦事。等他徒步趕到親戚家，天已向晚。辦完事後，他就在煤油燈下讀隨身帶來的羅素的書，旁若無人，全神貫注，直到雞叫才上床睡覺。第二天回家後，他發現那本羅素書因為走的匆忙，落在親戚家裡的。當時已是黃昏，且天空彤雲密佈，眼看著要下雪。家人勸他明天再去討書，但他卻執意冒雪去討那本羅素的書。結果是在雪夜裡又步行了幾小時，終於如願取回那本書。殷海光的好學以及他對羅素作品的癡迷可見一斑。

　　1935 年，一個偶然的機會，殷海光得到一本金岳霖著的《邏輯》，他因此知道了金岳霖這個人，並很想認識這位北京大學的哲學教授，從而得到必要的點撥和教誨。儘管他和對方素昧平生，儘管對方大教授的身份讓他有點望而生畏，但求知的渴望戰勝了一切，他鼓足勇氣給金岳霖寫了一封信。沒想到，他很快收到了教授的回信，在信裡，教授耐心地解答了他提出的哲學問題，並表示了他對殷海光的欣賞。

　　對於在哲學領域孤獨跋涉的殷海光來說，金岳霖的鼓勵如同一縷春風，使他的精神為之一振；也如同一縷曙光，為他指明了趕路的方向。他對哲學的興趣更濃厚了。一次在書店裡，他看到一部由查普曼和亨利合著的《邏輯基本》。在仔細閱讀了這本書後，他產生了翻譯這本書的念頭。可是家人卻堅決反對，周圍也有人對他的想法嗤之以鼻。以一高中生的身份，卻要翻譯一本大學哲學教材，這確實有點匪夷所思。但殷海光的個性是，不信邪，別人越不相信他能做到的事，他越要做出來讓你瞧！從 1935 年冬天開始，花了半年時間，克服了重重困難，經歷了無數個「山窮水盡」，他終於譯出了這本厚厚的書。大功告成的他終於可以悠閒地「坐看雲起」了。

　　殷海光還為這本書寫了長達一萬五千字的〈譯者引語〉。這篇洋洋灑灑的後記，顯示了他與年齡不相稱的成熟和睿智。那時的殷海光，年方十七，但才華橫溢，文筆老到，經常給報刊撰稿，發表文章給他帶來的快樂幾乎難以言表。升學的壓力，家庭的苦惱，都在這種快樂中化為烏有。在給友人的一封信裡，殷海光吐露了高中時的「年少輕狂」：「我十幾歲就偷偷投稿給報館。平生第一次領到稿費的那份狂喜，至今不忘。我記得領到稿費以後，第一件事就是買一罐鷹牌煉乳，打開來當街且走且喝。小狂士啊！」

「仰天大笑出門去，我輩豈是蓬蒿人。」十七歲的少年殷海光已經有了李白式的豪情。

「真像濃霧中看見太陽！」

高中畢業後，殷海光決定到北平求學。因在北平上學學費貴、開支大，家人不贊成。殷海光只得向金岳霖求助。金教授歡迎他去北平，並慷慨地承擔了他的生活費。於是，殷海光品嘗到了「十八歲出門遠行」的滋味。這對他當然是一次難忘的經歷。

晚年回憶這段經歷，殷海光說：「揮別大別山，出武勝關，穿過河南全境，到了河北省。東望是一片無垠的黃淮平原，西望是隱隱在目的太行山脈。開闊啊！無限的開闊啊！沿途看見多少平原、山谷和河流，紅色的棗樹像無邊際的原始森林向他招手，深深的藍天向他微笑，洗去了多少鄉愁。」古人云，讀萬卷書，行萬里路。可見，在一個人的成長的過程中，「走路」和「讀書」同樣重要。一往無垠的平原賦予了殷海光開闊的視野和胸襟，一路上的旖旎風光也給了他足夠的感悟和啟示。日後，殷海光做學問志存高遠，做人力臻完美，部分得益於這次遠行，得益於祖國大好河山的陶冶。

到北平後，殷海光每週和金教授見一次面，一邊吃飯，一邊談學問。因為金岳霖的引薦，殷海光得以結識了不少北平知識界的名流。和這些文化精英交往，讓金岳霖大開眼界，獲益匪淺。雖然，金岳霖並沒有直接向殷海光傳授多少知識，只是給他開了一些書目，讓他找來讀，但由於經常接觸，耳濡目染，金教授的一舉一動、一言一行，以潤物無聲的方式悄悄影響著他改變著他。

　　一次，殷海光、沈有鼎（曾是金岳霖的學生）和金教授聊天，金教授說要買一本哥德爾的書看，一旁的沈有鼎說：「老實說，你看不懂的。」金岳霖不以為忤，而是平和地說：「那就算了。」弟子竟敢當面說老師不懂，而老師竟欣然承認。師生間的這種平等交流，殷海光大為欣賞。殷海光成為一名大學教授後，一直提倡平等交流，推崇以理服人，這自然歸功於老師金岳霖對他的言傳身教。

　　1937 年，抗戰爆發，殷海光在北平讀書的願望落空，他只得趕回老家湖北。1938 年，由清華、北大、南開組建而成的西南聯合大學在昆明成立，金岳霖寫信要殷海光前往求學，這樣，殷海光於 1938 年秋以免試的身份進入了聯大哲學系。

　　西南聯大的學風極為自由、寬鬆。對於崇尚自由，不慣循規蹈矩的殷海光來說，進入西南聯大，簡直如魚得水，他在這裡盡情呼吸著自由的空氣，盡情吮吸知識的乳汁，自由自在，無憂無慮。在西南聯大活潑、自由的空氣中，學生和老師之間完全平等，相處十分融洽，當然，爭論起來免不了唇槍舌劍，但卻絕不會傷害彼此的感情，因為大家是為學術而爭，為真理而爭，沒有私人恩怨，不帶個人意氣。

　　第一學期，殷海光選了鄭昕的《哲學概論》課，這位曾留學德國的教授早就聽說了殷海光的大名，發現他來聽自己的課就對他說：「我的課你就不必聽，你回去看書吧。」殷海光真的回去看書去了。學期結束，殷海光參加考試，分數最高。這學期，他還選了恩師金岳霖的課，老師對他說：「我的課你不必上了，王憲鈞剛剛從奧國回來，他講的一定比我好，你去聽他的吧！」

　　面對這些虛懷若谷、而又學養深厚的學者，殷海光真有如沐春風之感。正是在西南聯大的求學期間，他酷愛自由、追求獨立、珍視平等的個性與意識得以萌發並漸漸形成。晚年，在給友人的信裡，殷海光寫道：

「在這樣的氛圍裡，我忽然碰見業師金岳霖先生，真像濃霧中看見太陽！這對我一輩子在思想上的影響太具決定作用了。他不僅是一位教邏輯和英國經驗論的教授而已，並且是一位道德感極強烈的知識份子。昆明七年的教誨，嚴峻的論斷，以及道德意識的呼吸，現在回想起來實在鑄造了我的性格和思想生命。」

1944 年年底，美國政府向中國政府提供了一批軍事援助，政府決定徵召高中和大學學生入伍，組成一支青年軍。本來，殷海光當時是研究生，不在應徵之列，但出於愛國激情，出於一腔熱血，殷海光果斷決定，投筆從戎，應徵入伍。入伍後，殷海光接受了為期一年的軍事訓練。儘管個子矮小，身體單薄，但為了報效祖國，殷海光從嚴要求自己，一心投入訓練中，艱苦的軍訓生活結束後，殷海光的身體結實了，精神面貌也煥然一新。可以說，這段時間的艱苦磨練，錘煉了殷海光日後不屈不撓、頑強抗爭的堅強意志。

在西南聯大的七年時光，是殷海光精神最愉快、思想最活躍的時期，在後來的歲月，每每回憶西南聯大的求學生涯，他的臉上都呈現出一往情深的表情：「昆明的天，很藍，很美；飄著雲。昆明有高原的爽朗和北方的樸實。駝鈴從蒼蒼茫茫的天邊蕩來；趕駱駝的人臉上帶著笑。我們剛從北平搬到昆明，上一代的文化和精神遺產還沒有受到損傷；戰爭也還沒有傷到人的元氣。人與人之間交流著一種精神和情感，叫人非常舒暢。我有時候坐在湖邊思考，偶爾有一對情侶走過去，我就想著未來美好的世界。月亮出來了，我沿著湖散步，一個人走到天亮。下雪了，我赤背坦胸，一個人站在曠野裡，雪花飄在身上……」

七年的求學生活，雖然貧困，但校園的氛圍卻充滿詩意。在這種氛圍裡，殷海光沉醉在精神的追求中，遨遊在知識的海洋裡，渾然忘我，心無旁騖。

　　孟子說：吾善養吾浩然之氣。殷海光在西南聯大讀了七年的書，也可以說是養了七年的「浩然之氣」。所以，七年的學生生活，不僅使殷海光具備了走向社會之前必須的理論知識，更是在殷海光的心裡注入一股「浩然之氣」。憑著這股「浩然之氣」，在未來的歲月裡，不管遇到什麼困難，殷海光都能等閒視之，輕鬆化解。

　　殷海光的一生是孤獨的，但絕不落寞。英國詩人華茲華斯曾寫過這樣的詩句：並不是我慧眼獨具，我深知／孤獨有自我完善的魔力。殷海光就是在孤獨中，一步步走向自我完善的。

　　儘管，在漫漫人生路上，殷海光常常「一個人站在曠野裡」，但這更顯示出他的特立獨行和過人膽識。尋覓真理，殷海光「一個人站在曠野裡」的身影雖顯孤單，但也反襯出他的執著；反抗專制，殷海光「一個人站在曠野裡」雖顯弱小，但也折射出他的不屈。

「我沒有學問，但能使你們有學問。」

　　到臺灣後，殷海光仍然是《中央日報》的主筆，但由於他為人剛正，不肯敷衍，得罪了不少官場的權貴和文壇的宿老，於是，他不可避免地受到排擠。一氣之下，他辭掉報酬優渥的主筆職務，去了台大當老師。

　　在台大的第一學期他就成了引人注目的人物。他教的邏輯課，期末考試竟有一百多人未及格，此事驚動了校長傅斯年，他特意去找殷海光，問他為何打分如此之嚴，殷海光答，我是以清華、北大的標準來給學生打分的。傅斯年聽了，無言以對。後來，每次考試後，學生怕不及格就去殷海光家打聽分數，殷海光就對他們說：「凡是要看分數的人，通通向後轉，立刻離開這裡，要談學問不要分數的人可以進來。殷海光的學生是不談分數的。」

　　殷海光打分雖嚴，但教學方式卻很寬鬆、自由。當年在西南聯大，學生和老師可以自由辯論，殷海光從中獲益良多，而現在作為老師的他自然也鼓勵學生和他平等交流。作為西南聯大培養出來的高材生，殷海光當然希望自己的學生也能分享到西南聯大的自由學風。

　　殷海光的高足陳鼓應曾這樣回憶老師的：「殷先生上課，從不點名。他很不喜歡用點名來維持教室人數。他從不在乎學生不上課。他很反對填鴨式的教育，這種教育方式使學生的思想，有如工廠的產品，有如從冰箱裡拿出來的冷凍物。因而考試的時候，如果一字不改地照他所說的抄一遍，得分一定不會很高。他覺得這樣的學生只是一架機器頭腦。他說：『照我所說的作答，充其量只不過一個殷海光。並且，你所寫的我都知道了，我要看的是你們的意見。』」

　　有一個年輕人問海明威寫作方法，海明威這樣回答：我不能幫你忙，小傢伙。你所寫的比我十九歲時寫的要好得多。問題是你寫的太像我。如果太像我，你是哪兒也到不了的。看來，在教誨學生方面，殷海光和海明威是「英雄所見略同」。

　　殷海光並不看重學生的分數，而是著力培養學生的創造力。殷海光認為，分數只是升學的敲門磚，一旦走向社會只有憑自己的創造力才能解決那些人生難題。

　　繪畫大師齊白石曾說：「學我者生，似我者死」，作為教授的殷海光也深諳此道，所以他不贊成學生抄講義，而要他們敢於自由發表自己的見解。

　　儘管對學生要求很嚴，打分偏低，但選殷海光課的學生卻越來越多，他的課在台大上座率最高。殷海光的課為什麼受到追捧，學生趙天儀是這樣分析的：

「當年殷海光教授受學生重視與愛戴的原因，回想起來，有幾點值得一提。一、教材的革新：他常推薦主要的參考書；一面講授，一面加以發揮，頗有啟發性，不像其他的教授只有讓學生抄筆記當答錄機。二、批評的精神：殷先生的談吐幽默而風趣，聲音低沉而有魅力，雖然在大教室裡常常擠滿了同學，坐在後面還是可以聽得清楚。在問題的分析中，他常常發揮他那銳利的批評精神。三、親切的關懷：凡是學生在下課以後去請教他問題的，坐在校園的草坪上，他跟學生就聊了起來，不像有些大牌教授來去匆匆，因此，在無形中，他反而能讓學生體驗到治學方法的重要性。」

殷海光受到學生的歡迎，靠的不光是他的飽學，更是他的道德激情，批評精神和人格魅力。他剛正的個性讓學生們肅然起敬；他親切的態度令學生們如坐春風。當然，教學方法的自由活潑也是他廣受歡迎的重要原因。如果說，別的老師是一味把課本上的知識拼命望學生腦子裡灌，全然不顧學生的胃口，那麼，殷海光則是釋放自己的激情，點燃學生們的求知熱望。

作為教師的殷海光是一團火，使消沉的學生振作起來；也是一道光，讓迷惘的學生找到方向。這樣的老師，學生當然歡迎。

殷海光本可以在學術領域有更多的建樹，但由於他所有的時間和精力都花在教書育人上，自家的學術領地只能任其荒蕪了，對此，殷海光無怨無悔，因為，培養出好學生比他自己取得成就更讓他心滿意足。他在給朋友的信裡說：「我所能做到的，是勉力做個好的啟蒙人物：介紹好的讀物，導引大家打定基礎，作將來高深研究的準備。我常向同學說：『我沒有學問，但能使你們有學問。』」許多教書人常自以為聰明，以致

看不出別人的聰明。我認為一個好的教書人必須能夠很快地發現聰明的學生,尤其應該因著發現比他自己更聰明的學生而高興。」

　　一個好老師,必須具備這樣的胸襟這樣的自我犧牲精神。當年,文壇祭酒歐陽修看到蘇軾的出色文章,大喜過望,說:「老夫當放他出一頭地。」儘管歐陽修敏銳地覺察到,二十年後,蘇軾的文名肯定要超過自己,但他的內心卻是一片歡喜。因為,對伯樂而言,發現千里馬,正是他的使命也是他最大的快樂。在殷海光身上,我們看到同樣的風範。

　　有些老師,把教學當作謀生手段,課堂上,他們滿面春風,口若懸河;下了課,則「高掛一臉秋霜」,難開金口。而殷海光則把教書當作志業當作使命,所以,無論課上課下,只要有學生請教,他總是一絲不苟履行教師的職責。

　　因為殷海光課講的精彩,下課後,有學生意猶未盡,就陪老師走回家,路上邊走邊聊,一直聊到老師的家門口。很多學生把這種問學方式稱為「馬路學派」。另外,只要有學生願意談學問,殷海光家的大門隨時向他敞開。很多好學的學生都曾在殷海光家裡享受了文化上的「美味佳餚」。曾是他的學生後來成了著名學者的林毓生對此有充滿溫情的回憶:「他的家雖然很小,但收拾得窗明几淨,令人覺得甚為舒適。那時,師母正懷著尚未出世的文麗,每次我來,她把紅茶或咖啡沖好以後,就出去散步;我們師生便開始對談……和殷先生談話是人生難得的境遇。他那低沉而富磁性的聲音說起話來,雋語如珠,靈光閃閃,在詞鋒犀利的分析中夾帶著道德的熱情與對中國與世界的關懷;他與學生相處,一向坦誠相見,和藹若朋友然。」

　　殷海光像愛護眼睛那樣愛護自己的學生,像珍惜生命那樣珍惜教書育人的機會。如果他是一棵樹,那麼,三尺講臺就是他不可或缺的土壤。

後來，國民黨當局迫害他，割斷了他和杏壇的聯繫，等於是把一棵生機勃勃的樹連根拔起。離開了學生，告別了講臺，殷海光迅速萎頓，很快凋零，可見，學生在他心中佔有怎樣重要的位置，教師這個角色對他來說是怎樣的難以割捨！

「是什麼，就說什麼。」

《自由中國》創刊後，殷海光是主要撰稿人之一。他在該刊發表大量文章抨擊蔣家王朝的專制和極權。殷海光的朋友夏道平在一篇回憶文章裡寫道：「殷先生和我都是《自由中國》自始至終的寫稿人。在《自由中國》生命史的十年當中，他寫的稿子就篇數講，或許比我寫的少些。但在質的方面，比我的那些低調不知要高明響亮多少倍。他的文章，在分析事理方面充分顯出科學家的嚴謹精神，而在措辭造句上，又顯出『語不驚人死不休』的詩人氣派。當時《自由中國》的聲譽蒸蒸日上，我們可以說，得力於殷先生的文章者為最多；同時為《自由中國》惹來麻煩的，殷先生的文章也真不少。」

1957 年 8 月起，《自由中國》以「今日的問題」為主題，就十幾個臺灣現實中的具體問題，展開一系列的討論。放頭炮的就是殷海光文章〈是什麼，就說什麼〉。在這篇文章裡，殷海光把矛頭直接指向蔣家王朝的專制統治，呼籲人們要敢於講真話：

> 「我們所處的時代，正是需要說真話的時代，然而今日我們偏偏最不能說真話。今日中國人之不能說真話，至少是中華民國開國以來所僅見的……
> 這幾年來，官方據以控制言論自由的王牌有如下的幾張：曰『國

家利益』，曰『基本國策』……曰『非常時期』，曰『緊急事態』，曰『非國即共』……如果民間言論對政府稍事批評，或不合官定尺寸，那麼不是當做『違背國家利益』，便是認為『違背基本國策』；不是認為非『非常時期之所宜』，便是說『共匪思想走私』。一究其實，這些說辭，從無確定的界說，只是官方信手拈來打擊異己的工具而已。官方更借政治便利，窮年累月利用訓練方式，甚至教育機構來灌輸這一套想法。馴至這一套想法成了淨肅思想言論的巨棒，甚至成為決定政策的基本精神。

……

我們立言，以什麼為基準呢？我們立言的基準只有這樣的一條：是什麼，就說什麼。

事實是白的，我們就說它是白的。事實是黑的，我們就說它是黑的。我們絕不把白的說成黑的。我們也不願把黑的故意說成白的。」

專制政府，最害怕老百姓知道事實真相，所以想方設法進行掩蓋；獨裁者的高招就是愚民，所以，聽到真話就膽寒。這樣一來，殷海光的「是什麼，就說什麼」就像一把匕首直刺專制獨裁的蔣家王朝的命脈。

為了釣取民心，欺騙民眾，蔣家父子祭出了所謂「反攻大陸」的幌子，是殷海光在《自由中國》率先撕破了蔣家父子的謊言。他在一篇文章裡，以犀利的言辭指出所謂「反攻大陸」的政策存在三大弊端：

「第一，因為一切都是為了『馬上就要回大陸』，一般人就形成事事『暫時忍受』和『暫時遷就』的心理狀態，大家看到官方許多不合理或苛煩無比的措施，都認為這是暫時的現象，將來回到大陸就好了，所以只有忍受下去。……

第二，因為被『馬上就要回大陸』的心理所誤，官方的許許多多
措施，都是過渡性的措施，不求徹底，不求永久。而一般人民
在心理上則被『吊起』。於是許許多多事情得過且過，不去設法
展開。……

第三，因為『馬上就反攻大陸』，官方人士拼命這種訓練，那種
訓練，弄得頗緊張的樣子。緊張的時間太長，大家所追求的目標
尚渺不可得。但是迫於威勢，屈於利害，大家不敢形之於色，言
之於口。於是，久而久之，雙重人格就出現：在公共場合，滿口
『擁護』『革命』『反攻』；在私人場合就是牢騷、悵惘、悲觀、
失望、彷徨。」

蔣介石看了殷海光的系列文章大為惱火，在國民黨黨部召開的中
常委會上說：「殷海光不是與黨『國』一條心的人。過去我曾經召見過
他，對他期望甚大。……他在《自由中國》上寫的那些東西，實際上
是在幫共產黨的忙。我們不能養蛀蟲蛀自己的船。」

總裁發怒，《自由中國》的厄運就降臨了。不久，《自由中國》被
封，主編雷震入獄。在高壓下，很多知識份子噤若寒蟬，心驚膽戰，
這時候，殷海光卻勇敢地站出來，在報上公開發表聲明，願意為《自
由中國》上所發文章承擔一切責任。

殷海光臨終前曾對弟子說：「我是羅素之徒。我別的沒有學到，不
自欺是十足學到了。如果一個弄哲學的人在平時神智清明，勇於面對
現實，可是一旦碰到自己生死存亡的關頭就不敢正視他最不願想的情
況，那麼他所謂『哲學』不過是紙上談兵而已。」

言語豪邁，行為委瑣，光打語言的「雷」，不下行動的「雨」，這些
人正是殷海光所謂的「紙上談兵」者。而殷海光的可敬之處就在於言語

和行動高度統一。在「生死存亡的關頭」仍然堅持自己的立場，絕不退縮，這說明殷海光是有骨氣有操守的人。這樣的人才擔當得起現代知識份子的稱號。精於投機，善於變向，關鍵時刻採用鴕鳥策略者，是殷海光極為厭惡的「軟骨頭」。

我以為，大丈夫就應像殷海光這樣言行一致，敢作敢當，這樣的人才有稱得上「仰不愧於天，俯不怍於地」。

「我敢拿生命去打賭，我不會接受那張聘書，我也不會去做官。」

1966 年，臺灣各校發現一種宣言，內容主要是批駁費正清等人在美國國會的證詞，說他們「助匪」，「犯罪」。當局要求廣大教師在這份宣言上「自由簽名」，表面是說「自由簽名」，其實是以此衡量教師對當局是否忠貞，誰不簽，誰的飯碗就可能被砸。在這種壓力下，有一千四百多位文化工作者都在宣言上簽了名。剛直的殷海光則拒絕簽名，後來，臺灣大學一個高級黨務人員親自到殷海光家中逼簽，殷海光也不幹。

在給朋友的信中，殷海光說了他為何拒絕簽名的原因：「宣言的背後的確蘊含著臺灣的一些政治意圖。國民黨通過簽名者和拒絕簽名者名單，可得知誰擁護它，誰不擁護它。文化工作者如果拒絕簽名，幾乎都會面臨可能被懷疑為『不忠』或失去工作的後果。大多數的文化工作者在與官方保持和諧關係上都有豐富的經驗──所以明白簽名背後所蘊含的真正意思，於是麻木地簽上名字。你知道這是某些人在不利情況下尋求自保的一種傳統方式。作為一個自由人，我率直地表示我對這個伎倆的憎惡，拒絕簽名。於是引燃了爆發點。」

　　由於殷海光和當局採取了不合作的態度，當局決定迫使他離開台大，割斷他和年輕學子的聯繫。為遮人耳目，掩蓋迫害殷海光的真相，當局一面強迫殷海光離開台大，一面又誘使他去當官，聘他去教育部任「教育研究委員會委員。」

　　一天，一個陌生人手持某處長的信件，把殷海光帶入一個戒備森嚴的機關，然後，把教育部的聘書硬塞給殷海光，對此殷海光大為驚訝，他想，教育部的聘書為什麼要在這裡發？而且自己不接受，看情形就回不了家。可殷海光恰恰是個不懼威脅的人，他根本不看聘書，正色道：「今天的事，我縱然不公開說出，難保不被外間知道。如果今天的事被外面知道了，說臺灣整肅知識份子，從殷海光開刀，這是對大家都不利的。」機關裡的幾位官員被殷海光的凜然正氣所震懾，只得放他回家。

　　教育部強迫殷海光接受聘書的緣由，殷海光當然清楚。他對朋友們說：「他們之所以不惜使用一切手段要我接受那張聘書，是經過一番深思熟慮的。他們像惡霸一樣，強暴了女人，又要受害人自己代他們掩飾。在我，打破飯碗只得由你們去，但是這個忙我卻不幫。我不幫這個忙，他們便不能做得『天衣無縫』。所以，他們念念不忘那張聘書，千方百計要我接受。」

　　殷海光不接受聘書，當局自然不甘心。於是，當局兩位高級人員又再次去殷海光家，「勸」他接受聘書。一位官員說：「殷先生，你進了教育部，我們把你捧成國際名人，政府還要借重你的。」殷海光答：「謝謝，我不需要這些，我只想隱居讀書。」對方說：「現在臺灣，怎能隱居？咱們只有一條心，為反共復國而貢獻力量。」殷海光對這種騙人的鬼話十分厭惡，他猛擊茶几，厲聲說：「還談這一套做什麼？難道我還不懂？你們對付一個文人，不惜動員黨、政、軍，這就是反共

復國工作嗎？你們復什麼國？」說著，他又拍了幾下桌子：「你們能幹的，無非是抓人，槍斃人。我殷海光站這裡，你們抓好了。」殷海光的怒火把對方燒懵了，半天說不出話，最後，殷海光對來人說：「我敢拿生命打賭，我不會接受那張聘書，我也不會去做官。」

殷海光態度如此決絕，當局當然無可奈何。一個敢拿生命打賭的人，當然不在乎當局的威逼利誘。為了揭露真相，為了捍衛尊嚴，殷海光寧可餓死也不食嗟來之食。這樣的風骨，這樣的血性，令人景仰，令人追懷。愛因斯坦曾說：「大自然以揮霍之手散佈平凡之物，但卻吝嗇產生精品。」殷海光正是文明創造史上難得的「精品」。

殷海光曾對妻子說：「我也不是那麼笨，要吹牛拍馬、說歌功頌德的話，混到一官半職，然後出國一走了之，誰不會？只是我的良知和個性使我做不出來。」在給朋友的信裡，他也吐露了相同的看法：「我個人實在沒有什麼希求。名，利，權位，對我淡如浮雲。我平常過的，近乎清教徒的生活。我二十年來，就是這一件事放心不下，一息尚存，此志不渝。如果我肯稍微遷就一下，何至弄到這樣焦頭爛額，四面楚歌？我之所以如此，就為了這一點理想，同時也為後世證明，中國知識份子並沒有在心靈上死光了。」

眼下，多少人為了蠅頭小利，不惜出賣靈魂；為了芝麻粒大的官銜，不惜踐踏人格，這樣的人，在殷海光面前，應該愧死！因為，殷海光是以生命為代價來守護心靈的家園，維護做人的良知的。殷海光的存在對後人來說，是一種激勵，也是一種安慰──畢竟，我們也曾擁有過這樣一位壯懷激烈、敢為真理獻身的真的猛士。

1965 年，殷海光翻譯出版了哈耶克《通向奴役之路》，在序言中，他寫道：「古人說：『光陰者百代之過客。』」我近來常常想，人生就過程來說，有些像一隻蠟燭。這隻蠟燭點過了以後，永遠不會再燃了。我從

來不做秦始皇那種求長生不老的癡夢。那些藉語言和幻想編織一幅圖像來把自己躲藏在裡面的人實在是軟弱的懦夫。世界上最剛強的人是敢於面對逆意的現實真相的人，以及身臨這樣的真相而猶懷抱理想希望的人。現在，我像冰山上一隻微細的蠟燭。這隻蠟燭在蒙古風裡搖曳明滅。我只希望這隻蠟燭在尚未被蒙古風吹滅以前，有許多隻蠟燭接著點燃。這許多隻蠟燭比我更大更亮，他們的自由之光終於照遍東方的大地。」

　　殷海光以其言行證明了他就是一個「敢於面對逆意的現實真相」的剛強之人，而他這隻「蠟燭」也為了自由和正義燃盡了最後一滴淚。至於他所期待的「有許多隻蠟燭接著點燃」的夢想能否成真，那就取決於我們這些新世紀的龍的傳人爭不爭氣了。

聶紺弩：「生活的艱辛會使人越活越剛強」

聶紺弩的一生，大起大落，多災多難。不過，命運的公正在於，它無情打擊一個人的同時，卻在另一方面悄悄成全了他。艱辛的生活，賦予了他剛強的意志；多難的人生，煉就了他傲人的風骨。疾風知勁草，霜濃葉更紅，歷經坎坷，聶紺弩的高尚人格得到最大程度的凸顯；飽受磨難，聶紺弩的文學創作有了取之不竭的源泉。

聶紺弩是小學畢業，但卻成了著名作家，曾任人民文學出版社古典文學部負責人；他早年憑雜文在文壇初露頭角，晚年則靠詩歌在文壇再領風騷；他的獨特的「打油詩」詼諧得讓人忍俊不禁，又沉痛得讓人黯然神傷；他蒙冤蹲了十年大獄，出獄後卻寫下了溫情脈脈的散文〈懷監獄〉。他奇特的一生可謂跌宕起伏，百轉千回，宛如一幅氣象萬千的長幅畫卷，看了，令人盪氣迴腸又感慨萬端。

聶紺弩晚年出獄後曾對看望他的友人說：「我顛簸了一輩子，吃到的快樂遠沒有吞下的苦水多。但我是快樂的。」其終生摯友鍾敬文在聶紺弩去世後曾寫了一首詩，題目是〈懷聶紺弩〉：「少日耽書點與呆，中年文斗幾擂臺。憐君地獄都遊遍，成就人間一鬼才。」[1]

「地獄遊遍」的哀傷與慘痛固然令人落淚，而「成就鬼才」的奇崛與偉岸則格外令人驚歎、敬仰。

「一場冬夢醒無跡，依舊乾坤一布衣。」

在榕樹與仙人掌的叢綠中，有一個只有五、六戶房子的村莊。幾隻狗在叫，村子裡的男人向村外逃去。這時，村口走來一位二十來歲的青年軍官，身後跟著十來個武裝士兵。村裡只有老人、婦女、孩子。軍官是外鄉人，說的話村裡人不懂。軍官無奈之際，忽然看見村口掛著一塊某某小學的牌子。正是下午三、四點的時候，軍官想，小學想必在上課，如果有識字的人，就好辦了。軍官來到小學校，沒想到教師是懂普通話的。於是，青年軍官就向他打聽一個人。

「這村子有一個叫做陳阿九的吧，他住哪一家？」

「有的，就在隔壁，那白粉牆，就是他家。」

「他在家嗎？」軍官問。

教師用土話問了周圍的村人，有人答：

「不在家，聽說到圩裡去了。」

「他家裡還有別的人嗎？」

「有的，老婆，孩子，做活的……」

「好，到他家裡去。」

教師領路，一行人浩浩蕩蕩來到阿九家。屋裡空空如也，沒人也沒傢俱。

軍官問教師：「不是說阿九到圩裡去了嗎？叫人找他回來吧，他不回來，問他想不想要這房子。」

教師用土語和一幫村人嘀咕了幾句，結果是派一個十幾歲的孩子去找阿九或者他的家人。

孩子走後，軍官對教師解釋了來此的目的：「有人告發陳阿九家藏有違禁東西，現在來看，可能是真的，你看，全家都跑了？我們要抄他的家！」

　　說著，軍官指揮幾個士兵開始搜查，忙乎了半天，一無所獲。過了好一會兒，找人的孩子回來，後面跟著一個中年男子，衣裳襤褸，形容憔悴，原來，此人正是陳阿九。軍官要陳阿九交出所藏的軍火，陳阿九則說沒有，雙方僵持不下，軍官讓士兵把阿九帶到城裡去。

　　這個青年軍官就是聶紺弩，那天，他帶士兵，把陳阿九交給了當地的農民自衛軍。做了這件事後的當晚，聶紺弩越想越不對勁，不由得發出如下感慨：

> 「我想，今天，才深切地感到自己有一種權威。我能夠帶人去抄人家的家，我能叫一個陌生的人跟我走，他不敢違抗。但是，這豈不明白是，我在壓迫別人麼？人壓迫人是不對的，我為什麼要壓迫別人呢。於是，我又想，我並沒有自動地去壓迫人，我這樣做，是受的另外的人的命令，是不得已。就是，我也是被別人壓迫著去壓迫別人！」[2]

　　有的人品嚐了權力的滋味後，就像染上毒品一樣欲罷不能。那種高高在上、頤指氣使的派頭太讓人上癮了，從此他會在權力的泥淖中越陷越深，直至喪失人的本性。而聶紺弩在初嚐權力的滋味後卻意識到權力這柄劍的可怕──擁有權力的人竟然可以隨心所欲地傷及無辜，於是，終其一生，他對權力敬而遠之。我想，聶紺弩之所以做出這樣的選擇，當然是出自他內心強烈的正義感，出自他的良知。既然他對底層百姓懷一顆悲憫之心，他自然會對權力抱一種近乎本能的警惕與戒備。

　　一位熟悉聶紺弩的作家說，聶紺弩「對腐朽、污穢、庸俗的事物，有著超乎常人的敏感與憤怒。」歲月的熔爐讓聶紺弩煉就了一雙火眼金睛，有時候，哪怕和對方只接觸一次，他就能透過現象看穿對方的本質。

聶紺弩考入黃埔軍校後不久，就聽了蔣介石的一次訓話，而僅這一次訓話，聶紺弩就識破了蔣介石的虛偽。

那天正是中秋，蔣介石就對新兵們說：「我們今天在學校吃月餅，明年的今天，我們要到北平去吃月餅。學校就是大家庭，從今以後，我們就是一家人了。我們要像父子兄弟一樣親密無間。」[3] 蔣介石的比喻在聶紺弩聽來實在是俗不可耐，他敏銳地覺察到蔣介石的話完全是言不由衷的客套話，第一次和蔣介石見面，聶紺弩就滋生出對他的厭惡之情。

軍校畢業後，聶紺弩一度失業，恰好當時蔣介石要兩名黃埔軍校的學生去侍從室當秘書，聶紺弩的朋友就推薦他去，聶紺弩則一口回絕，說：「我早就講過，絕不給蔣介石做事！」聶紺弩的判斷很準，蔣介石很快就撕下了他溫情的面具，向革命者舉起了屠刀，露出了其獨夫民賊的兇殘面目。

1938 年，聶紺弩和丁玲一道去了革命聖地延安。一天，毛主席、丁玲、李又然、聶紺弩和康生等在一起吃飯，飯菜擺好，毛主席請聶紺弩談談他來延安的感受。既然是毛主席邀請，他當然不便拒絕，於是，他站起來，開誠佈公地談起來。他說到了國統區的污穢與腐爛，比如觸目皆是的煙館、賭場和妓院；也談到了延安的新風和正氣，比如官兵的平等、戰士的鬥志和人民的熱情……談著談著，聶紺弩的話越來越動情，他說：「中國的希望就在這裡，爭取民族解放戰爭徹底勝利的核心和基地就在這裡！所以那麼多熱血青年，離別家鄉，奔赴這裡！」

聶紺弩的肺腑之言贏得了熱烈的掌聲。可是，康生卻突然站起來，對聶紺弩的話進行逐一批駁。他說：「聶先生剛才講到升官發財，言下之意是升官發財是一件壞事。其實不然，我認為，國民黨追求升官發財，我們共產黨人也要去升官發財！聶先生看到了很多熱血青年來到延安，但他沒發現很多延安的有為青年也奔赴到全國各地去升官發財，也

就是去把日本人和國民黨佔有的官和財奪回來。所以，我不同意聶先生的話，我們就是要去升官，去發財！」[4]

康生這番話，讓聶紺弩大為驚訝，他沒想到，康生會這樣曲解自己的話！這樣的曲解太可怕了！作出這樣曲解的人更令聶紺弩不寒而慄！從此，他有意識地回避這個在當時的延安風頭正勁的「理論家」。聶紺弩對康生的防範完全是對的。後來的歷史證明，康生確是個心腸毒辣、詭計多端的陰謀家，他策劃的一次次運動，誣陷了多少革命志士，殘害了無數革命忠良，當然，作惡多端的他最終也受到了應有的懲罰。

由於對權力有一種戒備心理，聶紺弩總和大權在握的人保持一定的距離，並主動放棄多次升官發財的機會。用他的話來說，就是：一場冬夢醒無跡，依舊乾坤一布衣。

「渾身傲骨申公豹，一眼看穿武則天。」

申公豹這個人物固然有許多缺點，但他的「渾身傲骨」卻不能不令人欽佩。和傳說人物申公豹一樣，生性桀驁不馴的聶紺弩也是一身傲骨。

1949 年 6 月，聶紺弩和樓適夷從香港回到北京，參加全國第一次文代會。會議結束時，他倆接到通知，一位中央首長要接見他倆，時間定在翌日早晨八點，地點是北京飯店某房間。

中央首長要接見，樓適夷緊張、興奮，一夜未睡好。第二天一大早，樓適夷就起床做準備，可聶紺弩卻一直在酣睡，樓適夷只好掀開被子喊他起來。聶紺弩睜開眼，頗不高興地對樓適夷說：「要去，你去吧，我還要睡一會兒。」樓適夷說：「約好八點，時間要到了。」聶紺弩回答：「我不管那一套，你先去吧。」[5]

　　樓適夷只好去見那位首長，並一再為聶紺弩解釋，說他一會兒就到。首長找他倆，是給他們安排工作，可等首長和樓適夷談好工作事宜，聶紺弩仍沒出現。事實上，聶紺弩那天根本沒打算去。

　　後來，還是馮雪峰慧眼識珠，把聶紺弩從香港的《文匯報》調進了新成立的人民文學出版社，任副總編，兼古代文學編輯室主任。雖然進入了官場，也當了個不大不小的官，但聶紺弩鋒芒畢露的個性沒有絲毫的收斂。他依舊是渾身正氣，一身傲骨。

　　一次，人文社幹部要去上級機關聽報告，到出發時間了，聶紺弩仍未起床，樓適夷衝進房間拉他，他睜開惺忪的睡眼，問：「誰做報告？」樓適夷答：「是某某首長。」聶紺弩一聽，不高興地說：「他嗎？讓他聽聽我的報告還差不多，我去聽他？還不是那一套！」說完，倒頭再睡。[6]

　　難能可貴的是，在遭逢不幸，身處困境時，聶紺弩依舊不改本色，個性還是那樣張揚，脾氣還是那樣倔強，傲骨還是那樣錚錚。

　　1957年，在反右運動中，聶紺弩因言獲禍，被定性為「右派骨幹分子」。某日，人文社開會批判「右派分子」。等聶紺弩到的時候，人都到齊了。聶紺弩掃視了一下會場，見「右派分子」們灰頭土臉地擠在一起。曾經的領導馮雪峰也愁眉苦臉地坐在那裡，他身旁正好有一個空位。於是，聶紺弩不慌不忙走過去，旁若無人地用手指了指空位說：「噢，這個位置是我的。」說罷，坦然坐下[7]。聶紺弩的表情一如往常，看不出一絲沮喪、頹唐、畏怯。

　　聶紺弩被打成右派時，已步入人生之秋，離退休只差幾年。當時的領導，頗有惜老之心，想讓聶紺弩提前退休享清福，但聶紺弩卻作出一個在別人看來不可思議的決定，主動請纓去北大荒勞動改造，別人不解，他就做出如下解釋：

「生活是創作的源泉，我是作家，應該體驗五光十色的各種生活。
我吃過『粉筆飯』，端過『新聞碗』，扛過槍，打過仗，跑過警報，
躲過追捕，坐過大牢。貧困失業，妻離子散，遷徙流亡，種種滋
味我都嘗過。遺憾的是我只會一種謀生手段，就是用腦和嘴、筆
和紙討飯吃。現在我要體驗一下『須知盤中飧，粒粒皆辛苦』的
生活，學會胼手胝足向土地討飯吃的本事。況且我既然成了『右
派』，就不應該徒具虛名，理應體驗一下『右派生活』……」[8]

就這樣，聶紺弩踏上一條佈滿坎坷和荊棘的道路，自覺自願，無怨
無悔。

在北大荒的勞動是帶有懲罰性的，但聶紺弩既然是抱著洗心革命的
念頭來此磨練自己的，他當然會全身心投入勞動中，以求脫胎換骨。不
過，雖然被打入另冊，雖然被監督改造，但聶紺弩可以放下幹部的架子
去接受改造，卻絕不放棄做人的尊嚴去阿諛奉承。

一次，聶紺弩等「右派分子」在食堂吃早飯，看管他們的大隊長不
知在哪裡受了氣，就想拿這些「右派分子」出氣，他對那些站著的人大
喊大叫，讓他們坐下吃飯，其他人都做下了，只有聶紺弩站在那裡一動
不動，隊長大怒，就直呼其名，喝令其坐下，可聶紺弩不僅充耳不聞，
反而抬頭挺胸，面向隊長，怒目而視，兩人對峙時，聶紺弩竟一步步緩
緩地向隊長逼近，在聶紺弩的逼視下，色厲內荏的隊長終於敗下陣來，
慌忙逃走了。那一刻，在場的所有人都對聶紺弩肅然起敬。

1959 年，聶紺弩因燒炕失火，結果竟以「縱火罪」被捕入獄，後
經夫人周穎的斡旋才被釋放。出獄後的聶紺弩身體一直不好，一次他請
假去城裡看病，隊部領導開證明時，特別注明聶紺弩的身份是「右派」
以提醒對方注意。聶紺弩看到這樣的證明，怒不可遏，他把證明撕得粉

碎，扔向那個小頭目，說：「你這個證明開得不詳細，那一年的徒刑你怎麼不寫？」

聶紺弩年輕時曾寫下這樣的詩句：「二十歲人天不怕！新聞記者筆饒誰？」其實，即使到了六十歲，聶紺弩仍然是我行我素，天不怕地不怕，正如作家吳祖光說的那樣：「詩人家住北京城，六十依然是小生。」

傲骨嶙峋使得聶紺弩遭際坎凜，蒙冤半世，但人們之所以尊重他、敬仰他也正是因為他的一身正氣和渾身傲骨。

「英雄巨像千尊少，皇帝新衣半件多。」

聶紺弩一生光明磊落，胸懷坦蕩，心口如一。對於大話、套話、空話、假話，聶紺弩深惡痛絕，即使面臨再大的壓力，他也堅持我口說我心。魯迅曾說，寫文章要「有真意，去粉飾，少做作，勿賣弄。」其實，做人也該這樣。在我看來，聶紺弩就是一個不折不扣的「真人」，而他的真體現在如下幾個方面：講真話；存真我；有真情。

不過，在一個大話盛行，假話吃香的荒唐年代，聶紺弩堅持講真話，自然會屢遭打擊，屢撞南牆！聶紺弩飽經磨難的一生可以說完全是真話惹的禍。

1957 年反右運動中，聶紺弩被定性為「右派骨幹分子」，原因就是他講了幾句真話。胡風被捕後，聶紺弩曾對人說：「胡風不逮捕也可以打垮」；反右開始後，很多人都噤若寒蟬，不敢做聲，聶紺弩卻口無遮攔，直言無忌，說：「磕頭求人家提意見，提了又說反黨、反社會主義……這近乎騙人，人家不講一定要講，講了又大整。」可以想像，在那種風聲鶴唳的時刻，這樣的真話多麼不合適宜，而聶紺弩因此遭到疾風暴雨般的批判，也就理所當然了。

　　批判和打擊不能讓聶紺弩變得膽怯、世故、沉默。有人像鵝卵石，在歲月的沖刷下漸漸圓滑了；而聶紺弩則像一柄匕首，歲月的磨礪只能讓他變得更為犀利。

　　在林彪、江青炙手可熱、不可一世的時候，聶紺弩無所畏懼，在公開場合尖銳地批評了林彪、江青的禍國殃民，而他也因此付出沉重的代價，被打成現行反革命，旋即入獄，被判無期徒刑。後在友人朱靜芳的大力救助下，他在被關押了近十年後獲釋。出獄後的他，身體被折磨得不成樣子，但講真話的習慣一點也未改變，針砭時弊仍然是那麼犀利，那麼無所顧忌。一次，和朋友談到「禍從口出」這個話題，聶紺弩氣呼呼地說：「禍從口出——這條古訓，中國的老百姓誰敢不牢記在心？我們這個國家什麼工作都可以癱瘓，唯獨專政機器照樣運轉。而且，人被戴了帽子，被關押，被勞改，被槍斃，可革命照舊進行，好像什麼事情都沒有發生。這就是最可怕的地方，也算是社會特色和特徵吧。」

　　歷史是公正的，聶紺弩終於被徹底平反，並參加了當年的文代會。不過在開會期間，眼睛不揉沙子的聶紺弩又說了一番雖直指要害卻不討某些人喜歡的話，他說：「別看都是文人，可文壇自來就是一個小朝廷，不歇風雨。如果這個文代會能計算出自建國以來，我們為歌頌大好形勢，花了多少錢？再計算一下從批判《武訓傳》以來，中國知識份子因為思想言論丟了多少條命？該是很有意思的一件事。」

　　聶紺弩在北大荒勞動改造時已是五十四歲的人了，可他不示弱，不服輸，幹什麼都一絲不苟。可儘管他竭盡全力，卻總是因為完不成任務而受到批評、挖苦、諷刺。有同情他的人就對他口授「機密」，點撥他幹活不要太死心眼了，這位後來成為聶紺弩忘年交的年輕人對聶紺弩說：「領導上要的是數量，而不是質量。像你那樣的幹法，我們得天天

挨批評。有些活是可以投機取巧的，比如，點豆時，不能按著規定的株距去播種，必須適當的放寬些。至於放寬多少，那要隨形勢而定。如果按規定，任何人也休想完成上級所下達的任務。再比如，鋤草時，除了地頭、地尾外，中間是可以做手腳的。」聶紺弩聽了這番無私的「教誨」，恍然大悟，說：「原來如此，難怪你們幹得那樣快。不過，這種投機取巧的事我是絕不會幹的。」聶紺弩的「自我」就像一粒銅豌豆，再大的苦，再多的難，也壓不扁碾不碎。

人無癖不可交，以其無深情也。酷嗜下圍棋的聶紺弩自然是個飽含深情之人。他和胡風之間終生不渝的友情充分證明了這一點。

胡風被捕後，別人為避嫌趕忙和其劃清界線，而聶紺弩卻一直冒著風險和他保持聯繫。1966 年，胡風被判刑後曾被允許回家和家人作短暫團聚，這期間，聶紺弩是第一個去探望他的人。後，胡風被遣送去四川服刑，聶紺弩趕去送行，並書贈條幅一張，詩云：「武鄉涕淚雙雄表，杜甫乾坤一腐儒。爾去成都兼兩傑，為攜三十萬言書。」此後，聶紺弩不斷給胡風夫婦寫信，安慰他們，鼓勵他們。對囚禁中的胡風夫婦來說，聶紺弩的信不是錦上添花的裝飾，可有可無；而是雪中送炭的呵護，至關重要。

「文革」爆發後，聶紺弩寫給胡風的信，有一些被公安部門截獲，他因此被扣上「現行反革命」的帽子，隨後被捕。（聶紺弩後來被判刑，罪證之一就是寫給胡風的信）。

1976 年，在熱心人朱靜芳的救助下，聶紺弩終被釋放。出獄後的聶紺弩經常在家練書法。一天，朋友看到他書桌上有一疊詩稿，是用毛筆寫在宣紙上的，題目是〈風懷十首〉。詩是七律，字是行書，看上去既整齊又飄逸。朋友邊觀賞書法邊讀詩。聶紺弩問：「讀懂嗎？」朋友說：「有懂的，有不懂的。你用的怪典故太多。只是題目倒是懂的。」聶紺

弩說：「有的詩原本不是要人懂的。題目的意思是什麼？你說說看。」
朋友答：「只要把題目頭兩個字顛倒過來，就明白你的意思了。」聶紺
弩點點頭。那時候，胡風還在獄中，他的情況聶紺弩一無所知，但聶紺
弩深深懷念這位苦難中的故舊，於是，情難自禁，寫下這十首飽含深情
的「風懷」之詩。

烈火煉真金，患難見真情。在人情似紙薄的時候，聶紺弩對胡風的
友情如一杯甘醇濃烈的酒，啜一口，能醉人。

直到二十世紀八〇年代，胡風終於被釋放。胡風八十歲的時候，聶
紺弩為摯友寫了一首詩：

> 不解垂綸渭水邊，頭亡身在老彤天。
>
> 無端狂笑無端哭，三十萬言三十年。
>
> 便住華居醫啥病，但招明月伴無眠。
>
> 奇詩何止三千首，定不隨君到九泉。

胡風去世後，有人把聶紺弩這首詩書於紙幛上，代替他人寫的輓
詩。在這首詩中，聶紺弩以飽蘸感情的筆觸，刻畫了一個倔強、悲憤，
蒙受冤屈但頑強抗爭的老人形象，而這個老人，活脫眾人眼中的胡風。

人生得一知己足矣，斯世當以同懷視之。聶紺弩無愧胡風的知己。
有這樣的知己，胡風也該含笑九泉了。

胡風直到去世，也未獲徹底平反。家人出於抗議，將胡風遺體藏在
冰庫裡，拒絕火化。聶紺弩聞訊後，十分憤悶，揮毫賦詩一首〈悼胡風〉：

> 精神界人非驕子，淪落坎坷以憂死。
>
> 千萬字文萬首詩，得問世者能有幾！
>
> 死無青蠅為吊客，屍藏太平冰箱裡。

心胸肝膽齊堅冰，從此天風呼不起。

昨夢君立海邊山，蒼蒼者天茫茫水。

在胡風尚未得到徹底平反時，寫這樣的「鳴冤叫屈」的詩自然是要冒風險的，但對於早將生死置之度外的聶紺弩來說，又何懼之有！胡風終獲徹底平反！對於曾經身處困境苦苦等待的胡風家人來說，聶紺弩這首詩所起到的聲援之力自然不可低估！

山高水長，情深義重。對於遭受命運殘酷打擊的胡風而言，聶紺弩終生不渝的友情，不止像清泉，給他送去清涼的慰藉；更是一枚獎章，是公正的歷史老人對他的最高獎賞。

「方今世面多風雨，何止一家損罐瓶？」

聶紺弩酷愛下圍棋，並常常從中獲得有益的感悟。比如，下圍棋讓他有了大局觀──凡事從大處著眼。

聶紺弩幼年時，父母均早逝，他是由嬸母拉扯成人的。成年後的聶紺弩，浪跡天涯，居無定所，飽嚐艱辛。解放後，很快即被打入另冊，直到年逾古稀，仍在牢獄中苦熬歲月。然而，聶紺弩並未因個人的遭遇而抱怨社會，也未因一己的苦難而詆毀時代。在他看來，既然時代的洪流滾滾向前，個人的一葉扁舟遇過幾道激流，觸過幾回暗礁，有過幾次傾覆，又有什麼值得大驚小怪的呢？當然，只有胸懷大局的人，才有這樣的心胸這樣的包容力和承受力。

聶紺弩夫婦膝下只有一女，名海燕。夫婦倆視女兒為掌上明珠。聶紺弩曾在詩中寫道：「藏書萬卷無人管，輸與燕兒玉鏡臺。」不幸的是，在聶紺弩出獄前一個月，愛女海燕竟自殺身亡。夫人周穎怕他承受不了

這意外的打擊，設法隱瞞真相，用各種理由搪塞聶紺弩的追問。可是，聶紺弩思女心切，見不到女兒的很快就病倒在床。他對看望他的人說：「她到底是死？是活？是失去自由？是與爸爸劃清界線？總得讓我明白，我的心要爆炸了！」

夫人和老朋友們商量，決定告訴聶紺弩真相。一位朋友受夫人之託，對聶紺弩說：「海燕是去世了，與父親的政治遭遇無關。」聶紺弩聽了，淚水在眼眶裡打轉，但最終還是克制住自己，對朋友說：「這有什麼必要瞞著我呢！陳帥賀帥們的死不是比海燕重要千萬倍麼？」話雖說得超然，但喪女之痛哪能輕易消除！為了安慰同樣悲痛的老伴，也為了舒解內心的揪心之痛，聶紺弩在一個不眠之夜寫下這樣的詩：〈驚聞海燕之變後又贈〉：

> 願君越老越年輕，路越崎嶇越坦平。
> 膝下全虛空母愛，心中不痛豈人情！
> 方今世面多風雨，何止一家損罐瓶？
> 稀古嫗翁相慰樂，非鰥未寡且偕行。

聶紺弩的胸懷既然裝得下社會的狂風暴雨，當然也能化解家庭的杯水風波。

言傳身教，耳濡目染。聶紺弩的朋友們也一個個變得心胸豁達起來。

1977 年，北京市政協恢復活動，召開了五屆一次會議。從前一直是北京市政協委員的李健生（章伯鈞夫人）卻未接到「當選委員，參加會議」的通知，而其他委員都先後收到。她不理解自己何以落選，就跑到聶紺弩家傾吐自己的憤懣和不平。聶紺弩就對夫人周穎說：「你去買些酒菜來，中午我請李大姐在家裡吃飯。」

在中午的飯桌上，聶紺弩對李健生說：「李大姐，我送你一首詩吧！怎麼樣？」

說完，即席誦道：

> 么女歸才美，閒官罷更清。
> 中年多隱痛，垂老淡虛名。
> 無預北京市，寧非李健生。
> 酒杯當響碰，天馬要行空。

聽著這首詩，再看看聶紺弩那張經滄桑的面容，李健生胸中的不快消散了，緊鎖的眉頭也舒展開來。這以後，每當心情不順時，李健生就會吟誦這首〈李大姐乾杯〉。

雨果說：世界上最大的是海洋 比海洋大的是天空 比天空大的是人的胸懷。我認為「天馬要行空」的聶紺弩具備了這樣博大的胸懷。

註釋

[1] 《縱橫》，1998 年 8 期，第 53 頁。
[2] 方瞳編：《冷眼閱世‧聶紺弩卷》，文匯出版社 2005 年 5 月出版，第 271 頁。
[3] 周健強著：《聶紺弩傳》，四川人民出版社 1987 年出版，第 60、165、220 頁。
[4] 同注【3】。
[5] 王培元著：《在朝內 166 號與前輩魂靈相遇》，人民文學出版社 2007 年 1 月出版，第 35、38、41 頁。
[6] 同注【5】。
[7] 同注【5】。
[8] 同注【3】。

蕭軍：「要以生命做最後的一顆子彈」

　　作家蕭軍出生於遼西省松嶺山脈附近的下碾盤村，此地民風剽悍，尚武習氣濃。蕭軍少年時不僅熱衷於習武，還喜歡讀一些關於俠客之類的小說，渴望做一個「路見不平，拔刀相助」的江湖好漢，因此練武藝時特別專心乃至癡迷。年齡稍大後，蕭軍又讀了《史記》中的〈刺客列傳〉，十分崇拜荊軻、聶政、專諸……這些勇敢仗義，敢以生命作武器的英雄。「風蕭蕭兮易水寒，壯士一去兮不復返」，幼年的蕭軍對這樣的「壯士」可謂心馳神往。

　　生性嫉惡如仇，喜歡打抱不平，成年後的蕭軍為此摔了許多跟頭，吃了許多苦頭，但他從不後悔。經歷了血與火的考驗，經受了雷與電的打擊，蕭軍的骨骼變得更強壯，意志變得更堅定。直至人生暮年，蕭軍的俠客本色也不曾有絲毫改變。

　　1947年的深夜，蕭軍寫下這樣幾行字：

> 「世界上還有比自私自利，人吃人，人殺人，人欺人，利用權勢，欺壓弱小，侮辱婦孺的事更醜惡的嗎？
> 世界上還有比無私的，人愛人，人救人，人教人，人信人，人提高人的生活和靈魂的事更美麗的嗎？
> 世界上還有比無私的戰鬥的勇敢更值得稱讚尊崇的嗎？」

　　蕭軍一生最看不得「利用權勢，欺壓弱小，侮辱婦孺」，遇到這種事，不管面臨多大的壓力，不管付出多大的代價，他都會挺身而出，拍案而起。而「提高人的生活和靈魂」則是他一生矢志不渝的追求。我以

為，除了剛正不阿，寧折不彎，蕭軍身上另一種閃光的品質就是「無私的戰鬥的勇敢」。

「生命啊，你流吧！更勇敢開闊地流吧！──但第一你要習於『真』！」蕭軍飽經磨難，屢撞南牆，但他絕不退縮，也毫不膽怯，更沒有變得圓滑世故，因為他要做一個「真」人。

「生命啊，你流吧！──要從痛苦和打擊中吸取你的力量！」蕭軍這一生，之所以能屢敗屢戰，且愈戰愈勇，其奧秘即在於能「從痛苦和打擊中吸取你的力量！」

「我必須不惜一切犧牲和代價──拯救她！」

蕭軍剛滿十歲，就已經是個無所畏懼，充滿正義感的小小男子漢了。那時，蕭軍和父親在長春艱苦度日。一天，鄰居的孩子仲兒在學校被一個惡少欺負。蕭軍知道此事後，隻身來到學校，把那個驕橫跋扈的惡少狠狠教訓了一頓，當然，由於對方人多勢眾，打鬥中，蕭軍身上也多處負傷，但他的英勇氣概震住了對方。此後，蕭軍和仲兒的友誼加深了，而學校裏的很多孩子也把蕭軍看作鋤強扶弱的英雄，對他十分崇拜、欽佩！

蕭軍十九歲那年考入了當時著名的軍校「東北講武堂」。當時，東北講武堂是與黃埔軍校齊名的軍校，其名氣之大可想而知，大名鼎鼎的少帥張學良就畢業於東北講武堂。從這個學校畢業，可以直升軍官，前途無量。當時蕭軍已進入實習期，再過幾個月，就可以畢業，接下來，只要蕭軍願意，他完全可以踏上升官發財的康莊大道。可是，因為不堪忍受蠻橫、兇殘的軍閥作風，因為想替受辱的士兵出口氣，蕭軍和一位軍官發生了衝突，結果在臨近畢業時被開除了學籍。

　　事情的經過是這樣的。一次，蕭軍和幾個同學去野外炮兵陣地去訓練，結束回校時路過步兵築的戰壕，一個士兵就開玩笑地說了句：這算什麼戰壕，一點不合規範。沒想到這句玩笑話被一個長官聽到，他趕過來不由分說，對著那個士兵就是兩個嘴巴。儘管被打士兵已認錯了，但那個長官罵罵咧咧，不依不饒。蕭軍在一旁實在看不下去，就勸長官說：「報告隊長，我們這個同學已經承認了他的錯誤；掩體壞了，我們大家一起來修復，如果你要懲罰他，可以向我們本隊隊長去說。講武堂的《校章》雖然規定了凡屬官長就可管學生，但是總要有個體統。你在這裏直接和學生吵吵嚷嚷，又打嘴巴！知道內情的人是會怪學生不對；不知道事實情況的人，還認為您這隊長在隨便發脾氣咧！這對於您的面子也不好看啊！」

　　那位長官聽了蕭軍的話竟破口大罵，說：「你是什麼東西！敢來教訓我！」說著就是一巴掌。蕭軍忍無可忍，舉起手中的鐵鍬，就朝對方劈過去。當然，因為有士兵緊緊抱住，這一鍬劈空了。但蕭軍也因此闖下大禍，按講武堂的規矩，蕭軍要被重判十年徒刑，因上司聽了他的申訴，同情他是出於好心才有此鹵莽之舉的，便從輕發落，開除學籍。

　　離開講武堂後，蕭軍寫了一首詩：

> 欲展雄心走大荒，可堪往事誤昂藏！
> 三年俯仰悲戎馬；十載遭逢半虎狼！
> 任是蒼天終瞶瞶；何問宇宙永茫茫。
> 男兒自有洪崖臂，怎肯娥眉鬥畫長？

　　這首詩抨擊了那個黑暗的社會，吐露了蕭軍有志難伸、報國無門的鬱悶，也抒發了他自強不息、永遠抗爭的豪情。

　　1932 年，蕭軍在哈爾濱一家私營報紙《國際協報》做編輯兼撰稿人。其間，報社派他去一家小旅館探望一位年輕女子。這位女子為人所騙，已身懷六甲，竟被當作人質「押」在旅館裏。旅館老闆聲稱，若女子再付不起錢，就要把她賣到窰子裏。蕭軍找到了這家旅館，在一間黴味刺鼻的房間裏，他看到了這位面色蒼白、孤立無援的女子。知道了女子的悲傷身世後，蕭軍對她十分同情，但若想把她救出去又談何容易，因那時的蕭軍身無分文，每天過著吃上頓找下頓的窮困生活！在他無可奈何打算離開時，他看到了桌上的一張信紙，信紙裏有女子寫的一首詩：

> 這邊樹葉綠了，
>
> 那邊清溪唱著：
>
> ──姑娘啊！
>
> 春天到了。
>
> 去年在北平，
>
> 正是吃青杏的時候；
>
> 今年我的命運，
>
> 比青杏還酸！

　　詩顯得有些稚嫩，但卻飽含一股強烈的藝術感染力。蕭軍的心靈一陣顫動，眼睛有些發酸，刹那間，他彷彿看到一顆晶瑩、美麗的心，在受難，在掙扎、在申訴……走出旅館，蕭軍暗暗發誓：「我必須不惜一切犧牲和代價──拯救她！拯救這顆美麗的靈魂！這是我的義務。」

　　蕭軍費盡周折，四處告貸，終於把年輕女子「贖」了出來。這位女子就是後來蜚聲文壇的奇女子蕭紅。

　　一無所有的蕭軍，硬是憑一身正氣一腔熱血和一種對受難者的深深同情，把蕭紅從絕望的深淵裏生生拉了出來，讓我們這個時代多了顆璀璨的文學之星。

「更需要的是一顆堅強的靈魂！」

　　1942 年，王實味因發表〈政治家與藝術家〉、〈野百合花〉遭到批判。蕭軍參加了對王實味的批判大會。會上，眾人聲色俱厲，對王實味提出各種質問，但王實味剛要申辯幾句，即被打斷，會場秩序十分混亂。坐在一旁的蕭軍實在看不下去，就說：「大會主席，這是不行的，應該讓他發言說全了話大家再反駁他，無論什麼會也得有個秩序啊！」蕭軍的話沒起到應有的作用，大會就在一片亂哄哄的吵嚷聲中結束了。會後在回家的路上，蕭軍對妻子說：「這開的是什麼會啊！怎麼把屎盆子朝一個人頭上扣，這哪像高等學府！」沒想到這句話被旁邊的一位女同志聽到了，並向黨組織作了彙報。過了幾天，中央研究院派了幾名代表，給蕭軍送來一份《抗議書》，《抗議書》上有一〇八人的簽名，其內容如下：「你是魯迅的學生，是《八月的鄉村》的作者，我們很尊敬你，既然你是共產黨的朋友，為什麼同情托派分子王實味？為什麼反對我們批判王實味？為什麼說怪話？你應當向大家承認錯誤，賠禮道歉！」蕭軍一看就火了，因為他並不認識王實味，更不可能同情王實味，他只是覺得等人家把話說完再批判不遲。代表們走後，蕭軍寫了一份材料，如實記錄那次批判大會的詳細經過。

　　1942 年 10 月 19 日在延安中央大禮堂召開「紀念魯迅先生逝世六周年大會」，會上，為了表明自己並非同情王實味，更不可能反對批判王實味，蕭軍宣讀了自己寫的那份材料。台下的幾位黨員作家周揚、劉白

羽、丁玲和他展開激烈的爭辯。蕭軍「舌戰群儒」，毫無懼色，辯論會從晚上八點延續到午夜兩點，雙方唇槍舌劍，氣氛緊張激烈。這時候，大會主席吳玉章見雙方各不相讓，就勸解道：「蕭軍同志是我們共產黨的好朋友，我們一定有什麼方式方法不對頭的地方，才使得蕭軍同志發火，我們應當以團結為重，先檢討自己。」吳老的話讓蕭軍很感動，於是，他主動承認了錯誤，說：「吳老的話讓人心平氣和，這樣吧，我先檢討，百分之九十九都是我的錯，那百分之一的錯，你們有沒有呢？」丁玲猛地站起來說：「我們一點錯都沒有，百分之百都是你的錯。我們共產黨的朋友遍天下，你這個朋友等於九牛一毛，有沒有你，對共產黨毫無影響。」丁玲的話蕭軍難以接受，就反駁道：「我百分之九十九的錯都攬過來了，你們一點錯都不承認。你們的朋友遍天下，我這根毛也不想附在你這牛身上。我到延安來沒帶別的，就是一顆腦袋，一角五分錢就解決了（一角五分錢可買一顆子彈），怎麼都行，從今天起，咱們就拉一蛋一倒！」蕭軍說完，拂袖而去。

由於蕭軍拒絕檢討，結果被扣上一頂「同情托派王實味」的帽子，任何部門都不想接收他，無奈之下，蕭軍只得在「中央組織部招待所」賦閒。那段時間，蕭軍妻子王德芬已懷孕並臨近預產期，每天都要從山上窯洞走到山下平房食堂吃飯，往返很不方便，很吃力也很危險，蕭軍就向招待所負責人蔡主任提出要求，想由他把妻子的飯菜帶上山。

蔡主任一口回絕，說：「不行，任何人都不能特殊化。」

蕭軍說：「王德芬快生孩子了，爬山太困難，請照顧一下，飯菜隨便給多少都可以。」

蔡主任堅絕不同意。

蕭軍就問他：「你說任何人都不准特殊化，你和你的老婆，甚至於學委會的委員們，一天三頓的飯菜，不都是小鬼送到窯洞去的嗎？」

蕭軍的話讓蔡主任大為光火，說：「我是主任，你敢批評我？」

蕭軍毫不示弱，頂道：「別說是你，毛主席說過，共產黨有了錯也可以批評！」

兩人爭持不下，蔡主任惱羞成怒，道：「你嫌這不好可以走。」

蕭軍哪肯服軟，就說：「走就走！」

蕭軍當即回去整理行李，帶著懷孕的妻子，領著兩歲的兒子，去鄉下種地，過「自己動手，豐衣足食」的日子去了。

鄉下的生活對初來乍到的蕭軍一家三口來說，可謂異常艱苦。蕭軍天天要去深山打柴，還得四處借貸，否則家裏就揭不開鍋。由於農村沒有醫院，蕭軍只能自己給妻子接生。然而，條件再艱苦，日子再艱難，蕭軍也沒想到退縮和妥協。他在日記裏寫道：「不管日子多難，我要堅持我一貫的意志——不屈服於任何艱難和壓力、困苦之下。」在一首詩中，他寫道：「我不獨需要一具堅強的肉體；更需要的是一顆堅強的靈魂！」

胼手胝足的勞作，櫛風沐雨的艱辛，讓蕭軍的身體變得更結實，也讓他的靈魂變得更堅強。蕭軍以實際行動向世人表明：為了捍衛做人的尊嚴，吃什麼苦也在所不惜！

「最真實的人是人類最勇敢的人！」

蕭軍和聶紺弩性情不同，趣味不同，但兩人之間的友誼卻經受了風風雨雨的考驗，維繫了長達半個世紀，兩個人在一起常有爭執，但彼此之間的友情卻為何很深厚？蕭軍一語道破其中的緣由，他說：「我今年七十二歲了，聶紺弩已經七十六歲了，我們之間的這種友誼，是經過各種風風雨雨考驗的，證明是並無任何變化。儘管我們之間對待某一問

題，某一思想，某一見解……有時有爭論，有爭執，有爭吵……甚至到了『面紅耳赤』的地步，但這些情況對於我們基本的友情來說，並無任何妨礙和損害以至影響的。因為我們全是喜歡一切習於『真』的人！」

對於入黨問題的考慮，最能反映蕭軍的「真」。

在延安時，毛澤東非常欣賞蕭軍的誠實和勇氣，有意讓蕭軍投筆從政。其間，毛澤東和蕭軍有過一次推心置腹、開誠佈公的談話。

毛澤東：「蕭軍同志，你改改行好嗎？」

蕭軍：「改什麼行？」

毛澤東：「入黨，當官。」

蕭軍：「哦，不行，不行！史達林說過『黨員是特殊材料製成的』入黨，我不是那材料，當官，我不是那坯子。我這個人自由主義、個人英雄主義太重，就像一頭野馬，受不了韁繩的約束，到時候連我自己也管不住自己，我還是在黨外跑跑吧！謝謝您這麼看得起我！」

毛澤東：「你什麼時候想通了，什麼時候提出來，我們歡迎你。」

蕭軍這番話既表明了他的清醒：對自身的弱點有深刻的認識；也顯露出他的真誠：不掩瞞內心的真實看法以便「混」個一官半職。

1944 年，彭真同志也歡迎蕭軍入黨，不過，彭真同志對他說：「黨的組織原則是少數服從多數，下級服從上級，地方服從中央，你的上級不一定比你工作能力強，多數人的決議也不一定完全正確，你能具體服從嗎？」蕭軍答：「不能！誰要是命令我，我就會產生心理上的反感，我認為不對的就會反對到底，我看我不適合當黨員，以後再說吧。」

蕭軍如此實話實說，表明了他對領導的尊重和對黨的忠誠。他不想以謊話騙取領導的信任，而是把有缺陷的自我完全袒露出來，讓領導讓黨認識到他蕭軍的真正面目真正的靈魂。這是一種赤子般的忠誠。

如果想升官發財往上爬，蕭軍恐怕早就聽從偉人的召喚，入黨從政去了。可他是個坦誠實在的人，不喜唱高調，更不會說謊，所以甘心老老實實留在黨外，做一個自由人士，一個平民百姓。這樣的選擇使他終生與權勢無關，失去了一份風光和榮耀，但他也因此成為了一個心胸坦蕩無私無畏的真漢子。蕭軍的「舌戰群儒」，特立獨行，其勇氣正來自於他內心的真，正如他說的那樣：「最真實的人是人類最勇敢的人！」

然而，因為說真話，因為要做一個真人，蕭軍這輩子屢遭打擊，甚至被剝奪了寫作的權利，白白浪費了他的寫作才華。我想，如果在某個文化環境裏，說假話者往往飛黃騰達，難掩小人得志的張狂；說真話者往往遭際坎懍，難免虎落平陽的悲劇，那是否說明這種文化環境存在著重大缺陷？這一點，令人深思。

因為抑制不住伸張正義的衝動，因為血液裏流淌著打抱不平的因子，蕭軍這輩子註定要走上一條充滿風險的人生之路。踏上這條風險之路，蕭軍的地位也許會不斷下降，而他的靈魂卻在不斷上升。

「頭可斷，不能站！」

1940 年，蕭軍在成都主編進步報紙《新民報》。當時的成都，國民黨反動派的氣焰囂張，白色恐怖籠罩了整座城市，蕭軍一系列揭露現實的黑暗和宣傳抗日救亡的文章惹惱了當局。有人放出風聲，要除掉他。當時，為保護蕭軍，中共地下黨省委書記羅世文通知蕭軍趕快轉移，但蕭軍拒絕了領導的好意，堅持留下來繼續戰鬥。他在報紙上公開發表了一篇文章，表明了自己寧死不屈的決心。文章裏有這樣幾行醒目的文字：

> 我的資本──腦袋一顆。
>
> 我的武器──尖刀一把。
>
> 我的辦法──兩手換（拼個你死我活），到必要時就把這顆腦袋擲出去。

反動派被蕭軍視死如歸的氣概所震懾，竟沒敢向蕭軍下手，這倒驗了那句老話：邪不壓正。

男兒有膽氣，仗劍走天涯。蕭軍手中的劍就是他的正氣凜然，英勇無畏。依仗這把「劍」，蕭軍闖過了一次又一次的難關，戰勝了一次又一次的厄運，化解了一次又一次的打擊。

1966 年文革爆發，蕭軍在劫難逃。那年 7 月北京市文化局召開大會，批鬥「牛鬼蛇神」，被點名的一批老藝術家、老幹部被喝令站起來，當點到蕭軍的名字時，他坐著不動，因為他認為自己不是「牛鬼蛇神」，而是一個革命作家。有人出於好心，勸他站起來應付一下，否則恐吃眼前虧，也有人大聲命令他：「站起來，站起來！」蕭軍軟硬不吃，朗聲說道：「我不是『牛鬼蛇神』，幹嘛站起來？」革委會的某位主任就走到跟前，喝令道：「不站起來，就砸爛你的頭！」蕭軍巋然不動，說：「頭可斷，不能站！」然後就閉目養神起來，任憑周圍的口號山呼海嘯一般也不為所動。主持會議的小頭目，沒遇到過這種情況，又礙於蕭軍的大名，不敢輕舉妄動，只好給自己找臺階下，灰溜溜地說：「蕭軍是反共老手，他跑不了，下次再和他老帳新帳一起算。」散會後，蕭軍大踏步往外走，後面有人喊：「別讓蕭軍跑了。」蕭軍放慢腳步，回頭看是否有人追來，結果是誰也沒敢追來。在那次會上，蕭軍是唯一沒站起來的「牛鬼蛇神」，他的舉動捍衛了尊嚴，也狠挫了造反派頭頭不可一世的氣焰。

　　文革中，武鬥之風盛行，蕭軍這樣的文化人，想躲過這場劫難，絕不可能。1966 年 8 月，十幾個女紅衛兵批鬥北京市文化局的一些老藝術家，蕭軍身列其中。紅衛兵們把蕭軍按倒在地，又踢又打，蕭軍本想以死相拼，但他考慮對方都是些十四、五歲的孩子，是遭受矇騙才這樣做的，同時也考慮到一旦自己還擊，必將連累其他陪鬥者，結果只好束手挨打，他能做到的就是一聲不吭，絕不討饒。不久，蕭軍失去了人身自由，被關押在某幹校強制勞動，其間，還遭到各種形式的批鬥。勞動改造期間，蕭軍給幹校領導寫了封信，聲明：「如果誰敢對我作人身侮辱、人格侮辱，我將和他同歸於盡。」在蕭軍心裏，人格、尊嚴是和生命等價的，如若人格、尊嚴受到侮辱，他只能以死相拼了。士可殺，不可辱。在蕭軍言辭鏗鏘的嚴正聲明背後蘊涵著一種堅不可摧的人格力量。自此，蕭軍雖多次受到批判，但人身侮辱的事在他身上卻沒發生過。

　　書生自有嶙峋骨，不圖虛名不畏官。蕭軍就是這樣的書生，他正是憑著自己的骨氣和血性，抵抗對手的淫威，迎接人生的磨難。

　　蕭軍這輩子多災多難，解放後，他本想甩開膀子在文壇大幹一番，多寫幾篇精品，多留幾部著作，卻事與願違，被無故剝奪了創作的權利，浪費了才華，虛度了歲月。然而蕭軍並沒有因此而牢騷滿腹，抱怨連天。在蕭軍看來，只要祖國在前進，只要人民能安康，個人吃點苦受點氣，當然不值一提！對於腳下的熱土，身邊的祖國，他自始至終奉獻的一腔赤子之情。

　　蕭軍的兒子後來去了美國，每次和兒子通電話，他都勸兒子回國，說：「兒不嫌母醜，狗不嫌家貧。人不能沒有祖國！正因為咱們國家窮、落後，才更需要你們回來建設、改進！」說著，不覺老淚縱橫、語不成聲，正可謂：為什麼我的眼裏常含淚水，因為我對這土地愛得深沉！

蕭軍深知，是家鄉的父老鄉親養育了他，是祖國的青山綠水哺育了他，他沒有理由不深愛自己的祖國！

1981 年，蕭軍赴美參加一個紀念魯迅的學術會議。會後，有人勸他留在美國，說：「你在中國挨批挨鬥，受了那麼大的委屈，不如就留在美國別回去了。」蕭軍回答：「不，我生為中國人，死為中國鬼！美國再好是你的祖國，中國再窮是我的祖國，人不能沒有祖國，我們中國窮中國落後，還不是一百年以來世界列強侵略我們壓迫我們造成的嗎！外國再好我也不會當移民！」

有堅強的意志，能經受人生的各種苦難！有博大的胸懷，能化解個人的一切恩怨，有真誠的情愫，深愛祖國的一山一水、一草一木，這樣的人才是真正的漢子大寫的人！

在我眼中，「文壇俠客」蕭軍正是這樣的人！

胡風：「像人一樣活著」

詩人韓瀚曾寫過一首詩，謳歌革命烈士張志新，題目是〈重量〉：「她把帶血的頭顱／放在生命的天平上，／讓所有苟活者，／都失去了重量。」為了追求真理，張志新付出了年輕的生命，而文藝理論家胡風為了追求真理同樣付出了高昂的代價——二十四年鐵窗生涯。

追求真理，無所畏懼；身遭厄運，永不屈服。在我心目中，胡風就這樣的硬漢這樣的猛士。

「須學辛亥志士，勿忘庚子賠金」

胡風十五歲那年曾被幾個年輕人誘騙學會了賭博，結果是每賭必輸，後來他留了個心眼，悄悄觀察莊家的動作，才發現莊家擲色子時玩了花招。等他發現被騙再不想賭時，他已欠下一筆賭債。

賭債也是債，必須還。他沒錢，也不敢問家裏要。那段時間，胡風一直膽戰心驚，寢食不寧。一次，他看到四弟用細鐵絲從父親的錢櫃裏掏錢，居然掏著了。猶豫了幾天，他也採用了同樣的辦法偷出錢，還了賭債。賭債清了，但胡風心裏並不輕鬆，他自責、內疚、羞愧！想到自己短短幾個月既學會了賭也學會了偷，他真有無地自容之感。一天夜裏，他想到自己的劣行，徹夜難眠。半夜裏，他起床找來一根針，在臂上刺了一個銅錢大的「志」字。胳臂雖然很疼，但內心的愧疚和痛苦卻減輕不少。此後，他經常挽起袖子看看這個「志」，以提醒自己永遠不賭不偷，做一個堂堂正正的人。

在後來的人生裏，這個「志」字幫他抵擋了很多誘惑，也讓他戰勝了很多怯懦和挫折。他的人生由此發生了根本性的轉折。如果說此前他還是個渾渾噩噩，未諳世事的懵懂少年，此後，他則成了一個目標遠大、奮發進取的有為青年。

刺字立「志」後，胡風在學堂裏拼命用功，準備報考更好的中學，繼續求學。寒假前，國文老師要他對對子，上聯是：六管筼灰更鳳律，胡風想了一會，對道：滿城桃李屬麟崗。胡風的對子顯露了其高遠的目標，說明他已不滿足於成為麟崗這個小地方的桃李了，而想成為展翅遠遊的大鵬了。

1920 年，胡風就學的小縣城還很閉塞，但五四運動的餘波也傳到了這裏。1920 年的 5 月 9 日，胡風所在的學校一些學生，扛著大旗，浩浩蕩蕩走出校門，組織遊行宣傳活動。他們高呼著「廢除二十一條」「打倒日本帝國主義」等口號，宣傳抗日和愛國。學生們的此次遊行受到工人和農民的歡迎，但學校對他們的愛國行為十分不滿，校長召開會議，對學生進行了嚴厲的訓話。校長還在門口貼了一幅對聯：「須學曾三顏四，勿忘禹寸陶分。」胡風看到這個對聯，不以為然，就在旁邊寫了另一幅對聯：「須學辛亥志士，勿忘庚子賠金」。表達了自己的愛國激情。校長火了，揚言要嚴懲胡風。而胡風因不堪學校的沉悶空氣，也無心再讀下去了。胡風報考了高級中學，踏上了新的征程。

「我沒有做過的事絕不能承認」。

1952 年 5 月是毛澤東〈講話〉發表十周年，胡風重讀〈講話〉，按自己的理解，寫了一萬多字的紀念文章〈學習，為了實踐〉。文章寫完，上海的報紙不敢登，稿子被送到北京審閱。

　　胡風的文章發不了，《長江日報》卻發表了舒蕪貌似檢討自己，實則嫁禍他人的文章〈從頭學習「在延安文藝座談會上的講話」〉。十幾天後，《人民日報》轉載該文時加了一段編者按語：「……作者在這裏所提到的他的論文〈論主觀〉，於 1945 年發表在重慶的一個文藝刊物《希望》上。這個刊物是以胡風為首的一個文藝上的小集團辦的。他們在文藝創作上，片面地誇大『主觀精神』的作用，追求所謂『生命力的擴張』，而實際上否認了革命實踐和思想改造的意義。這是一種實質上屬於資產階級、小資產階級的個人主義的文藝思想。……」

　　可以說，這篇按語定下了批判胡風的基調。胡風看到舒蕪這篇文章後，並不感到意外。他在給朋友的信中，一針見血地指出：「他是想用別人的血洗自己的手了」。那段時間，胡風聽了很多作家的自我批判，也洞悉了舒蕪「嫁禍於人」的手法委實高明，但他不想向這種喪失原則的人學習、靠攏。他對妻子說：「一切都可以慷慨放棄。但有關文藝創作方面的問題，不能隨隨便便，順水推舟，說幾句時髦的話，把自己全盤否定，以求得順利過關，活下去。」

　　有些人，為了活的滋潤，不惜放棄原則，甚至喪失人格和尊嚴，以換取一張步入仕途的「通行證」，如舒蕪；而有些人，則為了堅守原則，捍衛尊嚴，寧可活的艱難，這樣的人，雖然註定坎坷，但卻會給後人留下盪氣迴腸的「墓誌銘」。我以為，胡風正是這樣的人。

　　1965 年 4 月，在被關押了長達十年後，胡風在獄中第一次和闊別十年的妻子梅志見面。妻子勸他說：「你可以檢查一下唯心主義的文藝思想，這大約是主要的問題。」胡風聽了，長歎一聲：「關於這方面，你最好別過問。這個死結不是我所能解開的！我已經盡了最大的努力。就算是文藝思想有錯，那也是認識問題，不是政治問題。」

　　後來，胡風看到女兒曉風給他的一封信也大為不滿，因為曉風在信上要他向溥儀學習，爭取特赦。為此，胡風對前來探望自己的妻子梅志大發脾氣：「什麼話，要我向溥儀學習！要我向這專靠剝削人民過著腐朽沒落生活的封建皇帝學習！政府幫助他改造成新人，是黨和人民的寬大。我能和他一樣全部否定自己？我學習馬列主義，一心跟黨走，一心想為黨做點有用的工作，這也錯了嗎？我何嘗不知道大帽子底下過關，但那是對黨對人民的不負責任，對自己的不負責任，我沒有做過的事絕不能承認，做了的是否全錯了也不是一句話能說得清的。我還得用大量時間學習馬列主義，深入實踐，才能得出結論。這不是關在獨身牢房所能辦到的，這能怪我嗎？……」

　　明知道低頭認「罪」，給自己扣頂莫須有的大帽子，就可以過關，甚至可以出獄，但胡風就是死不認錯，「頑抗」到底，即使面對女兒和妻子的輪番勸說，他也不為所動。對於信奉「識時務者為俊傑」的「智者」而言，胡風此舉可謂「固執加迂闊」到了不可理喻的地步，但胡風這樣做，卻表明了他對真理的執著追求：「我學習馬列主義，一心跟黨走，一心想為黨做點有用的工作，這也錯了嗎？」；也表明了他對做人準則的頑強堅守：「我沒有做過的事絕不能承認」。

「肩住黑暗的閘門，放他們到寬闊光明的地方去。」

　　晚年的魯迅，是非常欣賞、信任胡風的，在其名篇〈答徐懋庸並關於抗日民族統一戰線問題〉中，魯迅寫了這樣一段文字：

　　　「……去年的有一天，一位名人約我談話了，到得那裏，卻見駛來一輛汽車，從中跳出四條漢子：田漢、周起應，還有另兩個，

一律洋服，態度軒昂，說是特來通知我：胡風乃是內奸，官方派來的。我問憑據，則說是得自轉向以後的穆木天口中。轉向者的言談，到左聯便奉為聖旨，這真使我口呆目瞪。再經過幾度回答之後，我的回答是：證據薄弱之極，我不相信！……同時，我也看人：即使胡風不可信，但對我自己這人，我自己總還可以相信的，我就並沒有經胡風向南京講條件的事。因此，我倒明白了胡風梗直，易於招怨，是可接近的，而對於周起應之類，輕易誣人的青年，反而懷疑以至憎惡起來了。……胡風也自有他的缺點：神經質、繁瑣，以及在理論上的有些拘泥的傾向，文字的不肯大眾化，但他明明是有為的青年，他沒有參加過任何反對抗日運動或反對過統一戰線……」

胡風看了魯迅這段文字，十分感動。因為他從魯迅的文字裏感受到一種愛，一種溫暖，一種可貴的信任。而胡風對魯迅也一直執弟子禮甚恭。魯迅活著時，胡風追隨左右，盡心盡力；魯迅去世後，每年的魯迅逝世紀念會，他都會撰寫紀念文章並主持各種形式的紀念會。

魯迅的言傳身教，魯迅的耳濡目染，使胡風深受教益，他的言行舉止無形中受到魯迅的很大影響。魯迅生前一直扶助、支持青年作者，胡風受此影響，也注意發現文學新人，悉心培育青年作家。阿壟，賈植芳，路翎都是經他發掘而走上文壇的新星。難怪人們一再說，胡風是魯迅的真正弟子。

當胡風預料到自己有可能被捕入獄時，他最先想到的是不能連累那些年輕人，於是，他冒著巨大的風險，燒掉了張中曉給他的幾封信，因為張中曉有病、無業，根本經不住打擊。儘管胡風的願望沒能實現（張中曉後來還是沒能脫掉干係，被迫害致死），但胡風已盡了最大的努力。

魯迅曾教育人們，做長輩就應該：「肩住黑暗的閘門，放他們到寬闊光明的地方去。」可以說，胡風是努力朝這個方向去做的。

1965 年，胡風被判刑後獲准回家住一段時間，在被關押十年後，胡風終於能和家人團圓了，儘管是短暫的。

元旦的晚上，大家吃完晚餐，坐在桌旁聊天。胡風讓女兒找來《魯迅全集》，翻到有島武郎的〈與幼小者〉，指著一段，讓女兒念：「我愛過你們了，並且永遠愛你們。這並非因為想從你們得到為父的報酬，所以這樣說。我對於教給我愛你們的你們，唯一的要求，只在收受了我的感謝罷了。養育到你們成了一個成人的時候，我也許已經死亡；也許還在拚命的做事；也許衰老到全無用處了，然而無論在哪一種情形，你們所不可不助的，卻並不是我。你們的清新的力，是萬不可為垂暮的我輩之流所拖累的。最好是像那吃盡了斃掉的親，貯起力量來的獅兒一般，使勁的奮然的掉開了我，進向人生去。」

看來，胡風終生都在實踐著魯迅的思想，哪怕是遭受了命運殘酷的打擊，哪怕在獄中。

「損人利己的事，我不幹」

1966 年，周揚被打成所謂的「黑幫」。我們知道，胡風和周揚可以說是一對「老冤家」，二十世紀三〇年代，他們倆之間就發生過激烈的論戰，解放初期，周揚大權在握，正是他發表於 1954 年 12 月 10 日《人民日報》頭版的那篇〈我們必須戰鬥〉，拉開了批判胡風的序幕。事實上，胡風的所謂「黑材料」，有很多就是經周揚之手「整」出來。當時的公安廳負責同志當然知道胡風和周揚之間的「過節」，就找胡風談話，要他寫材料揭發周揚。胡風卻支支吾吾，不肯答應。他對妻子梅志吐露

了自己的看法：「不管報上說得怎樣嚇死人，我應該有我自己的看法，絕不違心地說別人的壞話或好話，是怎樣就怎樣說。今天，周揚雖然被拎出來示眾了，但我連拍手稱快的心情都沒有。文藝理論，尤其是整個文藝界的問題，可是一個嚴肅的問題，必須做過細的工作，展開自由、廣泛的討論，而不是像這樣靠大批判能得到結論的。像這樣批周揚他們，是言過其實的，難以服人。」

為了應付差事，胡風就寫了一首〈水調歌頭〉權當所謂的「思想彙報」，梅志看了覺得不妥，就提醒他：「用它當一個月的思想彙報，人家會罵你老頑固，故意搪塞。你不僅要有應有的歌頌，更主要的是要你揭發已經揪出來的『黑幫』，罵上幾句都可以，這才算是有進步。」

胡風卻態度堅決地回答：「這個我辦不到。他們可以昧著良心將我判刑，我可不能給他們胡亂編造。我被判的罪名之一是『企圖篡奪文藝領導權』，『陰謀顛覆人民民主專政』。當時，我甚至都不想問，我有這麼大能耐嗎？你知道，我是雙手將意見書送呈給中央的。……後來，審判我說我交的是為中央定製的炸彈。這不更可笑了嗎？我再愚笨無知，也不會蠢到這地步吧。『欲加之罪，何患無詞』，所以，對周揚他們一定還有許多我們想不到的罪名。我和他是三〇年代的同事，後又成為反對者，所以一再想說服我，當個積極分子，趕潮流。這我辦不到，不要說我知之甚少，就是知道的這點，也不上升為揭發材料。我絕不向有些人學習，這是喪失黨性，損人利己的事，我不幹！」

本來，寫材料揭發周揚，對胡風來說可謂一石三鳥的美差——既可公報私仇，也可討好上級，還能立功減刑。可胡風為了做到問心無愧，為了堅守自己「損人利己的事，我不幹」的做人原則，寧可得罪上級，罪加一等，也絕不「胡編亂造」。對周揚不僅沒落井下石，反而為他鳴不平。如此以德報怨，如此堅守原則，足以讓那些虛偽、勢利之輩

為之汗顏為之羞愧為之反省。胡風的人格何其偉岸，其品德又何其高潔，真可謂高山仰止，景行行止。作為凡夫俗子的我們，雖身不能至，但至少可以心嚮往之。

「我不會趁風轉舵趕時髦。」

在四川服刑期間，一天，看管的人拿來一張報紙給他看。報上登的是姚文元的文章〈評反革命兩面派周揚〉。胡風看了姚文元的文章，很生氣，他對妻子梅志說：「他想用這種惡霸口氣把我同周揚連在一起，他想一板斧砍兩個……真是豈有此理！」

看管胡風的人特意問他：「你讀過姚文元同志這篇文章了吧，有什麼感想？」

胡風答：「讀了，不過沒什麼感想。有許多地方不符合事實，我不便說。」

對方說：「沒關係，說說你的看法嘛。你應該重視這篇文章，姚文元可是代表黨中央的。」

胡風提高聲音說：「我不認為他這看法代表中央，因為這種說法不公道，不符合黨的實事求是的精神。他怎麼去評周揚我不管，但他硬將周揚和我拉在一起，什麼『一丘之貉』，這種說法我不能接受……反周揚是我被判刑的罪名之一。他文章中所引的『斷句』，說周揚早就在運用我的文藝觀點，那與我無關……」

對方見胡風侃侃而談，忙打斷他說：「通過這次文化大革命，通過姚文元的文章，你對你自己的文藝觀點也應該有了新的看法，也應該有所進步吧。」

　　胡風說：「不，我理解不了，我不會趁風轉舵趕時髦。我還是那句老話，我願意老老實實服刑，絕不再談文藝問題。除非中央命令我說明我的文藝理論觀點，我絕對不寫一個字，不說一句話。」

　　胡風鏗鏘的話語把那位「看管」嚇得半天說不出話，只得悻悻然走了。而胡風的氣卻未全消，他對梅志說：「你看怎麼辦，步步緊逼呀！在成都就一再要我表態，我沒能如他們的願，今天又用姚文元來進攻了。再判我十四年，我也不會向姚文元這類拉虎皮當大旗的人低頭投降的。他想達到一箭雙雕，真是作白日夢，休想！想不到一代不如一代，這哪里是講文藝思想，簡直是胡說八道！想不到姚蓬子的兒子居然評起周揚來了！……」

　　在假話流行，真話絕跡的年代，胡風這番話如同空谷足音。不過，這樣的鏗鏘之語，竟出自一個階下人之口，不能不令人深思。

　　說假話可以飛黃騰達，說真話則有滅頂之災，在這種情況下，胡風選擇說真話，自然也選擇了悲劇性的人生。不趨炎附勢，不見風使舵，寧可牢底坐穿也不說半句假話，為了心中的真理，為了做人的尊嚴，如此毅然決然，如此九死無悔，這種精神，幾成絕響，也就更加彌足珍貴！

「像人一樣活著。」

　　即使身陷囹圄，即使身為犯人，如果事關真理和人格，胡風仍然會以死相爭。

　　胡風被捕後，一次被審時，由於一直沒能從胡風口中得到想要的東西，提審員急了，罵了一句：「狗的嗅覺還不靈敏！」胡風立即回敬了一句：「你才是狗！」提審員沒料到胡風敢回罵，一時間竟目瞪口呆，等醒過神來，惱羞成怒的他讓人拿來一副手銬將胡風銬上。回牢房後，

胡風很平靜，儘管帶上手銬很難受，但胡風心裏很坦然。士可殺不可辱，胡風想，自己雖為階下囚，但做人的尊嚴不能丟！

當北京市高級人民法院於 1965 年 11 月 26 日當庭判決胡風有期徒刑十四年後，胡風則寫下「心安理不得」以示不服和抗議。

胡風在四川「監外執行」時，一天，當地的一位處長來「教育」胡風：「你老張──胡風原名張光人（筆者注），到這裏已快三個月了，進步可很慢啊！你應該積極爭取進步，爭取減刑啊！」他的命令口氣讓胡風很反感，胡風就反問道：「你說我應該怎樣爭取？」那位處長說：「認罪服法嘛，我們坦白從寬、立功受獎的政策，你是知道的嘛！」胡風頂撞道：「我認識不到自己的罪，我也沒什麼可以立功的。」處長聽了大為光火，說：「你，你，你可真頑固啊，不聽管教。」胡風也火了，說：「我怎麼頑固了？我不是老老實實地在服法嘛！」那位處長惱羞成怒，破口大罵道：「你他媽的！老老實實？你還心安理不得呢！」胡風聞言，呼的一下站起，雙手氣得直打顫，他指著那位處長說：「怎麼，你罵人？我頑固，你可以槍斃我，怎麼可以罵人！」那位處長被胡風的氣勢所震懾，灰溜溜的跑了。

在胡風，事關人格、尊嚴，必須以死抗爭、絕不退縮；這就是胡風做人的原則和境界。

兒時讀過魯迅先生的〈聰明人和傻子和奴才〉，頗受教益。現在重讀這篇文章，覺得它仍具極強烈的現實意義。在我看來，胡風就是那個真誠坦蕩、敢說敢做的「傻子」──嫉惡如仇、勇於抗爭，不惜以卵擊石。

評論家李輝在一篇談及胡風的文章中寫道：「我們常常感歎道德的喪失。可是，最令人痛心的而又難以彌補的不就是對做人準則的破壞

嗎？當大聲疾呼道德重建時，將做人——做一個真正的人——放在首位絕不僅僅是一種歷史的反思，更應是對現實人格的重構。不因一己利益的得失，不因仕途或者某種特別需要而扭曲自己，像一個真正的人一樣生活，這才是最為重要的。……魯迅在胡風心目中是一個神聖的存在。……更為重要的是，魯迅對於他，是人生最高境界的化身，是一個偉大人格的昭示。胡風當然非常清楚，無人能夠達到魯迅那種境界，但是，精神的感染，卻時時存在，永遠不會淡漠。我們不難發現，與魯迅關係密切，受到魯迅關心和愛護的一些人，在後來的日子裏，總是無形之中在將魯迅作為自己人生的嚮導，在不同程度上折射出魯迅的不同側面。……他們也從來沒有失去做人的原則，沒有讓種種惡習蠶食靈魂。風雨中，挺立起來的，還是大寫的人。」

胡風歷經磨難，九死一生，不就是為了做一個大寫的人嗎？

近日閒讀，看到這樣一段文字深合我心，抄錄如下：「任何永恆的東西都具有神性。你可以戲弄現實，但你不可以戲弄永恆。這個永恆不是別的，正是規定著、制約著、也創造著多少不同族群、不同宗教、不同時空的人類還能像人一樣活著，並且期待活得更美好、更豐富也更真實的那些——人性深處的基本元素；以及，由它所積聚、所昇華出來的超越俗事利害的奇異力量。」

我以為，任何時候，「像人一樣活著」，都應該是我們誓死捍衛的做人準則，是我們前仆後繼的奮鬥目標。

致命的「誤讀」
——對胡風集團冤案的一點思考

胡風是二十世紀中國最具悲劇色彩的知識份子，胡風集團冤案是二十世紀中國文化領域最大的冤案。有人認為，舒蕪關鍵時刻的「反戈一擊」導致了冤獄的最終發生，晚年的舒蕪在「口述自傳」中對此有清醒的認識：

> 「由我的〈關於胡風的宗派主義〉，一改再改三改而成了〈關於胡風反革命集團的一些材料〉，雖非始料所及，但是它導致了那樣一大冤獄，那麼多人受到迫害，妻離子散，家破人亡，乃至失智發狂，各式慘死，其中包括了我青年時期的幾乎全部的好友，特別是一貫挈我掖我教我望我的胡風，我對他們的苦難，有我應付的一份沉重責任。」[1]

儘管對冤獄的最終形成，舒蕪負有不可推諉的責任，但我認為，倘若胡風對上層的意圖沒有發生一而再再而三的「誤讀」，這場悲劇說不定可以避免，至少存在著這種可能。雖說胡風自己即使在 1955 年沒有被打成反革命，以他的性格和脾氣也一定難逃「反右」、「文革」兩大劫，但作為集團的冤獄也許不會發生。

「他們對無恥向有懷疑。」

1952 年，《長江日報》發表了舒蕪的文章〈從頭學習「在延安文藝座談會上的講話」〉。這篇文章讓胡風十分震怒，因為舒蕪在此文中不僅

徹底否定了自己，且自命為路翎等人的同道，向他們發出號召：「但是，我想，從今天起，從頭開始，再來學習，還是來得及的。並且，我希望路翎和其他幾個人，也要趕快投身於群眾的實際鬥爭中，第一步為自己創造理解這個檔的起碼條件，進一步掌握這個武器。……」[2]

一開始，胡風在得知舒蕪寫了此文後，雖很憤怒，但也給予了一定程度的理解。在給妻子梅志的信中，胡風寫道：

> 「剛才得守梅自漢口來信，說方管寫文章否定他過去，而且把我們也否定在內，那就是以出賣我們來陪他的意思。綠原、曾卓都氣憤得很。你看，這小書生，就這麼經不起，露出尾巴來了。我和嗣興都很坦然，只覺得他本來會有這一結果的。然而，居然走到了這一結果，一方面是他自己的事，一方面是這個文壇底壓力底罪過。」[3]

你看，胡風雖然憤怒，雖然鄙視舒蕪的膽怯、懦弱，但多少還有一點體諒，也就是把舒蕪的屈服，部分歸咎於「這個文壇底壓力底罪過」。胡風此時為何能這樣冷靜這樣大度呢？因為他覺得舒蕪不過是一個小角色，興不起風作不成浪，寫這樣一篇自我否定的文章，除了暴露自己的卑怯，不會有多大的作用，對他胡風的處境和文壇上的地位都構不成威脅。然而後來不久，他收到周恩來的一封信，這才知道，舒蕪的這篇文章，給高層留下了很深也很好的印象，而他胡風則因此完全陷入被動，這樣一來，他對舒蕪那一點的體諒也就蕩然無存了，剩下的全是義憤填膺了。

周恩來的信是由周揚轉交給胡風的。信中寫道：

> 「5 月 4 日你給我的來信和附件均收閱。現知你已來京，但我正在忙碌中，一時無法接談。望你與周揚、丁玲等同志先行接洽，

如能對你的文藝思想和生活態度作一檢討，最好不過，並也可以如你所說結束二十年來的『不安情況』。舒蕪的檢討文章，我特地讀了一遍，望你能好好讀它幾遍。」[4]

解放後，胡風一直滯留在北京，多次想約見周恩來，因為周是最關心最瞭解他的人。胡風相信，有了周恩來這張王牌，他完全可以突破周揚、馮雪峰等人對自己的封鎖。那一階段，胡風一直拒絕檢討，因為他認為周恩來是瞭解自己對黨對人民的一片赤忱，所以，他非常渴望和周作一次長談。可以說，正是因為對周恩來報有很大的希望，胡風才敢於要求和周揚、馮雪峰等人作公開的大範圍的討論──正如他在信中所說：「總之，我表示了破釜沉舟的意思。要麼，公開論戰，要麼，一聲不響。總之，最後是改行或沉下去不響。我拋了出去，要他們考慮。」然而，這次周恩來來信，要他多讀舒蕪的文章，意思再明顯不過，也就是要他胡風向舒蕪看齊──全面、徹底否定自己。胡風的計畫完全被舒蕪這篇文章攪亂，更難堪的是，即使是出於應付，他也不得不違心地寫檢討了。本來，周總理是他胡風的「後盾」，而由於舒蕪反戈一擊，周總理站到了周揚們那一邊。可以說，舒蕪的半路殺出，「臨陣倒戈」，粉碎了胡風最後的幻想，瓦解了他所有的努力。這時候的胡風，對舒蕪恨之入骨也就不難理解了。

等到舒蕪再接再厲寫出〈致路翎公開信〉，胡風對舒蕪的憤怒達到極點，此後，胡風在書信裡再也不提舒蕪的名字，而是用「無恥」一詞指代他，在給梅志的信裡，胡風對舒蕪破口大罵：

「他的公開信，那個《報》，下期要發表了。裡面明打嗣興（路翎），暗殺我，造謠污蔑，陰毒得近乎畜生。最最無恥的是：說

〈論主觀〉是和嗣興『合作』寫出來的。還有其他的他的論點，
也是說從嗣興得來的。把自己說成一個受了毒害的人了。……」[5]

舒蕪在文章裡徹底否定自己，全面投降，放棄抗爭，說明他確實是
一個善於並勇於見風使舵的人，其人格讓人不敢恭維。但問題是，在當
時的情況下，舒蕪不如此也就過不了關。胡風說舒蕪是「想用別人的血
洗自己的手」，恐怕是過激之詞。因為舒蕪要全面否定自己，當然要牽
扯到胡風和路翎。如果胡風明智一點，聰明一點，他應該能從舒蕪的文
章學到一點「防身之術」，那就是只有全面否定自己，才有可能找到出
路。事實上，一個不願全面否定自己的知識份子，在解放後的歷次運動
中都很難過關，而胡風就是一個不願全面否定自己的人。梅志《胡風傳》
裡有這樣一段話：

「他雖然聽了這麼多作家的檢討發言，又有舒蕪『嫁禍於人』的
高明做法，按說應該有所啟發和借鑒了吧。但他還是認為，一切
都可以慷慨放棄，唯有有關文藝創作方面的問題，絕不能輕率地
來個順水推舟，說上幾句時髦話，全盤否定自己，以達到順利過
關『活下去』的目的。」[6]

胡風的堅定、不屈固然令人尊敬，但在當時，這樣不肯趕時髦，不
肯否定自己的文藝觀（尤其是這一文藝觀與毛澤東〈在延安文藝座談會
上的講話〉相衝突）的人，必然會被打入另冊。

胡風可以不效仿舒蕪「見風使舵」的做法，但他至少應該對舒蕪的
「全面否定自己」持一種「理解之同情」──因為，在我看來，舒蕪那
樣做更多是出於無奈，想「逃生」，只好否定自己作踐自己了。換句話
說，舒蕪這樣做，是為了自救，而不是想和胡風過不去。

另外，當時文藝界領導胡喬木、林默涵對舒蕪的態度也十分曖昧，這使得胡風錯誤地認為，上層不會重視舒蕪的「反戈一擊」的。

在給梅志的信裡，胡風這樣說：

> 「無恥公開信發表了。我還沒有看到，回頭就可以看到了。……。昨天，林副長（指林默涵）來約到公園談了五個鐘頭。明白了：他們對無恥向有懷疑，有的說是從延安出來的；劉鄧大軍過後他從家鄉『逃』出來的事，他們也曉得，大概還成為懷疑根據之一；到底是否叛徒，說還不明白，也就是不願現在就公開；說絕不會受他的挑撥，木字領導（指胡喬木），請我放心云。又說，路有貢獻，而無恥只有錯誤，基本上不同云。」[7]

從以上文字可看出，胡風認為文藝界領導對舒蕪並不信任，所以，胡風懸起的心又放下一半，在他看來，倘若舒蕪有歷史問題，那高層領導可能要重新考慮舒蕪的「反戈一擊」，這樣，他胡風的處境恐怕又有了峰迴路轉的可能。於是，對背叛了自己的舒蕪，胡風不僅憤怒而且極為輕蔑。正因為胡風對舒蕪極為憤怒且輕蔑，才發生了下面這不該發生的一幕。我認為，胡風的悲劇與這一幕有很大的關聯。

1954 年夏天，舒蕪、聶紺弩、何劍熏在北京一家餐廳吃飯。飯後，聶紺弩提議去看胡風。結果，胡風看到他們後，立即對聶紺弩說：「老聶，你也事先不通知一聲，什麼人都往我這裡帶。我這裡，不是那些混帳東西可以來的。」舒蕪被罵出來後，恨恨地對聶紺弩說：「他別厲害，我手裡還有他的信呢！」聶一聽，嚇得趕忙說：「那可不能啊！」[8]

舒蕪將胡風私人信件上交的行為不能讓人原諒。但倘若胡風沒有當面斥罵舒蕪，我想他或許不至於做出這一越過了道德底線的行為。人有臉，樹有皮，被胡風當眾斥罵，舒蕪惱羞成怒，做出了最不該做的事。

胡風太憤怒了，他認為舒蕪的檢討就是對他胡風的背叛，所以在書信裡一再痛斥他；胡風太自信了，他認為上層並不信任舒蕪，所以當眾毫無顧忌地將其臭罵一通，結果引火焚身。

在交出胡風私人信件之前，舒蕪的檢討行為還屬於自救，胡風不該以如此激烈的語言當眾斥罵他。胡風自己可以堅持原則，不放棄自己的文藝觀，但他不能要求別人也和他一樣做「殉道者」。不管怎麼說，胡風都不該在那個風聲鶴唳的時候激怒舒蕪，從而讓對方做出喪失理智和良知的「交信」行為。在我看來，舒蕪的這一行為，正是壓死駱駝的最後一根稻草。

「1955 年 4 月 15 日，父親向中央交出了他的第三稿〈我的自我批判〉，希望能得到中央的認可。可是，形勢在急劇地變化著。就在 4 月 3 日，潘漢年被捕了，而在這之前，揚帆就已被捕。『潘揚反革命集團案』浮出水面，由於胡風過去與潘漢年的關係，對胡風的鬥爭自然也必須升級了。舒蕪審時度勢，向前邁出了決定性的一步，成為時代所需要的『起義英雄』。這就是署名舒蕪的〈關於胡風小集團的一些材料〉的出臺。」[9] 這篇文章的按語出自毛澤東筆下，他老人家一錘定音給「胡風事件」下了結論：「從舒蕪文章所揭露的材料，讀者可以看出，胡風和他所領導的反黨反人民的文藝集團是怎樣老早就敵對、仇視和痛恨中國共產黨和非黨的進步作家。」

倘若沒有舒蕪所揭發的這批材料（私人信件），對胡風的鬥爭即使升級，也不會上升到「反黨反人民的文藝集團」的高度，至少不會牽扯到那麼多的人，釀成那麼大的悲劇。

忍一時，風平浪靜；退一步，海闊天寬。如果胡風能把對舒蕪的憤怒埋在心裡，或者對其「檢討」持「理解之同情」，不當面斥罵他，那多少人的歷史或將改寫。

　　歷史充滿了偶然性，充滿了這樣詭譎的玄機。

「他才意識到中央的態度並非如他所想。」

　　胡風的文藝觀與毛澤東〈在延安文藝座談會上的講話〉有相衝突之處，胡風不承認自己「反對」〈講話〉，但也不肯完全接受〈講話〉，所以，他一直在為自己的文藝觀辯解，認為自己的文藝觀和〈講話〉是貌離神合，他和蔡儀辯，和喬冠華辯，最後是和周揚、林默涵辯，而爭辯的對手都是意識形態官員，基本上都代表官方立場，這樣一來，胡風的爭辯只能以失敗而告終，且給人留下「不接受批評」「頑固到底」等不良印象。晚年的胡風意識到自己對〈講話〉的態度是不對的，但為時已晚，悲劇已發生，一切已不可更改。

　　1943 年，馮乃超在重慶鄉下召開了一次小型座談會，學習毛主席的〈在延安文藝座談會上的講話〉，會上，胡風和蔡儀發生了爭論。胡風在晚年撰寫的《回憶錄》裡寫到了這件事。

　　「在鄉下，我參加了文工會召開的業務會議，共三天。似乎也正是在這個時候，乃超在鄉下召開了一次小型的座談會，是為了學習毛主席〈在延安文藝座談會上的講話〉的。那時，這著作已傳到了重慶，我們很多人都看到了。乃超約了十來個人，除他和我外，記得有蔡儀，其他人就不清楚了。好像是，一開頭就涉及到了培養工農兵作家的問題。要我說話，我就提出了毛主席指示的『根據地文藝工作者和國民黨統治區文藝工作者的環境和任務的區別』：我們在國民黨統治下面的任務應該是怎樣和國民黨的反動政策和反動文藝以至反動社會實際進行鬥爭，還不是，也不可能是培養工農兵作家。蔡儀不同意我的意見，他舉出的例子是：文工會有一個勤務兵就被提升為少尉副官（他的家庭出身是破落

小地主，念過幾年書，就讓他當了文書）。他的意思是，在國民黨統治下培養工農兵作家是做得到的。問題討論不下去了，大家只好隨便談了談，不了了之。以後沒有再為此開過會。

這個會當然是要看看大家對這部著作的認識和態度的。相比之下，我的態度就差多了。連蔡儀都還能舉出勤務兵提升為副官的例子，我卻用『環境和任務的區別』這一條說明了在國統區寫工農兵為工農兵的困難性，一點也不懂得應該對此採取完全的擁護態度。我實話實說，結果，鄉下的會不再開了，後來城裡的文工會或曾家岩也許為此開過會，也沒邀請我參加。我自以為理解了主席對國統區特殊情況的原則，反映了當時的真實情況，而忽略了其他幾個原則問題，如思想改造問題，普及與提高問題等。雖然在當時，我認為在國統區是無法解決某些問題的，但我至少應該從我對黨的態度和關係出發表表態吧。我卻沒有這樣做，依然停在舊知識份子獨行其『是』的老路上。這樣，解放後就正式判定我為反對〈講話〉了。」[10]

胡風在晚年承認自己對〈講話〉的態度和別人相比，「差多了」，「一點也不懂得應該對此採取完全的擁護態度」、「依然停在舊知識份子獨行其『是』的老路上。」胡風坐了二十多年的牢，痛定思痛，終於意識自己對〈講話〉的態度錯了，然而無論是在 1943 年的重慶還是在 1949 年後的北京，胡風都不肯承認這一點。正如梅志在《胡風傳》裡說的那樣，對〈講話〉，胡風一直「不是當作黨內文件來學習，而是作為一種文藝觀點來體會的。」[11]對胡風的錯誤，周恩來看得很清楚，他在 1945 年曾給胡風兩點忠告：「一是，理論問題只有毛主席的教導才是正確的；二是，要改變對黨的態度。」周恩來確實很關心胡風，所以才這麼苦口婆心地勸戒他：在理論上不要堅持自己的觀點了，要無條件接受〈講話〉；不要和代表黨的意識形態官員進行爭辯。遺憾的是，這兩點，胡

風都沒做到，他既沒有把〈講話〉當作黨的文件來學習來貫徹執行，也一再不買意識形態官員們如周揚、馮雪峰、林默涵等人的帳，不承認他們是權威，不服他們的管，不接受他們的批評。

　　胡風太自信了，他總認為自己掌握的才是真正的馬克思主義文藝理論，周揚等人的文藝觀則是反馬克思的。他認為上層批評自己、冷落自己完全出於誤會，出於被周揚等人的蒙蔽，所以，解放後，他一直「企圖通過高層對話來超越周揚、馮雪峰等人」，關於這一點，陳思和先生的闡述十分清楚、準確：

　　「當然，胡風在抗戰中仍然得到了中共領導的支持，他主編的《七月》也仍然發揮了重要作用。但胡風始終沒有意識到自己的異端角色已被派定，他的不斷把自己看作是馬克思主義文藝理論的正確方向的努力和幻想，註定將得到極為痛苦的挫敗與打擊。從另一方面說，我們也沒有足夠的材料證明，中共領導一開始就把胡風放在敵對的位置上，確實是沒有的，否則就不能解釋周恩來多次從資金上支持胡風辦刊物。中共黨組織在四〇年代末發起對胡風文藝思想的有意識的批判，很清楚是為了提醒胡風要意識到自己的異端立場，暗示他這是一種錯誤，但並沒有把他一棍子打死的意圖。新政權成立後，有關方面多次想安排胡風從事具體工作，但必須是在他人（周揚、丁玲、馮雪峰等『黨』的化身）的領導監督之下工作，希望他在實際工作中逐步改變自己的異端立場，在黨的規範下發揮自己的作用。但胡風壓根就沒有意識到高層領導的這一個意圖，所以他才會一次次拒絕接受新政權對他的具體工作安排，而不厭其煩地要求直接與周恩來胡喬木等人『約談』，其實他是企圖通過高層對話來超越周揚、馮雪峰等人，讓最高當局直接瞭解他所掌握的馬克思主義的文藝理論的正確與能量，以便讓他發揮真正的『戰鬥』作用。」（曉風選編《胡風家書》序言）

　　胡風不承認自己文藝思想有什麼錯，但他承認自己人事關係處得很糟，他認為，胡喬木、周揚、馮雪峰之所以要批判自己，要自己檢討，不過是想殺一下自己的威風，但又不好明說，只好從自己的文藝思想方面下手。在給梅志的信裡，他談到了這一點：

> 「……還有，對我過去沒有處好人事，說了很多。不用說，是一個人事問題。但誰也不肯承認是人事問題。就是如此。上次談話中，他（指陳家康──筆者注）說，你向來批評人，現在就是要你也認一次錯。也就是所謂拿下架子的問題。這次不這樣明說了，改成了尊重毛澤東思想，檢查自己，是一件好事，云云。」[12]

　　在胡風看來，要自己檢討，是那些曾被自己批評過的人（周揚等）想報復自己，讓自己也嚐一嚐被批評、作檢討的滋味，所以，對於他們，胡風不獨鄙夷其虛偽（不敢實話實說，而是口是心非），也藐視其力量（既然自己根正苗紅，又何懼其上竄下跳）。

　　正因為錯誤地懷疑周揚等人的權威性，正因為錯誤地認為高層領導能夠體察自己的忠心耿耿，正因為錯誤地判斷是周揚等人從中作梗使上層對自己的文藝思想有了不良的看法，胡風產生了向中央高層彙報文藝界真實情況的想法，再加上對當時「七屆四中全會公報」的「誤讀」，促使他橫下一條心，寫出了洋洋二十八萬言的《關於解放以來的文藝實踐情況的報告》（俗稱「三十萬言書」），一方面是表自己的忠心，另一方面也是告周揚等人的「御狀」。

　　梅志《胡風傳》裡這段話證明了這一點：

> 「正在為朋友們有生氣的作品遭到如此命運而不平之時，黨的七屆四中全會公報發表了。這本是針對高、饒反黨聯盟的，所以，提到了黨內有的幹部滋長的驕傲情緒，必須提倡開展黨內正確的批評與自我批

評，等等。不瞭解內情的胡風認為，既然中央發現了有問題，號召開展正確的批評與自我批評，就應該把幾年來文藝界不正常的情況直接地詳細地彙報給黨中央，把對理論問題的意見向中央提出報告，這才是響應黨的號召，對黨負責，對人民負責！」於是──

「從 1954 年 3 月到 7 月，父親在一些朋友的積極支持下，組織材料，再三斟酌，幾經修改，終於寫出了洋洋二十八萬字的《關於解放以來的文藝實踐情況的報告》，也就是著名的『三十萬言書』。母親本想勸阻他，對他說，你是出自好意，可要是翻了下來，就了不得了！他笑笑說，我只是向黨中央和毛主席彙報情況，不會有什麼事的。憑著他一貫的執著和自信，不但沒有聽母親的勸，反要母親幫著抄了一部分稿子。」[13]

「三十萬言」的第三部分為《事實舉例和關於黨性》，有七萬字，內容主要是抨擊周揚等人。胡風在文中指出，周揚等人對自己的壓制是有其歷史根源的。胡風通過舉例，試圖證明周揚等人在建國後，利用領導地位建立了「以周揚同志為中心的宗派統治」，其主要手段為：「以樹立小領袖主義為目的」；「企圖人工地把自己首先造成毛主席文藝思想的惟一的正確的解釋者和執行者的統治威信」；「不斷地破壞團結，甚至利用叛黨分子製造破壞團結的事件」；「把文藝實踐的失敗責任轉嫁到群眾身上，以至竟歸過於黨中央和毛主席身上」；「犧牲思想工作底起碼原則，以對於他的宗派主義統治是否有利為『團結』的標準」。胡風在文中斷定，「以周揚同志為中心的非黨傾向的宗派主義統治，無論從事實表現上或思想實質上看，是已經發展成了反黨性質的東西」。[14]

因為飽受周揚等人的壓制，胡風的反擊顯得義憤填膺酣暢淋漓，而他最終也為這些激烈的言辭付出了沉重的代價。

　　1957 年，身為中國作協秘書長的郭小川在某位作家的發言稿中加
了這樣一段文字：「……黨委託周揚同志來領導文藝工作，因此反黨首
先必須反對人——具體的就是周揚等同志……通過周揚同志等體現出
來的黨的政治路線和組織路線，是一條紅線。」[15]郭小川的話隱含著
這樣的邏輯：周揚同志等體現出來的黨的政治路線和組織路線，是一條
紅線，反對周揚同志，就是反黨。這樣的邏輯在當時是不許置疑的，而
胡風恰恰不承認周揚能代表黨，甚至認為周揚是「非黨傾向的宗派主義
統治」的首領，這種統治「已經發展成了反黨性質的東西」。既然寫出
如此驚世駭俗、「大逆不道」的話，等待胡風的會是怎樣的命運也就可
想而知了。

　　胡風在「三十萬言書」裡最想澄清的一個問題就是關於自己的理
論問題，他想說明，周揚、何其芳、林默涵的文藝觀才有著重大缺陷，
才是真正的反馬列的，然而，問題是，周揚他們其實並沒有屬於自己
的文藝觀，所以，胡風對他們的批判和反擊反而暴露胡風自己和當時
政治環境的格格不入，正如路莘在其《三十萬言三十年：1955-1985「胡
風案」側記》一書中說的那樣：

> 「胡風最為用心爭辯的也是最想澄清的理論問題，看似屬於文藝
> 問題的爭論，但其實質是，何其芳、林默涵所代表的並不是他們
> 個人的一種文藝觀點，而是一種附和當時政治環境需要的文藝政
> 治性要求，胡風對他們的理論的批判，看似個人間的爭議，卻是
> 胡風與政治環境的對立。胡風對於文藝體制的建議，詳細周全。
> 且不論他說的有沒有道理，以他當時的處境和身份，談論建制問
> 題，只能說是一廂情願。而他所說的文藝界有些人士的言行，也
> 只會加重他不利於『團結』的印象。」

　　胡風的「三十萬言書」沒能扳倒周揚，反而讓自己吃了一記悶棍，其力量之大已讓他無法承受。

　　1954 年 12 月 8 日，周揚做了著名的報告〈我們必須戰鬥〉。周揚在報告中嚴厲地指出：「胡風先生是以『馬克思主義者』自居的，有些人也是這樣地看他，因此就有特別的必要來說明他和我們之間的分歧。……胡風先生假批評《文藝報》和批評庸俗社會學之名，把關於文學的許多真正馬克思主義的觀點一律稱之為庸俗社會學而加以否定。表面來看，在反對對資產階級思想的投降主義的問題上，在反對對新生力量的壓制態度的問題上，胡風先生是和我們一致的，而且特別地慷慨激昂。但是誰要看看這個外表的背後，誰就可以看到，胡風先生的計畫卻是藉此解除馬克思主義的武裝。」最後，周揚發出號召：「為著保衛和發展馬克思主義，為著保衛和發展社會主義現實主義，為著發展科學事業和文學藝術事業，為著經過社會主義革命將我國建設成為一個偉大的社會主義國家，我們必須戰鬥！」

　　《人民日報》和《文藝報》很快全文發表了周揚的這篇戰鬥檄文。

　　胡風這時候才意識到，自己輸了，輸得一敗塗地，不堪收拾。

　　「父親知道，這樣重要的報告，當然是經過毛澤東批閱同意了的。這時，他才意識到中央的態度並非如他所想，怪罪的並不是周揚他們，而是他自己。正如母親所預料的，翻下來了。於是，他的精神陷入了困惑和迷茫，頭也疼得要命，無法運思。」[16]

「父親覺得，這一定是他的報告起了作用，打開了缺口。」

　　1954 年，「兩個小人物」李希凡、藍翎寫了一篇批評俞平伯《紅樓夢研究》的文章，寄給《文藝報》，沒有被刊用，後，作者的母校山東

大學學報《文史哲》發表了此文。這件事引起了中央領導人的注意，要求《人民日報》轉載此文。《人民日報》當時的主編鄧拓已決定轉載此文，後來文藝界某些領導提出，《人民日報》是黨報，轉載此類學術性文章不合適，遂決定由《文藝報》來轉載。毛澤東知道此事後極為不滿，他給中央政治局寫了封信，批評某些「大人物」「甘心做資產階級的俘虜」，「阻攔『小人物』的很有生氣的文章」，一場意識形態領域內的批判運動由此拉開了序幕。運動的中心是批判《文藝報》及其主編馮雪峰，由於馮雪峰是胡風心目中封鎖、壓制自己的人員之一，所以，中央對馮的批判很自然地使他產生錯覺，以為是自己上交的「報告」（「三十萬言書」）起到了作用：

> 「父親覺得，這一定是他的報告起了作用，打開了缺口。他很關心這場批判，每次會必到，仔細傾聽會上的發言，聽《文藝報》領導馮雪峰、陳企霞的檢討……」[17]

1954 年 11 月 2 日，胡風給曾卓寫了封信，在信中，胡風樂觀地認為，「缺口」已被他的「三十萬言書」打開了：

> 「幾次聽到你關心情況的發展，我理解你的急切的心情，但這是得通過應有的過程的。你看，缺口不是已經打開了了麼？應該說發展得很快。當然，有『人』乘機撈了一把，那是使人不快的，但大運動中必有這類現象。
>
> 我是當作中央親自提出這個鬥爭看的。現在，各方面應盡可能準備，在黨的原則上一步一步參加鬥爭，引向黨所要求的方向上去。這才是四中全會決議吹到這一線上來的。要相信黨。」

　　胡風對上層意圖的判斷是樂觀而錯誤的，因而也是致命的，正如學者路莘在其《三十萬言三十年：1955-1985「胡風案」側記》一書中所指出的那樣：「樂觀的期待緣於他對於現實的幻想，對於現象的認識也都是他的錯覺。正如他以後對朋友所說的，他是自挖陷阱。正是他的不符實際的幻想和錯覺，使他將這個陷阱越挖越深。」

　　如果在這場批判《文藝報》運動中，胡風只聽不說，作壁上觀，他還有一線逃過厄運的希望，然而，胡風卻加入了對《文藝報》對馮雪峰的聲討批判的「大合唱」中，不僅發了言，而且態度激昂，言辭尖銳，可謂咄咄逼人。胡風女兒曉風說，胡風本來不打算發言，是周揚等人勸他講話，他才開了口。我認為這種說法不太可信，以胡風的倔強，如果他真不想講話，周揚是勸不動他的。他之所以發言，我認為有兩個原因：

　　其一、胡風誤認為，對《文藝報》的批評是「他的報告起了作用」，既然自己為這次批判運動提供了「導火索」──「三十萬言書」，現在別人已磨槍上陣，自己哪能袖手旁觀？

　　其二、自魯迅去世後，胡風和馮雪峰之間的隔閡越來越深，現在既然有機會批評馮雪峰，他沒有理由放棄這樣的「天」賜良機吧。

　　胡風在寫給妻子的信裡，曾多次吐露了對馮雪峰的不滿，限於篇幅，筆者揀重要的幾封摘錄如下：

1937 年 8 月 6 日自上海

　　……到今天上午，才把全集（指魯迅全集──筆者注）的工作弄完，人算是輕鬆了許多。計算一下，從去年十一月起，九個月中間，我把五分之二的精力和時間花在了這件工作上面。但報酬呢？到現在只得到一百一十多元，至多還能得到五十餘元而已。然而三花臉先生（胡風在書信裡一般稱馮雪峰為三花臉或

三花──筆者注）還說我藉此出了名，大有認為被我得了了不得的好處似的。

1937 年 8 月 12 日自上海

……我現在在看「聯華」的叢書和校對《棉花》（日本作家須井一所著中篇小說──筆者注），把這些弄出頭緒後再計畫別的工作。三花臉先生封鎖我，但我想，我底力量總有可用之處的。不要擔心罷，我很平靜，很充實，一定多做些工作。

1937 年 8 月 24 日／28 日自上海

……三花臉先生愈逼愈緊，想封鎖得我沒有發表文章的地方，但他卻不能做到。我已開始向他反攻了。你不用擔心，我雖不求勝利，但不稍稍剝去他底假面就總不甘心的。

《文學》、《文季》、《中流》、《譯文》等四社合編一個《吶喊》週刊，我也投稿。已出兩期，過兩天一併寄來。三花臉先生曾到黎（指黎烈文）處破壞過，但似乎效果很少。很明顯，他是在趁火打劫的。

1951 年 10 月 7 日自北京

還有，所謂「驕傲」、「個人英雄主義」等，是軍師爺（指胡喬木──筆者注）宣播出來的。主要的原因是前年那一封信，其次，是去年馮三花從中打了我的黑槍。曉得了這些，是好的，我要看看他們怎樣玩法。現在的問題是：維持一兩個文壇主人底權威呢，還是要解決這個偉大的人民底事業，黨的事業？真理決不在他們手上，但槍確實是抓在他們手上的。

1951 年 10 月 15 日自北京

> 如見父周（指周恩來──筆者注），我要全盤托出的。對三花，
> 我也要說一說，我對他容忍了十多年，他反而不自檢討，來「出
> 賣」我。賣我不要緊，但卻毀壞了革命的利益和莊嚴。我要爭取
> 長壽，看他能得到什麼下場。

1951 年 11 月 4 日自北京

> 昨天到老聶家玩了一晚。聽老聶說，今冬明春，會發動一個對我
> 的攻勢。老聶也以為不是理論問題，他曾聽說我向董老（指董必
> 武──筆者注）（武漢時候）要求過高爾基的待遇云。你看，就
> 是這樣暗無天日！可以確信，這一年是三花殺了我的。

不必再舉例了，以上內容已足以表明，胡風和馮雪峰之間的隔閡有
多深。那麼，胡風為何對馮雪峰如此不滿呢？根據筆者掌握的材料，我
認為有三方面原因：

其一、在胡風入黨問題上，馮雪峰反反覆覆，最終也沒解決胡風的
組織問題。

1936 年 5 月的一天，胡風和馮雪峰在魯迅家相遇。「一道辭出後，
坐出租汽車到他住的小旅館去。他在車上對我說：『從今天起，你是共
產黨員了。現在入黨不容易，這是特准的。環境困難，不開會，不發生
橫的關係，直接和我單線聯繫。』這樣解決了組織問題，出乎意外。我
不能說什麼，默認了。

（這是第一次通知我是黨員。到他離開黨的工作前，共三次通知我
是黨員。說法之一是，把我一個人丟在黨外，更危險。但又兩次告訴我，
黨內更難搞，還是留在黨外好些。第三次通知我是黨員後，還開了一次

黨的會議，在王任叔家開的。王任叔、夏衍、雪峰自己和我，共四個人。會議內容完全忘了，只記得並不是開誠相見的。雪峰回憶說，成立了一個有非黨員參加的領導小組，開了兩次會。實際上，他告訴我是黨員組成的領導小組，只開了一次會。以後再也不提了。）」[18]

其二、上海「八一三」戰爭爆發後，馮雪峰是上海左翼文化界的領導者，令胡風惱火的是，當時文化界開展什麼活動，馮從不請他參加，胡風認為，這是馮雪峰故意對他進行「封鎖」。

「終於，『八一三』戰爭正式爆發了。下午，周建人先生在這裡談著閒天，忽然大炮轟轟地響了起來。他們十分興奮，斷言道，這炮聲如果不停下來，就證明是真的打起來了，上海打起來，那就全國都打起來了！

他所接近的人都在興奮中，文化界當然有組織活動，但是參加『民族革命戰爭的大眾文學』口號這邊的人，除了黨員外，好像一個也沒有被邀請參加。這時，他多麼想找雪峰問問，到底我們這些人該怎麼幹，怎麼參加戰爭？但見不到他。因此，在許先生和周建人先生面前表示了自己的不滿，甚至發牢騷批評雪峰。」[19]

其三，胡風認為，是馮雪峰在周恩來和胡喬木面前造他的謠打他的「黑槍」──比如說他驕傲、「要求過高爾基的待遇」等。

既然胡風對馮雪峰有如此深的成見，現在有機會批判對方，他自然會開口發言，且越說越激昂：

「話一開口，越說越激昂，什麼顧慮都消失了。會議結束，意猶未盡，到 11 月 11 日的第四次會上，他又作了補充發言。他激烈地批評《文藝報》向資產階級投降，卻壓制小人物和進步作家，認為《文藝報》五年來的文藝批評，占統治地位的是庸俗社會學

的觀點，由於這些批評，文藝的新生力量受到了打擊，等等，他並舉了路翎、阿壟為例。」[20]

大會的主題是批判《文藝報》，批判馮雪峰的官僚和胡適的唯心論，而胡風卻想借機為路翎、阿壟出口惡氣，他想把大批判納入自己的軌道，這實在是太天真了。

胡風向《文藝報》向馮雪峰「放」了把火，但燒傷的卻是他自己。他的慷慨激昂的發言，引起了中央高層的注意，從而轉移了高層的視線，他的充滿火藥味的發言，不可思議地把大批判的火力吸引到自己身上。這不怪胡風，只能說歷史太刁鑽、太詭異、太不可捉摸，所謂造化弄人，真是一點沒錯。在撲朔迷離的時代背景下，在波詭雲譎的政治風雲中，胡風顯得卑微而無助，他為改變處境的種種努力只能成為徒勞的掙扎。他對局勢的錯誤判斷，他所採取的輕率舉動使我想起了那句頗有黑色幽默味的名言：人類一思索，上帝就發笑。

「胡風的發言打亂了領導的部署，『干擾』了鬥爭的大方向。據說，本來，毛澤東並沒看到胡風的『三十萬言書』，胡風的兩次發言在《文藝報》上全文刊登後，引起了毛澤東的注意，這才調來了『三十萬言書』看。於是，形勢急轉直下。從第五次會議開始，已不再是批判胡適唯心主義思想、解決《文藝報》的問題，而完全是針對胡風他們了。胡風、路翎已無力回天。後來，文藝界人士形象地把這一轉折稱作為『戰線南移』：從這一壺（胡適）到那一壺（胡風）。」[21]

胡風一次次「誤讀」了高層的意圖，結果一步步走向「深淵」，而本來，他是可能有驚無險地繞過這一吞沒了他二十三年寶貴光陰的「深淵」的。

在曉風《我的父親胡風》一書裡有這樣一句話：「難怪現在有人說，如果魯迅活到五〇年代，那麼就不是『胡風集團』而是『魯迅集團』了。」我不同意這種說法，因為以魯迅的銳利和警覺，他是不會像胡風這樣對高層意圖一再「誤讀」的。魯迅早在三〇年代就跟周揚講過：你們成功後恐怕最先殺的人就是我。如果胡風也有魯迅這樣的洞察力，其人生道路或將改寫。

註 釋

[1] 舒蕪口述，許福蘆撰寫：《舒蕪口述自傳》，中國社會科學出版社 2002 年出版，第 369 頁。
[2] 梅志著：《胡風傳》，北京十月文藝出版社 1998 年出版，第 349、491、605、609 頁。
[3] 曉風選編：《胡風家書》，復旦大學出版社 2007 年出版，第 267、282、308、311 頁。
[4] 同注【2】。
[5] 同注【3】。
[6] 同注【2】。
[7] 同注【3】。
[8] 曉風著：《我的父親胡風》，湖北人民出版社 2007 年出版，第 65-66、69-70、74-75 頁。
[9] 同注【8】。
[10] 胡風著：《胡風回憶錄》，人民文學出版社 1993 年出版，第 55、309 頁。
[11] 同注【2】。
[12] 同注【3】。
[13] 同注【8】。
[14] 同注【8】。
[15] 郭小川著，郭曉惠，郭小林整理：《郭小川 1957 年日記》，河南人民出版社 2000 年出版，第 9 頁。
[16] 同注【8】。
[17] 同注【8】。
[18] 同注【10】。
[19] 同注【2】。
[20] 同注【8】。
[21] 同注【8】。

胡風家書裡的馮雪峰

　　1929 年 9 月，胡風和同學朱企霞一起去東京求學。在日本，胡風一邊學習日語，一邊積極參加進步左翼文化運動，既是普羅科學研究所的藝術學研究會成員，又參加了左聯東京支部。在此期間，經朋友韓起的介紹，胡風和馮雪峰開始通信。當時，馮雪峰是上海文總（中國左翼文化界總同盟）的負責人，出於對胡風的賞識，他想讓胡風回上海在文總做組織部工作。1932 年，胡風回到了上海，他和馮雪峰在多次通信後終於有了初次相逢。這次見面，馮雪峰給胡風留下了很好的印象。

　　「在東京時，通過韓起我和馮雪峰開始了通信來往。現在，第一次見面就好像久別重逢的老朋友。他談話非常親切，沒有一點領導者的官氣，贏得了我的信任。」（胡風著：《胡風回憶錄》人民文學出版社 1997 年出版第 11 頁）

　　在和馮雪峰的交談中，胡風表明了不想在文總做組織工作的意願，馮雪峰又要他當左聯的宣傳部長，胡風出於某種顧慮也回絕了。所謂「顧慮」，是指胡風覺察到周揚和馮雪峰之間的矛盾，而他不想捲入其中。「1932 年底，馮雪峰同志要我到上海工作。我先從東京回了上海一次。回到上海，發現了馮雪峰同志和周揚同志是處在尖銳的對立狀態裡面，我覺得無法工作，又回了東京。」（胡風著：《胡風全集》第六卷第 315 頁）

　　和馮雪峰匆匆見面後，胡風又回到了日本。

　　1933 年，胡風因在日本參加進步活動而遭當局的驅逐。回到上海後的胡風發現左聯和文總有了很大的變動。和周揚見面後，周的第一句話

就是：「馮雪峰調去做江蘇省委宣傳部長了。」周揚還通知胡風，上級要其擔任左聯的宣傳部長，這一次，胡風答應了。

當時，馮雪峰仍在上海，雖然他不管文化了，但和胡風的交往仍很頻繁。

「吃飯問題解決了以後，我從韓起家搬到法租界聖母院路金神父路的一家白俄公寓裡。是一間樓梯口的小房間，只一床一桌一櫃，租金卻要二十多元。

馮雪峰幾乎隔一兩天晚上就到我這兒來，談些文藝問題，黨的和左聯的某些人事情況，例如對《自由談》上發表的魯迅雜文的感想，他和瞿秋白的共同工作情況等。那時，我從日本帶回來一些日本新出的理論書刊，我向他介紹後，有些被他借去，並用日本式的綢包皮替他包了帶回去。」（胡風著：《胡風回憶錄》第 27 頁）

胡風和馮雪峰的交往無意間惹得周揚的不快。「谷非和雪峰談起小說時，就自然而然地提出了沙汀的一些看法。雪峰發生了興趣，要他去約沙汀，三人一起隨便談談。事後，沙汀告訴了周起應（應該說是向周彙報），周大為吃驚，『怎麼，他還沒走？！』（見《沙汀傳》）。這也可能是周後來對谷非提高警惕的緣故吧。」（梅志著：《胡風傳》第 261 頁）

不久，馮雪峰離開了上海，去蘇區了。沒想到他一走，胡風發現自己的處境有了大變化。「原來，周起應一直把魯迅不聽指揮的原因歸之於雪峰。現在，漸漸又把原因歸到他身上來了。本來，他剛回國時，就曾向周提出黨的組織關係問題，周起應開始很熱心，說他去向文總提提，但後來一字不提，問題就這麼擱下了。」（梅志著：《胡風傳》第268 頁）

由此可知，由於周揚的誤會，胡風的入黨問題也因此擱淺。

　　不久，胡風發表了一篇〈理想主義者時代的回憶〉，沒想到這篇文章再次惹得周揚不快，也加深了他和周揚之間的誤會。

　　「谷非前不久在《文學》專輯的《我與文學》上發了一篇〈理想主義者時代的回憶〉，那當然不能算是好文章，但是誠懇地寫了自己的成長過程。尤其是在裡面，提到了曾受到馮雪峰等湖畔詩人的影響（這裡沒有正面提到魯迅對他的影響，是有意回避，為了不捲進過去創造社和魯迅的論爭中去）。自回上海，就聽說有一個雪峰派的問題，雖然雪峰走了，但他這次一寫出，當然要引起周起應的警惕。果然，他一見面就批評起『作品主義』了。這難道不是在當面指責他嗎？」（梅志著：《胡風傳》第281頁）

　　1936年4月底的一天，胡風在魯迅家裡與馮雪峰再次相逢。當時，馮雪峰參加了二萬五千里長征後奉命回上海工作。5月7日，胡風如約來到馮雪峰在上海的住處，談話間，馮提出「國防文學」的口號不大好，讓胡風另提一個，胡風想了想，就說，用「民族革命戰爭的人民文學」如何？馮說，也可以，但最好用「大眾文學」，胡風答，在日本只有婦女們看的通俗文學才叫「大眾文學」。馮則說，但在我們是已經用慣了的。於是，口號確定為：「民族革命戰爭的大眾文學」。

　　在魯迅的支持下，經馮雪峰的授意，胡風寫出〈人民大眾向文學要求什麼？〉一文，正式提出「民族革命戰爭的大眾文學」的口號。這篇文章惹了大禍，「國防文學」派對此文發起猛烈攻擊，胡風想寫文章回擊，馮雪峰卻對他說，沉默是最好的回答，一切由他來處理。胡風只好服從。然而，「國防文學」派把胡風的沉默當作了膽怯和認輸，於是，攻勢越來越猛。最後，在迫不得已的情況下，重病在身的魯迅寫出〈答徐懋庸並關於抗日統一戰線問題〉一文，給了「國防文學」派致命一擊，

兩個口號之爭才算暫時塵埃落定。但胡風、馮雪峰和周揚由此結下了樑子，胡風、馮雪峰解放後的人生悲劇與這次的兩個口號之爭有著很大的關聯。

胡風、馮雪峰和魯迅的關係都很親密，兩人的性格也很相似，都耿直倔強，赤誠率真，都偏激衝動，焦躁易怒，加上在兩個口號之爭中又並肩作戰過，所以兩人的關係應該很鐵，事實上，在「八一三」戰爭正式爆發前，胡風和馮雪峰相處得一直很好。

「1936 年底，雪峰看出胡風的經濟有困難，就提出要胡風搬到他租住的房子去住。那是法租界拉斐德路穎村的一棟三層樓房。胡風住三樓，周建人一家住二樓，雪峰的妻子何愛玉帶兩個孩子住樓下。雪峰自己在白俄公寓租了一間單房住，後來，他還領胡風到那裡去過。雪峰不要胡風和周建人付房錢，也可說是胡風受到黨的照顧吧。

穎村這地點和房子都是中產階級以上的人住的，並專門裝了電話，很安靜。胡風一家很少出去，只常在下午去虹口幫鹿地翻譯。雖有這樣好的生活條件，胡風卻由於心灰意懶，沒能寫出什麼文章來，唯一能使他高興一點的是，雪峰常來電話約他去見面，主要是讓他看寫的詩和模仿魯迅寫的雜文，要他說看法。兩人開心地說上一陣話，有時胡愈之也在場。」（梅志著：《胡風傳》第 338 頁）

然而，兩人關係很快的急轉直下，在這段時期胡風寫給妻子的信裡，胡風發洩了他對馮雪峰的不滿。

那麼胡風為何對馮雪峰如此不滿呢？根據筆者掌握的材料，我認為有二方面原因：

其一、在胡風入黨問題上，馮雪峰反反覆覆，最終也沒解決胡風的組織問題。

其二、上海「八一三」戰爭爆發後，馮雪峰是上海左翼文化界的領導者，令胡風惱火的是，當時文化界開展什麼活動，馮從不請他參加，胡風認為，這是馮雪峰故意對他進行「封鎖」。

其實，胡風對馮雪峰的這兩點不滿，完全出於誤會。1943 年，胡風和馮雪峰在重慶有過一次長談，這次開誠佈公的談話，消除了兩人之間的誤會。

「聽說雪峰已到此，住韓侍桁家，胡風馬上跑去看他，談了一個通宵。雪峰對《七月詩叢》有不凡的評價，並拿出寫的詩稿要胡風看後給他提意見。談到文藝方面的一些問題，都有同感，這是分別六、七年後的第一次暢談。本來，他和雪峰有隔閡，不同意雪峰的一些做法，雪峰被捕出來後，他寫了信並寄了一套《七月詩叢》，表示慰問。……所以在重慶時期，他倆又成了可以相談的朋友。」（梅志著：《胡風傳》第 489 頁）

經過這次暢談，胡風才知道，馮雪峰在自己入黨問題上之所以反反覆覆，是夏衍從中作梗。「胡風本來就沒有信心再入黨的。過去受到周揚他們在這問題上的冷淡，還以為是因為雪峰的關係，現在雪峰也幾次三番地進進出出，實在令他痛心，甚至下決心不再請求入黨了。後來才知道，這是由於夏衍不同意，拿韓侍桁的謠言恐嚇了雪峰。」（梅志著：《胡風傳》第 329 頁）

至於馮雪峰在上海「八一三」戰爭爆發後對他的封鎖，也是迫於周揚的壓力。「他不知道雪峰當時的處境很困難，直到 1943 年在重慶與雪峰見面時，雪峰才將那時的複雜情況告訴了他，他感到自己錯怪了雪峰，很對他不起。」（梅志著：《胡風傳》第 350 頁）

從 1943 年到 1951 年馮雪峰任《文藝報》主編前，這段時期，胡風和馮雪峰不僅冰釋前嫌，重歸於好，甚至可以說惺惺相惜，心心相印。具體體現在以下幾個方面。

一、兩人的文藝觀非常相似。

「在反對文藝的教條主義、實用主義、公式化和概念化方面，馮雪峰與胡風有相同之處。他（馮雪峰）1945 年寫於重慶的長文〈論民主革命的文藝運動〉，與毛澤東的〈在延安文藝座談會上的講話〉存在著一些很明顯的分歧，當時就被認為是『反對毛主席的』。

在 1946 年 4 月 23 日《新華日報》的副刊上，馮雪峰發表署名『畫室』的文章〈題外的話〉，認為所謂文藝作品的『政治性』和『藝術性』的看法，是『不妥當的』，指出：『研究或評價具體作品，用什麼抽象的『政治性』、『藝術性』的代數式的說法，可說是什麼都弄糟了。如果這樣地去指導創作，則更壞。』」（王培元著：《在朝內 166 號與前輩魂靈相遇》人民文學出版社 2007 年出版第 20 頁）

馮雪峰這些話明顯與毛澤東〈在延安文藝座談會上的講話〉相衝突，但與胡風的文藝觀幾乎相同。

二、馮雪峰曾在公開場合讚揚胡風主編的《七月詩叢》。

「馮雪峰與胡風雖然在有些問題上看法不盡一致，但兩個人有惺惺相惜的一面。馮雪峰認為胡風是懂文藝的，對其主編的《七月》非常欣賞。他從上饒集中營出獄到達重慶。第一次見到胡風，兩個人就徹夜長談。在重慶文藝界的一次會議上，馮雪峰發言說，國統區的文藝界是一片沙漠，其中只長了幾根綠草，那就是胡風主編的『七月詩叢』。」（王培元著：《在朝內 166 號與前輩魂靈相遇》第 21 頁）

這樣的評價不可謂不高，俗云，人生得一知己足矣！馮雪峰既然能說出這樣的話，胡風自然會將其引為知己的。

三、對跟風、趨時的「積極分子」，兩人都看不慣。

「1944 年，何其芳、劉白羽同志到了重慶，我用文協名義約了一批比較進步的作家為他們開了一個小會，請他們作報告。何其芳同志報

告了延安的思想改造運動，用的是他自己的例子『現身說法』的。由於何其芳同志的自信的態度和簡單的理解，會後印象很不好。何其芳同志過去的情況還留在大家印象裡，但他的口氣卻使人只感到他是證明他自己已經改造成了真正的無產階級。會後就有人說：好快，他已經改造好了，就跑來改造我們！連馮雪峰同志後來都氣憤地說：他媽的！我們革命的時候他在哪裡？」（胡風著：《胡風全集》第六卷第 312 頁）

考慮到胡風一向對何其芳這樣慣於演戲的「積極分子」的厭惡，馮雪峰這句快人快語，在胡風聽來一定十分解氣、過癮！

四、1948 年，香港批評胡風文藝觀時，馮雪峰曾站出來替胡風鳴不平。

「由中共香港文委直接領導、從 1948 年 3 月 1 日起在香港出版的《大眾文藝叢刊》，連續刊發了邵荃麟、林默涵、何其芳、喬冠華、胡繩等人的文章，集中批判胡風的文藝理論、舒蕪的〈論主觀〉和路翎的小說。這種做法引起了馮雪峰的不滿，他氣憤地說：『這和當年創造社太陽社搞魯迅一樣！我們在內地的人怎麼做事？』」。（王培元著：《在朝內 166 號與前輩魂靈相遇》第 23 頁）

馮雪峰的以上言行表明，這段時間，他不僅是胡風文藝上的知音，也是他道義上的朋友。

胡風有湖北人的倔強，馮雪峰則有浙東人的硬氣，但從倔強程度來看，胡風更勝一籌。1945 年底，重慶進步文藝界在周恩來的指示下，召開了幾次座談會，對胡風的文藝思想與舒蕪的〈論主觀〉進行了批評，其間，由於馮雪峰的文藝觀與胡風有類似之處，所以他也遭到批評。一開始，馮雪峰也和胡風一樣不服氣，但在周恩來找他談話後，他的態度轉變了，不再讚賞胡風的「主觀戰鬥精神」了。當時，周恩來也批評了胡風，要胡風注意兩點：一是，理論問題只有毛主席的教導才是正確的；

二是，要改變對黨的態度。遺憾的是，胡風似乎沒聽懂周恩來的「弦外之音」，反而認為周恩來的話是對他工作的肯定，所以就更加堅定地捍衛自己的文藝觀了。

耐人尋味的是，因為接受了周恩來的批評，放棄了自己的文藝觀，馮雪峰在解放後受到了重用，榮任人民文學出版社總編輯兼《文藝報》主編；而胡風因為堅持自己的文藝觀，則於 1949 年後遭到周的冷落。周恩來對胡風的冷淡，使得周揚、何其芳等人可以肆無忌憚地對胡風進行批判、封鎖、打擊了。

1943 年，胡風和馮雪峰因一夜暢談而冰釋前嫌，重歸於好，然而解放後特別是在馮雪峰出任《文藝報》主編後，胡風寫給妻子的信裡又再次充斥著對馮雪峰的不滿。

1951 年 10 月 7 日自北京

> 還有，所謂「驕傲」「個人英雄主義」等，是軍師爺（指胡喬木──筆者注）宣播出來的。主要的原因是前年那一封信，其次，是去年馮三花從中打了我的黑槍。曉得了這些，是好的，我要看看他們怎樣玩法。現在的問題是：維持一兩個文壇主人底權威呢，還是要解決這個偉大的人民底事業，黨的事業？真理絕不在他們手上，但槍確實是抓在他們手上的。

1951 年 10 月 15 日自北京

> 如見父周（指周恩來──筆者注），我要全盤托出的。對三花，我也要說一說，我對他容忍了十多年，他反而不自檢討，來「出賣」我。賣我不要緊，但卻毀壞了革命的利益和莊嚴。我要爭取長壽，看他能得到什麼下場。

1951 年 11 月 4 日自北京

　　昨天到老聶家玩了一晚。聽老聶說，今冬明春，會發動一個對我
的攻勢。老聶也以為不是理論問題，他曾聽說我向董老（指董必
武──筆者注）（武漢時候）要求過高爾基的待遇云。你看，就
是這樣暗無天日！可以確信，這一年是三花殺了我的。

胡風對馮雪峰的態度發生改變，我認為有這樣幾方面原因：

一、兩人解放後地位、處境的懸殊使胡風心態失衡。

　　此前，兩人堪稱摯友，在文藝理論方面有諸多相同之處，如果說胡
風在文藝領域犯了什麼錯誤，那馮雪峰也犯過相同錯誤，而現在，一個
春風得意，身居高位；一個處處受壓，四面楚歌。犯過相同錯誤的兩個
人，受到的待遇為何如此迥然不同呢？原因只能是，一個妥協了，一個
拒不認錯。馮雪峰的妥協與轉向，在胡風看來當然是一種怯懦的投機行
為，如此，他對馮雪峰也就沒什麼好感了，相反，此時的馮雪峰在胡風
眼中已和周揚一樣成了壓制自己的人了。

　　「周揚、馮雪峰同志都在會上輕輕地提到過兩次：要說錯誤，他
們在過去所犯的錯誤比我所犯的還要多些。馮雪峰同志在個別談話中
對我說不是算舊帳。明明是算舊帳但又說不是算舊帳，明明承認了他
們過去所犯的錯誤比我還要多些但又不但完全不說明他們犯的是什麼
錯誤，而且完全不從和他們的理論的關聯去研究問題，只是要我在理
論上馬上絕對服從，這除了說是用壓死我的手段來達到加強維持理論
上的主觀主義統治和做法上的宗派主義統治以外，還能夠找出其他的
解釋麼？」（胡風著：《胡風全集》第六卷第 307 頁）

　　這段話表明，盛怒之下的胡風因心態失衡已把馮雪峰和周揚看成了
一類人。

二、馮雪峰對昔日對手周揚的屈從，令胡風十分反感。

「得到林默涵同志的同意，就《文藝報》發表的『讀者中來』所提的理論問題說明了一下，並且申明這是初步的檢查，似乎得不出那裡面所下的結論，希望同志們幫助。接著同志們發言，有的責備我不該『強辯』，主要發言人胡繩、何其芳、林默涵、馮雪峰、周揚等同志在理論上提出了許多問題和要求。有的同志口氣非常嚴厲，有的同志口氣充滿了嘲笑，馮雪峰同志開始是帶有討論問題的口氣，並說《文藝報》的按語不對，讀者斷章取義，但一聽到周揚同志的嚴厲口氣就又馬上改成了完全不容討論的口氣。」（胡風著：《胡風全集》第六卷第 127 頁）

在兩個口號之爭中，胡風和馮雪峰並肩作戰，擊潰了以周揚為首的「國防文學」派，而現在，馮雪峰卻看周揚的眼色行事，胡風對馮雪峰的好感自然蕩然無存，取而代之的只能是厭惡和輕蔑。

三、在胡風看來，正是馮雪峰主編的《文藝報》吹響了批判胡風的號角，特別是《文藝報》採用獎懲分明的辦法鼓動通訊員批判胡風理論的做法令胡風十分惱火。

「同時，《文藝報》在廣泛地動員通訊員們檢討胡風理論，寫文章，開座談會等；讀者同意的就獎勵，不同意的就批評，以至取消通訊員資格。」（胡風著：《胡風全集》第六卷第 124 頁）

四、胡風懷疑馮雪峰在周恩來、胡喬木面前造自己的謠、講自己的壞話。

由於胡風已不像以往那樣信任馮雪峰了，而後者當時又受到高層的重用，胡風很自然地就懷疑對方有可能是通過踩自己的肩膀往上爬的。

五、胡風對馮雪峰當年不讓自己入黨的問題有了新看法。

「這中間，馮雪峰同志三次允許我參加了黨，並且說是特別批准的，還有一次在巴人同志家裡和夏衍同志等開過一次會。但三次又以不在黨內工作方便些的說法要我退出了黨。由於統戰局面的複雜關係，由

於廣泛性的文藝鬥爭上的要求，我相信了他的說法。但同志還有另外一面的感覺。我當時一點也不懂組織情況，但回到上海後我就有一個強烈的感覺：馮雪峰同志和周揚同志都想影響我完全站在他們之一的一邊。但我卻不能這樣。到了這時候我更覺得：我不站在他們之一的一邊，組織問題是沒有人肯處理的。」（胡風著：《胡風全集》第六卷第 318 頁）

此前，胡風認為，是周揚、夏衍給馮雪峰施加壓力，後者才不敢解決自己的入黨問題的，而現在他認為，馮雪峰這樣做完全是出於對自己的不信任。胡風這番話的潛臺詞是：馮雪峰和周揚一樣都是宗派主義的「元兇」，自己則是派性鬥爭的犧牲品，同時，胡風這番話也表明，自己此前對馮雪峰的信任不過是為對方的假話所欺騙而已。正因為胡風有這樣的心理，他才會在給妻子的信裡，說馮雪峰出賣了自己，說自己對馮「容忍了十年」這樣的憤激之詞。

平心而論，1949 年後，馮雪峰的妥協、屈從、趨時、跟風都是值得同情，可以理解的。昔日老對手周揚成了文藝界「總管」，馮雪峰能不如履薄冰戰戰兢兢嗎？他知道自己稍有不慎，老對手就會趁機找碴，將自己清理出文藝圈的。事實上，儘管馮雪峰小心翼翼，謹言慎行，他還是在政治上栽了跟頭，像一片落葉那樣捲入被批判的旋渦裡。

當時，儘管在公開場合，馮雪峰不能不板起面孔批評胡風的文藝理論，但在私下，對胡風的處境，他還是存一份同情的，盡可能給胡風一點關懷一點安慰。

當時，胡風處境艱難，連發表文章都不容易，馮雪峰就鼓勵他寫電影劇本，並讓胡風完稿後署一個假名交給他設法謀求發表。當胡風拒絕了他的好意後，馮雪峰怕胡風荒廢了自己的筆，又提議胡風去搞翻譯，並主動幫胡風找原文，雖然胡風那時不可能有心思去做翻譯，但馮雪峰對胡風的關切已通過此舉顯露無遺。

　　胡風在寫檢討時，不想無原則地給自己帶上大「帽子」以求過關，而是想實事求是地檢查自己的錯誤，馮雪峰對此表示理解，安慰他說，不能屈打成招啊！在胡風陷入四面楚歌的困境時，還有幾個當權者能像雪峰這樣安慰他呢！這樣的體貼和理解對胡風而言委實彌足珍貴！

　　胡風夫婦解放後兩地分居，而上級一直也沒分配給胡風住房，胡風迫不得已，想在北京買一幢房子，馮雪峰知道後，慷慨答應可以借給胡風「一千萬」（當時的貨幣單位）以解其燃眉之急。在別人都對胡風避之唯恐不及的情況下，馮雪峰能這樣做，說明他和胡風的友誼是經得住考驗的。

　　儘管在胡風眼裡，解放後的馮雪峰身居高位，已歸順周揚，成了壓制自己的成員之一，他倆在戰爭年代締結的友誼也煙消雲散了，但事實上，馮雪峰還是因為過去和胡風的千絲萬縷的聯繫而葬送了自己的政治生命。胡風被捕後，他也隨即被打入另冊，罪名之一就是「勾結胡風」：

> 「就這樣，他被強加上『勾結胡風，蒙蔽魯迅，打擊周揚、夏衍，分裂左翼文藝界』的罪名，劃為『資產階級右派分子』，又被開除黨籍，撤銷人文社社長兼總編輯、中國作協副主席、全國文聯常務委員、全國人大代表等職。」（王培元著：《在朝內166號與前輩魂靈相遇》第26頁）

　　由於在兩個口號之爭中，胡風和馮雪峰並肩作戰，都得罪了周揚；由於兩人的文藝觀有相同之處，都被認為是違背了毛澤東〈在延安文藝座談會上的講話〉的精神；再加上兩人都性格梗直，容易招怨，所以，解放後，兩人命中註定只能成為一根藤上的苦瓜，必然殊途同歸先後落入人生的深淵。共同的人生遭遇，相似的坎坷經歷，使胡風消除了他對馮雪峰的誤會，認清了他的真面目，所以，在人生的暮年，胡風承認，馮雪峰是他的「戰友」和「知己」。

1979 年，馮雪峰去世，剛出獄的胡風在成都給追悼會發去唁電，對馮雪峰，胡風飽含深情地做了這樣的評價：「我個人青年時期的詩情誘發者，在三十年代若干年四十年代若干年政治上的對敵鬥爭和文藝上的傾向鬥爭中給了我懇摯的關切和援助的知己和戰友」。（胡風著：《胡風全集》第七卷第 128 頁）

1985 年，胡風走完了充滿悲劇色彩的一生，他和馮雪峰在另一個世界重逢了，倘若地下有知，他和馮雪峰一定會吟出他倆共同敬仰的魯迅先生的詩句：度盡劫波兄弟在，相逢一笑泯恩仇。當然，他倆之間並沒有所謂的「仇」，有的僅僅是一點誤會而已。

多維視野中的朱家驊

一、

　　為了紀念孫中山，國立廣東大學，於 1926 年秋改名國立中山大學。當時，校務委員會的主任、副主任分別是戴季陶、朱家驊。他倆當政時，「就職之始，即銳意整頓」，對魯迅評價很高，說魯迅是「近世鉅子」，為了聘請魯迅，他們「函電敦促」「竭力羅致」，終於如願以償，請來魯迅。魯迅在北大任教時就和朱家驊相識，對於朱家驊在中山大學的一系列整頓作為，魯迅也持肯定意見。事實上，魯迅答應來中山大學任教，很大程度上是衝朱家驊的面子。

　　1927 年 1 月 25 日，魯迅在朱家驊等人的陪同下，來到中山大學禮堂，出席以學生會名義召開的歡迎大會。魯迅剛一出現，就贏得學生們長時間熱烈的鼓掌。學生代表發表了熱情洋溢的歡迎詞，接著，魯迅也和同學們開誠佈公地談起來。魯迅說：「我來中山大學的本意，自然是教書，把書教好，才不辜負同學們的盛情。」另外，魯迅還聲明：「我不是什麼『戰士』、『革命家』。如果是，就應該在北京、廈門奮鬥。我現在跑到『革命的後方』廣州了，這就是並非『戰士』的證據。」

　　魯迅這番樸實的家常話，表明了他律己甚嚴，同時，他的話也體現了他的一貫主張，那就是，所謂「戰士」、「革命家」應該重在行動，而不能掛在口頭上。

　　魯迅話音剛落，坐在一旁的朱家驊馬上站起來說：「魯迅先生的話是謙虛，魯迅就是我們時代的戰鬥者，革命家，思想先驅者，這是毫不含糊的。」說完，帶頭鼓掌，於是，台下再次響起如潮的掌聲。

　　魯迅來中山大學後，朱家驊立即委以重任，讓魯迅擔任文學系主任兼教務主任。而魯迅也開始全身心投入到工作中去，他一面做著行政工作，一面承擔著繁重的教學任務──每週授課達九小時之多。期間，魯迅還多次應邀發表演講，其中在香港的兩次演講〈無聲的中國〉、〈老調子已經唱完〉均振聾發聵，發人深省。魯迅這兩篇戰鬥檄文，直到現在仍發揮著重要影響。

　　中山大學在聘請魯迅的同時，也聘請了傅斯年擔任文學院院長兼哲學系主任。傅斯年和顧頡剛是同窗好友，而傅又把魯迅視為「文科進行之障礙」，於是，他剛一立足，即致電顧頡剛，要他去中山大學「辦中國東方語言歷史科學研究所」，其目的是想把魯迅擠走。魯迅素來就與顧頡剛不睦，聽說顧頡剛要來，馬上發表聲明：顧來魯走。後來，魯迅、傅斯年都提出辭職，魯迅因為顧頡剛要來，傅斯年是抗議魯迅不同意校方聘請顧頡剛。中山大學學生為此召開大會，結果是主張三人都留。

　　為了平息這場風波，朱家驊煞費苦心，他一面允許魯迅請假離校（但不同意辭職），一面安排顧頡剛去江浙一帶為中山大學圖書館購買圖書，這樣一來，魯迅看不到顧頡剛，也就不再堅持辭職了。而顧頡剛是個書呆子，讓他去買舊書，他也就樂不思「粵」了。在朱家驊的苦心斡旋下，兩位勢不兩立的學界名流才得以在一個學校相安無事地共處了一個階段。此事的成功應歸因於朱家驊的開闊心胸和辦事能力。然而，一波未平，一波又起。1927 年 4 月，蔣介石在上海發動四一二反革命政變，公開屠殺進步工人和共產黨，而廣州的軍閥也遙相呼應，他們衝進中山

大學，肆意搜捕學生。為了是否保護學生，是否向國民黨政府抗議，魯迅和朱家驊之間爆發一場激烈的爭吵。

1927 年 4 月 15 日，一批軍警也包圍了中山大學，一些打手們拿著事先寫好的名單，衝入學生宿舍抓人。

一大早，魯迅就冒雨趕到學校，出席校方緊急會議。會上，大部分人敢怒而不敢言，是魯迅率先打破了沉默。他目光炯炯地掃視了一下同仁，態度鮮明地說：「學生被抓走了，學校有責任。既然大家都來了，就共同商討出一個辦法，看該怎麼辦？不能光坐在這裡。」

魯迅的話打破了僵局，大家急切地議論起來。然而，卻沒有誰能想出什麼好辦法。這時校務委員會委員朱家驊也聞訊趕來，魯迅對他說：「學生被抓，作為教師，我們怎能袖手旁觀？這些人有什麼理由隨便抓人，而且一抓就是上百人，真是喪心病狂！」

朱家驊卻很平靜地說：「政府抓學生，當然有理由，我們就不必和政府對抗了吧。」

魯迅反問：「這些學生違背了孫中山總理的三大政策的哪一條？」

朱家驊則振振有詞地爭辯道：「我們這是黨校，只能服從黨的決定，哪能對黨提要求呢？」

魯迅迅針鋒相對地說：「五四運動時，為了營救學生，全國工商界進行了罷工罷市，你朱家驊也曾參加過五四運動，而你現在怎麼會不站在學生這邊。不為學生講話呢？」

「那時侯是反對北洋軍閥。」朱家驊道。

「可我們現在正是為了反對新軍閥啊！」魯迅說。

兩人誰也說服不了對方。魯迅拂袖而去，當天晚上，因為憤悶，魯迅一口飯也吃不下去。第二天，魯迅捐款慰問了被捕的學生，隨後，他向校方辭職，以抗議學校對學生的冷漠。

魯迅和朱家驊因為這件事而產生了深深的裂痕。

當時的朱家驊不僅掌中山大學，還是廣東省政府代理民政廳廳長。1927 年 7 月 7 日，國民黨廣東省政府委員會第三十三次會議，通過了朱家驊所提出的一個荒唐的議案：「限三個月內所有全省女子，一律禁止束胸，……倘逾限仍有束胸，一經查確，即處以五十元以上之罰金，如犯者年在二十歲以下，則罰其家長。」一些報紙對此提案大肆鼓吹，當時稱之為「天乳運動」。其時魯迅，人尚在廣州，寫了篇〈憂「天乳」〉對此荒唐「運動」加以譏刺。此文發表於 1927 年 10 月 8 日的《語絲》週刊。顯然，魯迅的犀利文筆會讓朱家驊愈加不快。

朱家驊畢竟是國民黨高級官員，他在思想上和魯迅差距甚遠，兩人從此不僅分道揚鑣，而且漸行漸遠，最終演變成敵我關係。1930 年，朱家驊主持浙江政治，當時，浙江省黨部執行委員許紹棣因為《語絲》發表的一篇文章，揭發他的母校復旦大學的黑幕，對魯迅產生了敵意，於是，藉口魯迅是「自由運動大同盟」的發起人，呈請通緝「墮落文人」魯迅。本來，朱家驊是魯迅的老友，他完全可以和魯迅通一下氣，或者把問題調查清楚再做決定，可他卻聽信一面之辭，簽發了對魯迅的「通緝令」。其實，魯迅並非「自由運動大同盟」的發起人。許紹棣這樣做完全是欲加之罪，何患無詞。

關於此事，魯迅有過說明，他說，「自由運動大同盟」並不是由他發起的，當初只是請他去演說。他按時前往，簽名時發現已有一人比他先到，大概是郁達夫。演說次序是他第一，郁第二，郁達夫講完，魯迅即歸。後來據說當場有人提出，要成立一個組織，今天到會者均為發起人，次日，發起人名單見報，魯迅列在首位。魯迅因此成了「自由運動大同盟」的所謂主持人，而朱家驊竟根據這樣不實材料，通緝魯迅，實在是過於莽撞，也大大傷害了曾是他的老同事老部下的魯迅。

被通緝後，魯迅曾對朋友們說：「浙江省黨部頗有我熟人，他們倘來問我一聲，我可以告之原委。今竟突然出此手段，那麼我也用硬功對付，決不聲明，就算由我發起好了。」魯迅話中的「熟人」即指老相識朱家驊。

魯迅是硬骨頭，素來服軟不服硬，朱家驊通緝他，不僅沒嚇倒他，反而促使他以更強硬的方式來和國民黨政權「搗亂」。

1927 年 6 月 13 日，國民黨中央政治會議決定設立中華民國大學院，此學院乃全國最高學術教育行政機關，蔡元培出任院長。蔡元培上任後，在學院裡設立特約著作員，聘請國內知名人士擔任此職，被聘者可以自由著述，享有每月三百元的薪水。魯迅是被聘者之一。從此，魯迅每月多了三百元的收入。1928 年 8 月，大學院撤銷，教育部恢復，蔣夢麟任部長，他保留了特約著作員這一職位，魯迅每月依舊可以享有三百元的收入。1931 年 12 月朱家驊接替蔣夢麟出任教育部部長，他取消了魯迅特約著作員的職位，魯迅的三百元額外收入當然沒有了。這樣一來，魯迅和朱家驊的關係就進一步惡化了。

二、

如果說，魯迅與朱家驊之間是「破鏡難圓」、「覆水難收」，那麼，顧頡剛和朱家驊則一直「情投意合」、「相敬如賓」，如果不是 1949 年天地變色，朱家驊逃到臺灣去，我相信兩人一定會「白頭偕老」、「恩愛一生」的。

魯迅辭職後，在江浙一帶雲遊購書的顧頡剛，就可以回中山大學了。此時校中正、副校長分別由戴季陶、朱家驊擔任。朱家驊任命顧頡剛為圖書館中文舊書整理部主任，主持整理他所購的十二萬冊書。對愛書如命的顧頡剛來說，這個職務顯然是樁美差。

　　擔任中大校長的同時，朱家驊也在杭州任浙江省建設廳長，在浙江，朱家驊從書肆裡聽到有關顧頡剛的購書情形，書商說：「送他書他不要，自己要的書也花錢買，這是從來為公家辦事的人所沒有的。」朱家驊因此對顧頡剛印象頗好，他隔幾個月去中大一次，處理校務，顧頡剛向他申請設備費、印刷費，他無不批准。在朱家驊的支持下，顧頡剛在中大做出了許多成績。

　　在中山大學工作期間，顧頡剛給朱家驊留下了很好的印象。此後，顧頡剛遇到麻煩，總要到朱家驊那裡尋求幫助，而後者也是盡力為他排憂解難。

　　1933 年，顧頡剛和幾位同事成立了一個發行機構名曰「三戶書社」，專門出版通俗讀物，內容是宣傳抗戰。1935 年，有人向當局舉報，說該社裡的人都是共產黨，陳立夫以此為由要將該社封門。顧頡剛便於 1936年 1 月帶了該社所出的出版物到南京去找朱家驊。關於此事，顧頡剛女兒顧潮女士說得很清楚：

> 「其時朱氏任交通部長，他翻了這些小書後，稱讚父親的工作，並表示支持；但他又說，因父親不是國民黨員，黨內不能信任，遂問父親能否入黨？父親為維護通俗讀物社起見，就答應了。於是他加入了國民黨，不過未曾辦入黨手續，也未曾向北平市黨部有所接洽，只是以後接到朱家驊所寄入黨證書，成了特別黨員。朱氏幫父親平定了風波，不久又在中央黨部裡弄到二萬元，匯寄北平，做為該社工作經費。」

　　1934 年，顧頡剛因開設《中國古代地理沿革史》而組織了「禹貢學會」並出版了《禹貢》半月刊。後來，地方誌專家張國淦「把培德學校的基地捐給學會，位址在西皇城根小紅羅廠」。從此，該會有了正式的

會所，可是有了會所之後要一筆開銷。張國淦先生寫了一筆親筆信，交
顧頡剛，讓他到南京找時任行政院秘書長的翁文灝尋求資助，結果這位
秘書長根本不給張國淦的面子，一毛不拔，毫不客氣地拒絕了顧頡剛。
無奈之下，顧頡剛想到朱家驊。

> 「我沒有辦法，就去見朱家驊，請他想法。他說：『你們學術團
> 體的刊物，照例只有得到教育部請求補助，但這種團體太多了，
> 教育部平均分配，所得一定不多。好在你們講的是邊疆，而中英
> 庚款董事會正要辦邊疆教育，你們回去備一個正式信來請求補
> 助，我在董事會開會的時候，替你們提出討論。』我聽了他的話
> 就做了，居然於 1936 年夏天由董事會通過在一年度內給我們一
> 萬五千元的補助費。我們學會的工作從此有了正常的發展，有了
> 專任的研究員，發表的文章自然有更充實的學術貢獻。」

朱家驊關照過顧頡剛，顧頡剛也幫過朱家驊的忙，1941 年，顧頡剛
在成都，有穩定的工作，有不錯的薪水，而朱家驊連連電邀，要顧頡剛
去重慶主編《文史雜誌》。

與朱家驊見面後，顧頡剛問朱家驊辦《文史雜誌》的原因，朱家驊
說：「抗戰以來，物價日高，一班大學教授生活困難。政府正替他們想
辦法，辦這個雜誌就是辦法的一種，要使能寫文章的文學院教授們得到
些稿費作生活的補助。」顧頡剛又問：「為什麼一定要我來呢？」朱家
驊答：「這個刊物雖是黨部辦的，卻是純學術性。以前盧逮曾主編，但
他沒有學術地位與號召力，決不能編好，所以非請你來不可。」顧頡剛
「因感念過去朱氏在中山大學與自己的交誼，以及對自己通俗讀物和邊
疆研究兩項工作的支持；且十年來已不專治學，為時代需要犧牲自己亦
無不可，便同意了。」

　　後來朱家驊為討蔣介石的歡心，提議給蔣介石送九鼎，而給九鼎寫銘文的差事就落在顧頡剛身上。

　　為九鼎作銘文，對顧頡剛來說，絕對是樁吃力不討好的事，首先，這是在公開、肉麻地拍蔣介石的馬屁，所以稍有氣節的知識份子，都不願做；其次，顧頡剛是疑古派歷史學家，他不信歷史上有禹，卻相信有九鼎，這不是分明是自己摑自己的耳光？

　　既然朱家驊多次對顧頡剛援之以手，後者自然感激非常，只得在內心並不情願的情況下，在別人避之唯恐不及的情況下，同意為九鼎作銘文。設身處地想一想，顧頡剛的「投之以李，報之以桃」也屬情有可原。不過，如此一來，他就在獻九鼎風波中扮演了一個很不光彩的角色。

三、

　　朱家驊和胡適雖然早就相識，但在 1945 年之前，兩人交往並不密切。經查，1945 年之間，兩人似乎只通過一封信。那是 1940 年 12 月 10 日，朱家驊寫給胡適的，當時，胡適在美國任駐美大使，成功地說服了美國向中國貸款。朱家驊這封信，一方面向胡適介紹了當時中國的抗戰情形，另一方面也向胡適表示祝賀：「美國億元借款，國人甚為踴躍，實出我兄之力，甚佩。」

　　1945 年，朱家驊辭去中組部長和教育部長，但該年冬天又重被任命為教育部長。朱家驊知道，胡適在教育界的地位是舉足輕重的，所以，履新後的朱家驊立即給胡適寫信，請胡適予以支持：「去夏弟辭組部時，主席迭以教育部事見囑。當時以積勞之軀亟須修養，一再力辭，始獲允

准。是冬重被任命,適值黔境戰事緊張之際,未敢堅辭,乃不得已而視事,自唯綿薄,深恐覆餗。良以教育為立國之本,凡所設施,皆宜內切需要,外符輿情。況當振衰起弊之會,尤宜博訪眾議,力求刷新,庶幾百年大計,得以確立,不勝大願。吾兄高瞻遠矚,素所傾心,而關懷教育,尤具熱忱,對於今後教育與學術事業改革方面,必多灼見有以教我。」

後來,胡適出任北大校長,也是朱家驊力薦和苦勸的結果:

> 「夢麟兄因任秘書長,依法不能兼任校長,故力推兄繼任,主席
> 暨弟與北京大學同仁亦均認為非兄莫屬,公意如此,務請俯允。」

待胡適出任北京大學校長後,兩人因是上下級關係,交往就變得十分密切,通信也變得非常頻繁。當時,教育經費捉襟見肘,各校又急須經費,恰在這時,中美教育基金協定簽訂了一筆款子,其總數為兩千萬美金,分二十年撥付,每年中國可有一百萬美金用於教育,這筆錢如能用在刀刃上,對我國教育事業大有裨益。經朱家驊的推薦,胡適主持此事,由此,也表明,作為教育部長的朱家驊對胡適十分倚重並寄於厚望的。

當北京學生鬧學潮時,一籌莫展的朱家驊只能把希望完全寄託在胡適身上,他對胡適說:「北大不可無兄,北方尤賴兄坐鎮。」而胡適憑藉其特殊的身份和過人的本領,每每能化險為夷,甚至挽狂瀾於既倒。1947年,胡適用「疏導」的方法平息了學生的一次罷課,蔣介石在朱家驊面前褒揚了胡適,朱家驊在第一時間致電胡適報告喜訊:「主席對兄竭力安定北方教育,極表感佩,並面囑張院長,北大經費應寬籌速撥。」其喜悅、討好之情溢於言表。

1948年,國民黨欲召開「行憲國大」,選出「總統」、「副總統」後,再由「總統」提名「行政院長」,組成「行憲內閣」。為了收買人心,使自己在選舉中穩操勝券,蔣介石出人意料地大度的推舉胡適為「總統候選人」。

　　按學者沈衛威的分析，蔣介石走這著棋的目的有三：「一是安撫一下美國朝野人士的心，緩解美方的輿論；二是欲擒故縱，測試一下異己力量和自己的聲威；三是拿胡適做擋箭牌，壓倒自己的競爭對手、政敵李宗仁，既不使總統落入李手，也不讓李任行政院長，以致組閣。」

　　一開始，當王世杰把蔣介石的意圖告訴給胡適時，胡適沒勇氣接受。在當天（1948 年 3 月 30 日）的日記裡，胡適這樣寫道：

> 下午三點，王雪艇傳來蔣主席的話，使我感覺萬分不安。
>
> 蔣公意欲宣佈他自己不競選總統，而提我為總統候選人。他自己願做行政院長。我承認這是一個很聰明，很偉大的見解，可以一新國內外的耳目。我也承認蔣公是很誠懇的。
>
> 他說：「請適之先生拿出勇氣來。」
>
> 但我實無此勇氣！

　　然而，經不住王世杰的再三勸說，再加上總統的位置也確實誘人，胡適最終還是答應了。在次日（1948 年 3 月 31 日）的日記裡，胡適寫道：

> 雪艇來討回信。我接受了。此是一個很偉大的意思，只可惜我沒有多大的自信力。故我說：第一，請他考慮更適當的人選。第二，如有困難，如有阻力，請他立即取消：「他對我完全沒有諾言的責任。」

　　胡適一向宣揚他對「自由」、「獨立」的偏愛，用他的話來說，就是「保存這一點獨立的地位」「養成一個無黨不偏之身」「為國家做一個諍臣，為政府做一個諍友」，然而，這一次在「總統」的誘惑下，胡適深藏不露的政治野心還是一不留神冒了出來，可見胡適的話往往不能全信。

1948 年 4 月 4 日，國民黨中央執行委員會召開臨時會議，在會上，蔣介石聲明自己決不參加總統競選，但總統應由本黨就黨外人士提出候選人，副總統可由國民黨黨員自己自由競選。言外之意表明他是支持胡適競選總統的。結果，只有胡適好友吳敬恒、學生羅家倫兩人同意外，其餘中央委員都不同意胡適參加競選總統。蔣介石目的達到，就讓王世杰轉告胡適，說自己的計畫因中央委員的反對而無法實現。對此次欺騙、玩弄胡適，蔣介石在日記裡做了懺悔：「此心歉惶，不知所止，此為一生中對人最抱歉之一事也。」而胡適在得知被騙後第一反應是不讓自己被騙這件事弄得盡人皆知，他立即致電北大秘書長鄭天挺：「連日外間有關於我的許多流言，北平想亦有聞，此種風波幸已平靜，乞告舍間及同人。」

為安撫胡適，蔣介石於 8 日晚請胡適吃飯，並當面向胡適致歉，在胡適當晚的日記裡，（1948 年 4 月 8 日）胡適寫道：

> 他說，他的建議是他在牯嶺考慮的結果，不幸黨內沒有紀律，他的政策行不通。
>
> 我對他說，黨的最高幹部敢反對總裁的主張，這是好現狀，不是壞現狀。
>
> 他再三表示要我組織政黨，我對他說我不配組黨。
>
> 我向他建議，國民黨最好分化作兩三個政黨。

在 1948 年的 5 月 29 日，朱家驊曾給胡適發了一封密電，談的是關於「翁兄」意圖「組閣」的事：

> 「年來承乏教育部，實已心力交瘁。自問與子文、岳軍均係舊遊，乃以職責所在，致往往不無不諒之處。至孟鄰、岫廬，亦或有所誤會。此次翁兄組閣，弟在常會首先贊同，無論於公於私，均應

竭力相助，義無容辭。但弟能置身閣外，或幫忙更多。如再入閣，
恐反於彼無益，或竟蹈過去覆轍而損友誼，轉為不妙，想兄當能
諒察也。」

筆者認為，胡適收到這封信，定然很不高興。因為朱家驊所云「弟
能置身閣外，或幫忙更多。如再入閣，恐反於彼無益，或竟蹈過去覆轍
而損友誼」，其實是在暗示胡適不應出爾反爾。因胡適早就說過這樣的
話：「我所以想保存這一點獨立的地位，絕不是圖一點虛名，也不是愛
惜羽毛，實在是想要養成一個無偏無黨之身，有時當緊要的關頭上，或
可為國家說幾句有力的公道話。一個國家不應該沒有這種人；這種人越
多，社會的基礎越健全，政府也直接間接蒙其利益。我深信此理，故雖
不能至，心實嚮往之。以此之故，我很盼望，先生容許我留在政府之外，
為國家做一個諍臣，政府做一個諍友。」

胡適在很多場合反覆說要「保存這一點獨立的地位」「要養成一個
無偏無黨之身」，現在居然參加總統競選，這不是很可笑嗎？

在很多人眼中，胡適不過是個偉大的書生，談理論頭頭是道，一旦
想介入政治，比如競選總統就會斯文掃地，任人玩弄了。然而胡適甘心
做一個書生嗎？當然不，胡適是有自己的政治抱負的，所以才會上蔣介
石的鉤，中蔣介石的圈套，碰了這一次壁，胡適才變得心灰意懶了。

蔣介石在引誘胡適競選總統時曾說了這樣一句話：「你當總統，我
當行政院長。或者，我當總統，你當行政院長。」然而，蔣介石一旦當
上總統後，立即就把行政院長的頭銜戴在了自己頭上，有人因為糊塗，
竟提名胡適當行政院長，結果蔣介石很不高興，說：「書生不能辦事。」
有好事者把蔣的話傳給胡適，胡適說：「蔣先生是對的，我確實是書生，
我連私人書櫃也料理不清。」胡適這句話當然是自嘲，他當然不甘心只

當一個書生。朱家驊信中說「置身閣外，或幫忙更多。如再入閣，恐反於彼無益」無意間戳倒了胡適的疼處，明明知道「保存這一點獨立的地位」，「養成一個無黨不偏之身」的重要性，為何關鍵時刻卻做不到呢？朱家驊是說者無意，胡適則是聽者有心。由於在競選總統這件事上，胡適受了很大的刺激，他看到朱家驊筆下「入閣」這樣的詞，心裡肯定很不舒服。我認為，朱家驊的這封信使兩人之間產生了一絲隔閡。

由於在競選總統的事上被蔣介石耍了一把，再加上當時學潮不斷，胡適萌生退意，想辭掉校長職務，這下，朱家驊慌了，因為如果胡適撒手走人，他這個教育部長也就當不下去了，於是，他火速給胡適去信，懇請對方留任：

> 「……年來承兄偏勞，公私感激，累兄實多，心時不安，乃北大不可無兄，北方尤賴兄坐鎮。即弟可放兄，而總統與翁兄亦必不能聽兄高蹈；北大同人聞之，將更惶恐。故此實不可能之事，祇有萬懇顧念大局，勉為其難。倘兄有言辭消息，則華北教育界必將動搖不可收拾。」

由於當時的國民黨政府氣數已盡，不管胡適同意不同意繼續當校長，他和朱家驊都只能選擇潰逃了。朱家驊到臺灣後，一直擔任中央研究院院長一職，胡適則在美國做寓公，開始了暗淡的晚年生活。1955年3月26日，胡適在日記中寫道：

> 寫一封信給朱騮先院長，凡四頁。其中關於新設近代史研究所一事，我寫了幾百字，指出此事所以引起談話會的建議，實因中研院籌辦近代史研究所而不能得史語所同人的支持與合作，是最不幸的事。

此信很不好寫，寫了恰好李濟之來辭行，我請他看了發出。濟之
說，「先生若不說，誰肯說？」

從這則日記中，我們可讀出如下資訊：1、朱家驊主持的中研院和
史語所是有矛盾的；2、胡適寫這封信是勸朱家驊和史語所人搞好關係，
所以，「很不好寫」。3、信的內容肯定有一些逆耳之語，所以濟之才會
說：「先生若不說，誰肯說？」

後來，中研院和史語所的關係仍然很僵，可見，胡適的信並未能起
到好的效果，這樣，兩人的隔閡就進一步加深了。

1958 年 1 月，擔任中研院院長達十八年之久的朱家驊終於離任，繼
任者為胡適，但由於當時的胡適人在美國，且生病住院，所以胡適指派
李濟為代理院長。他沒料到，此舉令朱家驊不滿。因為朱家驊想讓自己
的部下──中研院總幹事楊樹人來做代理院長，而後來胡適讓李濟暫時
代理院長職務，楊樹人則做了科學會的執行秘書。楊樹人當然不滿意這
樣的安排，所以很快就向胡適提出辭職，結果拖了兩年，才把職辭掉了。
原因是胡適那階段常生病，楊樹人不忍催促胡適。關於這件事，胡適秘
書胡頌平有詳細的說明：「我說兩年來曾和樹人談過多少次，他是衷心
尊敬先生，佩服先生的講理，答應他辭去科學會的執行秘書職務；但一
直拖到今天，實因先生幾次出國，幾次進醫院而拖下去的。像他的脾氣，
如果不是先生當主席，他早就留下一封信，什麼都不管了。這是他當面
對我說的，也就是尊敬先生的關係，所以拖到今天。」

由於當時中研院總幹事全漢昇要去芝加哥大學任教，胡適必須找到
合適人選來代替他，在胡適心目中，最合適的人就是楊樹人，但由於前
面所說的原因，楊樹人是不可能答應的。另外，既然楊樹人堅決辭職，
胡適還必須找到合適人物擔任科學會執行秘書一職。最後胡適看中了徐

公起。此人也是朱家驊的老部下，朱家驊退休後，他在政治大學教書，為了讓徐公起接受這一職位，胡適特意請朱家驊和楊樹人做說客，然而這兩人似乎不熱心。於是，胡頌平主動請纓，去找徐公起。胡適對徐公起開出的條件十分優渥，他對胡頌平說：「你把科學會的三種規程、中英文的都帶去。其中執行秘書的薪給，5月30日執行委員會議決一條議案，照大學教授最高的薪水，另送房租一千元。將來還要買一輛汽車，開會時接送各委員，平時由執行秘書坐的。現在立法院催我們的組織法送立法院審查，我想在修改組織法時，把執行秘書改為秘書長。這種種情形，你也可以給公起談談。」你看，當執行秘書有房有車有官銜，待遇不可謂不優厚。從開出的條件來看，胡適對徐公起到了求賢若渴的程度。然而，徐公起似乎並不領胡適的情。當胡頌平對他說明來意後，徐公起告訴他朱家驊已對他說過了，而他是這樣回答朱家驊的：「我給朱先生工作三十多年，如果我自己要到別的地方去，一定要得您的同意。現在是胡先生跟你說話，一切由您決定。」

那麼，朱家驊會為徐公起做出怎樣的決定呢？對此，胡適顯得很樂觀，他對胡頌平說：「我看得起他的手下的人才，這對他是很恭維的。我對他說過，我很佩服他當十八年的院長，我只當了三年，已經苦死了。一般做官的人喜歡打官話。我生平不做官，也有好處，我不會打官話。朱先生在一般做官的人中算是最難得的，因他是大學教授出身。像樹人，像你，都不是他的人嗎？為什麼不讓公起替我幫忙呢？我想他會答應的。」然而，朱家驊最終也沒讓徐公起幫胡適的忙，而是推薦了一個叫李先聞的人，而這個人脾氣相當壞。

儘管李先聞脾氣壞，但科學會的執行秘書畢竟有人幹了，這讓胡適鬆了口氣，可是總幹事人選沒落實，胡適又陷入新一輪的焦慮中去了。也許是因為急火攻心，胡適生病住院了。待他出院，胡頌平告訴他，朱

家驊曾來看過他：「上次朱先生來看先生時，先生在住院，沒有見面。他在此地和我談了二十多分鐘。他很懊悔當年勸先生早日回國接事的信，他不曾提醒先生可交楊樹人暫代下去。那時他要避嫌：前任不能對後任推薦人選的。」胡適說：「朱先生對我還避嫌嗎？」胡頌平說：「他是可以不避嫌的，所以他現在頗為懊悔了。」胡適歎息一聲：「我那時就不知道可以交給總幹事暫代的。」

朱家驊沒有向胡適推薦人選，難道是為避嫌嗎？當然不是。那麼他為何不推薦呢？我認為問題出在胡適身上。朱家驊任中研院院長達十八年之久，胡適作為繼任者，理應向他討教，所以，朱家驊不主動推薦代理院長人選，是想擺一下老院長的資格，讓新院長請他指點一番，沒想到胡適對這位老院長並不重視，而是自作主張，讓李濟代理院長。朱家驊自然惱火。現在，胡適急缺人手，看中了他的兩個部下，朱家驊不答應也就不難理解了。

胡適曾在胡頌平面前這樣評價朱家驊：「『中央研究院』的事情真麻煩。我以一念之差答應下來，聽說還不許我退休！朱先生當了十八年的院長，像傅孟真、陶孟和、李四光，共有十多位所長，都是很有脾氣的人。他能維持十八年之久，我真佩服他。」

胡適說他很佩服朱家驊，我認為這是真心話，但他佩服的只是朱家驊的能忍，而並不是佩服他的能幹。

胡適對朱家驊的另一次評價就是上面說的「一般做官的人喜歡打官話。我生平不做官，也有好處，我不會打官話。朱先生在一般做官的人中算是最難得的，因他是大學教授出身。」也就是說，除了佩服朱家驊的能忍，胡適還欣賞朱家驊的「不打官話」、「是大學教授出身」，那麼，朱家驊的魄力、能力、才幹、建樹、政績如何呢？對此胡適未置一詞，而他對朱氏這些方面的真正評價也就「盡在不言中」了。

　　正因為胡適並不認為朱家驊在中研院院長的職位上做出了多大的成績，所以胡適在接手中研院時也沒想到要從他那裡取取經，他無意間流露出的這份不易察覺的傲慢，使朱家驊對他產生了不該有的偏見，所以，在胡適為尋找總幹事和執行秘書的合適人選而費心勞神之際，朱家驊選擇了袖手旁觀，儘管胡適後來屈尊求到他的門前，他也沒同意讓自己的部下為胡適做事。看來，朱家驊並非一個大度的人。

胡蘭成：「君子如響」

　　胡蘭成和張愛玲相識後，兩人情投意合，相見恨晚，迅速墮入愛河。一次，兩人坐在房裡說話，張愛玲含情脈脈地看著胡蘭成，滿臉含笑地說：「你怎這樣聰明，上海話是敲敲頭頂，腳底板亦會響。」[1]如此讚賞，胡蘭成自然刻骨銘心。後來，胡蘭成逃命於雁蕩山時，讀古書看到一句「君子如響」，不禁會心一笑。

　　胡蘭成絕非君子，這一點無可置疑；胡蘭成聰明絕頂，這一點也同樣無可置疑。在我看來，胡蘭成的聰明在以下幾個方面表現得猶為突出：

一、慣於倒打一耙

　　胡蘭成年輕時，在廣西南寧一中當過中學教員。「一中有個女同事李文源，是廣東軍閥李揚敬的堂妹妹，北京師範大學畢業，一向在上海做共產黨員，幾番被捕，得李揚敬保釋，這回才避到廣西來的。她教初中國文，遇疑難常來問我。晚飯後天色尚早，時或幾個人出去郊原散步，到軍校附近，聽她唱《國際歌》。另有個男教員賀希明，也是共產黨員，在對她轉念頭，不得到手，卻猜疑她是心上有了我之故。……那天幾個人在賀希明房裡，他拿話試探我，我不喜道：『那李文源也不過和千萬人一樣，是個女人罷了，有什麼神秘複雜。』他又拿話激我，哄我打賭敢與李文源親嘴不敢。我明知他是想要坑陷我，偏接受他的挑戰，也給他看看人害人害不死人，除非是天要除滅人。」[2]

　　這個賀希明當然笨得可以，他和胡蘭成打這種賭，無異於把一塊肥肉放在餓漢眼前問他敢不敢吃。既然對女性心理洞燭幽微，胡蘭成當然

清楚，一個雖來路不明但卻結結實實的吻會給一適齡女子帶來怎樣強烈的心理震撼！如此，通過打賭，胡蘭成既可以驗證一下自己的男性魅力：能不能一吻動芳心；也可以籍此在賀希明眼前充一回好漢，當然，還可以順便「揩油」。

這樣，打賭對胡蘭成而言幾乎成了一件「美差」。他當然要毫不猶豫去做了：「我當即起身到女生宿舍那邊，一直走進級主任先生李文源的房裡。是時已快要打鐘吃夜飯，南國的傍晚，繁星未起，夜來香未放，亦已先有一種濃郁，李文源房裡恰像剛灑過水似的，陰潤薄明，她正洗過浴，一人獨坐，見我進來起身招呼，我卻連不答話，抱她親了一個嘴，撒手就走了。」[3]

胡蘭成將計就計，以打賭為名吻了賀希明屬意的女人，賀希明自然惱羞成怒，於是，他就在李文源面前揭了胡蘭成的底，把打賭的事和盤托出。李文源大怒，把這事捅給了校長。

因為打賭而強吻女同事，如果這還算不上令人不齒的下流勾當，至少也是讓人厭惡的無聊行徑，而在胡蘭成的筆下，它卻成了令人肅然起敬的果敢行為：「我明知他是想要坑陷我，偏接受他的挑戰。」當李文源向校長告發了他的無聊行為後，胡蘭成無半點悔意，反而一肚子怨氣，對幾個當事人一一作了點名批評：「本來也無事，只因賀希明去觸鱉腳，對他說我是為打賭，她才大怒，逕去告訴了校長。──但我從此看不起李文源。心裡想你既告訴，你便是個沒有志氣的。」賀希明揭他的底，他罵人家「觸鱉腳」，李文源告發他，他罵對方「沒志氣」。還有幾位女同事，對胡蘭成的「打賭」頗不以為然，胡蘭成對她們也是極為惱怒：「尚有個劉淑昭，正經派得像教會婦人，唯她非常憎惡我的無禮，我心裡卻想你也省省罷。此外還有幾位娘兒們不知背地在怎樣說我，總之我亦不睬。」

胡蘭成這番氣急敗壞的話，顯露了他的處世邏輯：凡於他有利的，便是好；凡對他不利的，便是不好；另外，除非你對他的醜行熟視無睹或保持沉默，否則，他便毫不猶豫的倒打一耙，反咬一口，罵你沒商量。依靠這種不講道理的邏輯，一個無行文人兼政客，不僅在亂世中如魚得水，游刃有餘；而且像變戲法一樣把自己的醜行打扮得花枝招展，那些「紅腫之處」竟變得「豔若桃花」；依靠這種似是而非的邏輯，胡蘭成的種種醜行不僅是「順乎天性」的（安妮寶貝就把胡蘭成稱為性情中人，因為只要遇見中意的女人，他就「勇敢」地去追求，從不壓抑自己的天性），而且是「令人嘆服」的（誰有膽量如此率性而為？），倘若你對他的行為不以為然或頗有微詞，那你就成了焚琴煮鶴的粗人。

　　1944年胡蘭成和張愛玲簽定婚約，結成秦晉之好。同年秋天胡蘭成又受南京汪偽政府之命，去武漢創辦《大楚報》。不久，年近不惑且是有婦之夫的胡蘭成又與當地一位年僅十六歲的護士周訓德開始了一段忘年兼婚外戀。時任《大楚報》副社長的沈啟无對胡蘭成的行為不以為然，就在周訓德面前揭了胡的老底。胡蘭成得知後大發雷霆。

　　「一日傍晚，小周去漢口買東西回來，告訴我沈副社長也要買東西，叫她陪同走了幾條街，路上與她說我是有太太的，說她好比一棵桃樹被砍了一刀。她聽了當然不樂。我頓即大怒，小周急道：『你必不可以說他的。他也是為我好。』但我看小周的金面，亦即又擱開了。……第二天我與啟无從報館回來，在漢陽路上走時，我責問他：『你對小周怎麼說話這樣齷齪！』啟无道：『小周都告訴你了麼！』我叱道：『卑鄙！』他見我盛怒，不敢作聲，只挾著公事皮包走路，仍是那種風度端凝，我連不忍看他的臉。」[4]

不管沈啟无出於怎樣的動機，他對小周說的話是實情而非造謠中傷，既然如此，胡蘭成對他的叱責就顯得虛張聲勢強詞奪理了。筆者無意對胡蘭成和沈啟无的人品作一番比較，但就事論事，既然沈啟无說的是真話，那麼，說謊者胡蘭成又有什麼資格罵對方「齷齪」、「卑鄙」呢？

小偷被捉後，裝模作樣聲淚俱下為自己辯解，這種情況或許司空見慣；小偷被捉後，竟然正氣凜然疾言厲色斥責那個當場擒獲他的人，這種情況如果不是絕無僅有的，也是極為罕見的。胡蘭成就是這種極為罕見的「小偷」。

胡蘭成想以慷慨激昂正氣凜然的聲調混淆視聽迷惑大眾，讓別人誤以為他蠻不講理的倒打一耙是師出有名的正義之戰，然而，紙包不了火，再激昂的腔調也掩蓋不了問題的實質。只要我們對胡蘭成的言行作一番冷靜的剖析，他的無賴心態應該昭然若揭。

二、精於「作文秘訣」

魯迅在〈作文秘訣〉中曾說：「至於修辭，也有一點秘訣：一要朦朧，二要難懂。」[5]

作為《今生今世》的作者，胡蘭成可謂精於此道。《今生今世》裡時有「朦朧」與「難懂」之處。限於篇幅，筆者只想舉兩例。

胡蘭成髮妻玉鳳病重時，胡蘭成卻跑到俞傅村，在自己的義母家一住數日。

> 「我在俞家又一住三日，只覺歲月荒荒，有一種糊塗，既然弄不到錢，回去亦是枉然，就把心來橫了。我與玉鳳沒有分別，並非她在家病重我倒逍遙在外，玉鳳的事亦即是我自身遇到了大災難。我每回當著大事，無論是兵敗奔逃那樣的大災難，乃至洞房

花燭，加官進寶，或見了絕世美人，三生石上驚豔，或見了一代英雄肝膽相照那樣的大喜事，我皆會忽然有個解脫，回到了天地之初。像個無事人。且是個最最無情的人。當著了這樣的大事，我是把自己還給了天地，恰如個端正聽話的小孩，順以受命。」[6]

「我與玉鳳沒有分別，並非她在家病重我倒逍遙在外，玉鳳的事亦即是我自身遇到了大災難。」這句爭辯顯然有此地無銀三百兩的味道。接下來，胡蘭成東拉西扯，引經據典，其目的是拉大旗作虎皮，把清水攪渾，把問題搞複雜。原來，胡蘭成的「無情」是「回到了天地之初」；是「順以受命」，這樣，對胡蘭成的無情，我們不僅不該罵，反而要肅然起敬才是。那些讀過莊子喪妻而歌的文人很難不會把這個無情的胡蘭成與遠古的莊子聯繫在一起，如此，對胡蘭成的敬佩又添了幾分，而這正是胡蘭成所渴望的。有莊子撐腰，胡蘭成的無情既顯得有恃無恐也顯得不同凡俗。胡蘭成的狡猾以及他文章的欺騙性正在於此。

時至今日，很多才子才女們仍然因此對胡蘭成大唱讚歌大為欣賞：

「但胡蘭成的『無情』，又與莊子喪妻而歌不同──胡蘭成的世界，是魚龍混雜，泥沙俱下的。連他描繪的大事，也不乏『洞房花燭，加官進寶』這樣的庸俗，他的執著與放棄執著，有情與無情，都是俗人的宗教，為俗人的解脫。所以來得親切，所以漏洞百出。可是沒有漏洞的人，終究跟人世沒什麼關係。

一面是心中大悲，另一面則表現為混世魔王。中國文化的精髓，我以為必須有『混世』二字。孫悟空是混世，西門慶是混世，賈寶玉也是混世。胡蘭成則是亂世裡的混世先生，是文人，是丈夫，是小官，是漢奸，是才子，是無賴，是情人和負心者。亂

世中人，往往心藏盛世大道，又懂得亂世的荒蕪，人世的孤涼。
而日常生活互古不變，胡蘭成的才情裡又自有民間世井的潑辣
與嫵媚。」[7]

或許只有像尹麗川這樣精通中國文化之人才能慧眼識珠於胡蘭成
無情無義舉動中看出他的「親切」、「潑辣」、「嫵媚」。而我更願意站在
像玉鳳這樣中國普通老百姓立場看問題。對於一個身患重病的妻子而
言，丈夫能守在床前端茶送水即使不能減緩她的病情也能給她以莫大的
精神安慰。而像胡蘭成這樣在妻子病重之際，一面在外逍遙，一面發些
「當著了這樣的大事，我是把自己還給了天地，恰如個端正聽話的小
孩，順以受命」這樣大而無當的感慨，恐怕不僅讓人覺得可笑，也讓人
像吞了一隻蒼蠅那樣作嘔。難道讀了幾本古書，讀了一點老莊哲學，就
是為自己的「無情」、「混世」尋找遁詞。這樣的人，不僅是虛偽的，更
是陰險的，當然也是「聰明」的，因為，他的文字越「朦朧」、「難懂」，
越有「文化氣息」，他的無情，無賴，乃至無恥就會隱藏得越深。

把文章寫得「朦朧」，是為了遮醜；把文章寫得「難懂」則是裝腔
作勢嚇唬人。對此，魯迅有精闢的分析：「做得朦朧，這便是所謂『好』
麼？答曰：也不盡然，其實是不過掩了醜。但是，『知恥近乎勇』，掩了
醜，也就彷彿近乎好了。摩登女郎披下頭髮，中年婦人罩上面紗，就都
是朦朧術。人類學家解釋衣服的起源有三說：一說是因為男女知道了性
的羞恥心，用這來遮羞；一說卻以為倒是用這來刺激；還有一種是說因
為老弱男女，身體衰瘦，露著不好看，蓋上一些東西，借此掩掩醜的。
從修辭學的立場看起來，我贊成後一說。」[8]

「作文之貴乎難懂，就是要使讀者三步一拜，這才能夠達到一點目
的的妙法。」[9]

胡蘭成在文章裡喜歡由一點生發開去，東拉西扯，「引經據典」，動輒把自己的一言一行、一舉一動與古代文化連在一起，與「中國文明」相提並論，其目的當然是讓自己的文章「難懂」，讓讀者因為「難懂」而對作者心生敬畏以至於「三步一拜」。

關於小周，胡蘭成的筆下有這樣一段文字：

> 「但是小周到家裡去了回醫院，與我說：『我對娘說起你了的。』我問娘聽了怎麼說，小周道：『娘說要我報你的恩。』她這樣告訴我，顯然心裡歡喜，她的人立在我身跟前，只覺得更親了。我沒有幫小周做過一樁什麼事，財物更談不到，連送他一塊手帕，我亦店頭看了想過幾天才決定，因我不輕易送東西，而她亦總不肯要人的。她娘說恩都不是這些，而是中國女子才有的感激，如〈桃葉歌〉：
> 桃葉映紅花，無風自婀娜。
> 春花映何限，感郎獨採我。
> 又如說一夜夫妻百日恩，只因為是這樣的親，又如說女為悅己者容，與士為知己者死一樣有俠意。人世如高山流水，我真慶幸能與小周為知音。辛稼軒詞：『斜陽草樹，尋常巷陌，人道寄奴曾住。』中國文明便是在於尋常巷陌人家，所以出來得帝王將相。」[10]

作為一名被封建思想所禁錮的傳統女性，小周娘的那番「報恩」云云的話實在昏聵得可以。在她眼裡，胡蘭成想必是個有權有勢的達官貴人，自己女兒攀上這樣一個好歹算個官員的人，當然要感激涕零以至於「報恩」。而胡蘭成故意曲解這番話的含義，故意拔高小周娘的文化水準，別有用心而又用心良苦地對「報恩」說作了一番不著邊際而又高深莫測的「文化學」闡釋。這番闡釋堪稱典型的「過度詮釋」（艾柯語）。這番不

著邊際的「過度詮釋」是想陷讀者於兩難境地：你看不懂「報恩」與「中國文明」的內在聯繫，說明你水平太低讀不懂胡蘭成作品的「微言大義」；而如果你讀懂了胡蘭成的大作，你也就認同了小周娘的「報恩」說。

但只要細細推敲一番，胡蘭成的「過度詮釋」根本站不住腳。「一夜夫妻百日恩」，這話沒錯，但從名分上看，胡蘭成此時的妻子是張愛玲，小周什麼也不是，即使兩人是「事實夫妻」，小周後進門的，只能算「小」，對自己的身份，小周倒是十分清楚也十分不滿：「我娘是妾，我做女兒的不能又是妾。」

至於「人世如高山流水，我真慶幸能與小周為知音」更是一句當不得真的謊言，因為不管是舊相識還是新相知，胡蘭成都會慷慨地把「知音」的頭銜饋贈給對方，就像一些不負責任的評論家們隨便地把「大師」頭銜派發給當代作家一樣。

在小周之前，至少有以下兩位女性被胡蘭成目為「知音」：

髮妻玉鳳。「玉鳳亡過後母親說起這一段，我聽了心裡竟連感激都不是，一個人曾經有過這樣的知己，他的一生裡就怎樣的遭遇亦不會搖動對人世的大信。」[11]

張愛玲。「張愛玲亦會孜孜的只管聽我說，在客廳裡一坐五小時，她也一般的糊塗可笑。我的驚豔是還在懂得她之前，所以她喜歡，因為我這真是無條件。而她的喜歡，亦是還在曉得她自己的感情之前。這樣奇怪，不曉得不懂得亦可以是知音。」[12]

小周是胡蘭成第三個知音，接下來還有第四、第五個。俗話說：人海茫茫，知音難覓；但對胡蘭成來說，好像一不小心，就能與「知音」不期而遇；或者對他來說，簡直就是，三步之內，必有芳草；五步之內，定有知音。然而，物以稀為貴，「知音」多了一定貶值。胡蘭成對「知音」不珍惜，其道理莫非在此？

　　桃葉映紅花，無風自婀娜。

　　春花映何限，感郎獨採我。

　　這首詩美則美矣，但胡蘭成借此道出的「心曲」卻十分陰暗而醜陋。胡蘭成無非是借此詩暗示小周：我有「獨採」你的權利，你有感激我的義務。在中國，恐怕只有皇帝和妃子之間才會具備這種極不合理極不公平的關係。妃子萬紫千紅，皇帝一枝獨秀，既然僧多粥少，妃子們自然大旱望雲霓一般苦盼皇帝的「寵幸」，而由於每一次「寵幸」都有可能演變為曇花一現的「絕唱」，妃子們又怎能不對皇帝的「寵幸」感恩戴德？

　　不僅讓對方的身體聽從自己的擺佈，而且要讓對方的靈魂匍匐在自己的腳下，胡蘭成的陰險由此顯露無遺。

　　一番牽強附會的旁徵博引，一番用心良苦的「過度詮釋」，不過是裝腔作勢嚇唬人罷了，一旦讀者被他的「淵博」和「深邃」嚇住了，自然不會對他和小周之間的曖昧關係說三道四了，反而真以為他和小周之間是「金風玉露一相逢，便勝卻人間無數」式的「天作之合」了。如此，胡蘭成的目的也就達到了。

　　《圍城》裡有個詩人叫曹元郎，此君寫詩時酷嗜用典，其用典之多之亂之莫名其妙，均到了匪夷所思的程度。方鴻漸在唐曉芙面前把這位曹大詩人痛貶了一番：「你看他那首什麼〈拼盤姘伴〉，簡直不知所云。而且他並不是老實安分的不通，他是仗勢欺人，有恃無恐的不通，不通得來頭大。」[13]

　　其實，胡蘭成的「旁徵博引」、「過度詮釋」，他刻意追求的「朦朧」、「難懂」，也是一種「不通」，而且也是「仗勢欺人，有恃無恐的不通，不通得來頭大」。

三、善於「金蟬脫殼」

所謂「金蟬脫殼」是指胡蘭成善於為自己開脫。胡蘭成所做的諸多醜事在旁人看來十分不堪，但此君從不放棄為自己辯解的機會，胡蘭成作品的「好看」，很大程度上應歸功於他辯解的「巧妙」。

關於張愛玲，胡蘭成的筆下有這樣一些文字：

> 「她道：『你說沒有離愁，我想我也是的，可是上回你去南京，我竟要感傷了。』但她到底也不是個會纏綿悱惻的人。還有一次她來信說：『我想過，你將來就只是我這裡來來去去亦可以。』」[14]

有了張愛玲這番話，胡蘭成的用情不專便顯得冠冕堂皇了，而他的另結新歡也就並非對張愛玲的欺騙和傷害了，因為張愛玲「允許」他這樣做。其實，明眼人一看便知，張愛玲這番話完全是「戀愛中的女人」的癡言瘋語，胡蘭成則別有用心以此作擋箭牌。

> 「有志氣的男人對於結婚不結婚都可以慷慨，而她是女子，卻亦能如此。」[15]

「結婚不結婚都可以慷慨」說得好聽，其實，它的意思就是：「結婚不結婚都可以隨便。」那麼，按胡蘭成的邏輯，一個不肯隨便結婚的男人就是沒志氣的？顯然是一派胡言。至於張愛玲，則決不是一個「結婚不結婚都可以慷慨」的女人。胡蘭成給張愛玲戴上這頂莫須有的高帽子，當然是為自己四處留情找託詞。

> 「我已有妻室，她並不在意。再或我有許多女友，乃至狎妓遊玩，她亦不會吃醋。她倒是願意世上的女子都喜歡我。而她與我

即使不常在一起，相隔亦只如我一人在房裡，而她則去廚下取茶。我們兩人在的地方，他人只有一半到得去的，還有一半到不去的。」【15】

張愛玲果真宰相肚裡能撐船容得下胡蘭成如此花心，事實上，張愛玲後來趕到溫州就是要胡蘭成在她和小周之間做一個抉擇。所以，胡蘭成這番話對張愛玲是明誇暗損。「我們兩人在的地方，他人只有一半到得去的，還有一半到不去的。」這不是在說張愛玲完全是胡蘭成夫子自道。張愛玲是完全陷入這場風花雪月的戀情中，否則，她也不會說出「見了他，她變得很低很低，低到塵埃裡，但她心裡是歡喜的，從塵埃裡開出花來」這樣有失尊嚴的譫妄之語。而胡蘭成則「只有一半」和張愛玲談情說愛，「還有一半」則用來尋覓別的「紅粉知己」。

胡蘭成喜歡將自己一廂情願的念頭當成別人的想法，亦即以己之心度人之腹。他比小周大二十二歲，以一個有婦之夫的中年人身份，獲得一個妙齡少女的「靈與肉」當屬豔福不淺，可他卻抓住小周娘的一句話大做文章，認為自己有恩於小周，所謂「春花映何限，感郎獨採花」，而小周對此卻很不以為然，並且，她對自己的身份也極為不滿：「我娘是妾，我做女兒的不能又做妾。」

當沈啟无把胡蘭成有婦之夫的身份透露給小周後，胡蘭成惱羞成怒，但小周對沈啟无卻是心存感激，她對胡蘭成說：「你必不可以說他的。他也是為我好。」所以，胡蘭成大罵沈啟无「齷齪」、「卑鄙」完全是洩私憤，其他人（包括當事人小周）並不認同他的看法。

胡蘭成風光時有美人在側並不稀奇，胡蘭成落難時有佳人搭救才叫罕見。並且，和胡蘭成相識的「知音」們，不僅勇於以身相「飼」（用以身相許不太合適，無論是小周還是范秀美，自始至終都是無名無份

的），還總懷有一種報恩心理。小周是「春花映何限，感郎獨採我」，范秀美則是「不惜紅羅裂，何論輕賤軀」：

> 「才走得七、八里，車夫歇下來換草鞋。我下車走到范先生跟前，見她的旗袍給手爐燒焦了指頭大的一塊，變成金黃色，我怕她要難受，她卻並不怎麼樣。她當然也可惜，唯因心思貞靜，就對於得失成毀亦不浪漫。這都是為了我，但我不說抱歉的話，單是心裡知恩。她像漢朝樂府裡的『不惜紅羅裂，何論輕賤軀。』非必戀愛了才如此，卻是女子的一生每有的潑辣與明斷，這又叫人敬重，所以在范先生面前，我亦變得了沒有浮辭。」[16]

這番話當然也是在放「煙幕彈」，而且是針對讀者放的，因為以小周和范秀美的文化水平，恐怕是讀不懂「春花映何限，感郎獨採我」、「不惜紅羅裂，何論輕賤軀」背後所隱藏的「微言大義」的，倘若讀懂了，她們也就看穿了胡蘭成的心思，一怒之下與其反目也是有可能的。

在胡蘭成驚慌如喪家之犬時，范秀美為他營造了一個遮人耳目而又溫馨可人的庇護所，於是，胡蘭成便誇對方「潑辣」、「明斷」、「叫人敬重」，這當然是令人反感的自說自話。筆者無意評價范秀美的為人，但庇護一個被追逃的漢奸，考慮到她的家庭婦女的身份，雖說並非不可原諒，但至少是一時糊塗所幹的傻事，絕談不上「潑辣」、「明斷」、「叫人敬重」。

胡蘭成洞悉女性心理，善於利用女性的弱點將其玩於股掌之間，可他不肯實話實說，偏說女人對她好是出於報恩心理。小周娘的那句話給了他靈感，於是他想出了「一日夫妻百日恩」這一絕妙託詞。然而，胡蘭成畢竟是聰明的，他很快意識到這一託詞的致命漏洞，因為，無論是小周還是范秀美都不是他名分上的妻子，於是，他又創造出「親人」這個詞（平心而論，這個生造詞實在令人叫絕）：

「而且我心裡竊有所喜,是范先生把我當作親人,世上唯中國文明,恩是知己怨是親。小弁之怨親親也,而男女之際稱冤家,其實是心裡親得無比,所以漢民族出來得〈昭君怨〉,及王昌齡的〈西宮怨〉,李白的〈玉階怨〉,皆為西洋文學自希臘以來所無。而恩是知己,更因親才有。至於男女之際,中國人不說是肉體關係,或接觸聖體,或生命的大飛躍的狂喜,而說是肌膚之親,親所以生感激,『一夜夫妻百世恩』,這句常言西洋人聽了是簡直不能想像。西洋人感謝上帝,而無人世之親,故有復仇而無報恩,無《白蛇傳》那樣偉大的報恩故事,且連怨亦是親,更唯中國人才有。而我現在亡命,即不靠的朋黨救護,亦非如佛經裡說的『依於善人』,而是依於親人。」[17]

胡蘭成這番話讓人大開眼界,原來,所謂「親人」,就是肌膚相親過的人。張愛玲、范秀美以及小周均是胡蘭成的「親人」,所以才「心裡親得無比」,所以才會冒險到溫州探望他(張愛玲),所以才會在他出逃時仍對他依依不捨(小周),所以才會在他亡命天涯時仍給他一個溫柔鄉(范秀美)。

值得注意的是,第一次說一夜夫妻百夜恩時,胡蘭成沒加引號,這次說一夜夫妻百世恩,胡蘭成特意加了引號,其目的當然是提醒讀者,不能坐實夫妻的含義,只能從象徵的角度理解這句話,也就是說,大凡「親人」(肌膚相親過的人),亦即「夫妻」。

不錯,胡蘭成的幾位「親人」或曰「冤家」,給了胡蘭成足夠的呵護與關愛,而胡蘭成給予對方的又是什麼呢?

當張愛玲要他在自己和小周之間做一個抉擇時,胡蘭成斷然拒絕,此舉傷透了張愛玲的心。當小周因他的緣故而被捕後,胡蘭成的反應又

是什麼呢？「訓德被捕，我是在報上看見，曾起一念要自己投身去代她，但是不可以這樣浪漫，而且她總不久就可獲釋的。」「自己投身去代她」其實並非浪漫之舉，只是不划算而已，如果他真的這樣做了，倒不失為一條漢子，至少也報了小周的恩。當然，貪生怕死亦屬人情之常，別人也不會強求胡蘭成這樣的書生做出什麼「英雄救美」的壯舉，不救小周就不救小周，但胡蘭成又偏偏喜歡「做秀」，喜歡往臉上貼金：「我常到澗水邊，在新濕的沙灘上用竹枝寫兩個人的名字，唯風日及澗水知道，亦唯與風日及澗水可以無嫌猜。」如此舉動才是真正的風花雪月，浪漫得與胡蘭成身份極不相稱。在沙灘上寫兩個人的名字，或許可以減輕胡蘭成的負疚心理，但對小周而言卻是畫餅充饑毫無用處。至於范秀美，在胡蘭成眼中，不過是一根救命稻草罷了。胡蘭成不過是利用這根救命稻草來遮人耳目、躲避追捕罷了。對此，胡蘭成倒是「供認不諱」：「我在憂患驚險中，與秀美結為夫婦，不是沒有利用之意，要利用人，可見我不老實。」一旦他有機會逃走，他就迅速地將這根「救命稻草」拋諸腦後，如同一個卸了裝的演員迅速將臺上的道具忘得一乾二淨一樣。

　　胡蘭成拒絕在小周與張愛玲之間做出選擇後，張愛玲黯然神傷，說：「你是到底不肯。我想過，我倘使不得不離開你，亦不致尋短見，亦不能再愛別人，我將只是萎謝了。」如此淒惻、哀怨的話，外人聽了也為之心軟，但胡蘭成卻不為所動，請別忙責怪胡蘭成是鐵石心腸，胡蘭成不為所動是有理由的（胡蘭成永遠不缺少理由）：「我聽著也心裡難受，但是好像不對，因我與愛玲一起，從來是在仙境，不可以有悲哀。」張愛玲在不在「仙境」應由張愛玲來說，所以，胡蘭成這句話只能表明他是在「仙境」的，由此，我們終於讀「懂」了胡蘭成：對於一個不食人間煙火的身處仙境的人，你怎能將其目為常人，又怎能要求他恪守俗世的道德準則？原來，胡蘭成是身處規則之外的仙人！

　　不過，一個人能不能成仙，在不在仙境，恐怕不能自己說了算。像胡蘭成這樣吃五穀雜糧長大的且在「滾滾紅塵」中摸爬滾打、閃展騰挪的翩翩濁世之佳公子，如果能成仙，「從來是在仙境」，恐怕是讓人既駭且笑的。如果胡蘭成「從來在仙境」，那就表明一個人可以抓住自己的頭髮把自己拔離地球。

　　胡蘭成不是仙人，他沒有理由獨立於道德準則之外。

註　釋

[1] 胡蘭成著：《今生今世》，中國社會科學出版社 2003 年版，第 124、135、145、154、188-189、225、228 頁。

[2] 同注【1】。

[3] 同注【1】。

[4] 同注【1】。

[5] 魯迅著：《魯迅全集》（第四冊），人民文學出版社 1998 年版，第 612-613 頁。

[6] 同注【5】。

[7] 《書城》，2004 第三期，第 94 頁。

[8] 同注【5】。

[9] 同注【5】。

[10] 同注【1】。

[11] 同注【1】。

[12] 同注【1】。

[13] 錢鍾書著：《圍城》，三聯書店 2002 年版，第 83 頁。

[14] 同注【1】。

[15] 同注【1】。

[16] 同注【1】。

[17] 同注【1】。

周作人：「一說便俗」

　　按學者錢理群的說法，周作人對於自己做過的事，說過的話，是從來不知後悔的。與魯迅鬧翻，出任偽督辦，都是如此。在作為漢奸被捕後，他沒有如一般投敵者那樣，痛哭流涕地大叫「上當、受騙」呀，「被迫下水」呀等等，恰恰相反，周作人後來卻一再表白，自己「出山」並非為敵所迫，有著完全的自主，用他引用孔子的話就是：「子曰：譬如為山，未成一簣，止，吾止也。譬如平地，雖覆一簣，進，吾往也」，「其止其往，皆在我而不在人也」。晚年，周作人在給香港友人信中也說：「關於督辦事，既非脅迫，亦非自動，「當然是由日方發動，經過考慮就答應了。」

　　關於周作人的不認錯，不辯解，錢理群認為：「在這一點上，確實是保持了浙東地方性格中的『硬氣』的。」其實，周作人之所以不辯解，是因為他認為，辯解不僅無益，反而會讓辯解者自取其辱，其〈辯解〉一文對此有詳細而透徹的論述：「我常看見人家口頭辯解，或寫文章，心裡總很是懷疑，這恐怕未必有什麼益處吧。」「回想起從前讀過的古文……卻記不起有一篇辯解文，能夠達到息事寧人的目的的」[1]。在文中，周作人認為，辯解只能讓自己成為「雙料的小丑」；在周作人看來，即使能說得清的事，辯解「總難說得好看」：「此外也有些事情，並沒有那麼重大，還不至於打小板子，解說一下似乎可以明白，這種辯解或者是可能的吧。然而，不然。事情或是排解得了，辯解總難說得好看。大凡要說明我的不錯，勢必先須說他的錯，不然也總要舉出些隱秘的事來做材料，這卻是不容易說得好，或是不大想說的，那麼即使辯解得有效，但是說了這些寒磣話，也就夠好笑，豈不是前門驅虎後門進狼麼。」[2]

正因為在周作人看來，辯解是無效的，所以他特別欣賞倪元鎮的那句「一說便俗」：「倪元鎮為張士信所窘辱，絕口不言，或問之，元鎮曰，一說便俗。」倪元鎮所謂「俗」是什麼意思呢，周作人解釋得很清楚：「此所謂俗，本來雖是與雅對立，在這裡的意思當稍有不同，略如吾鄉里的方言裡的『魘』字吧，或者近於江浙通行的『壽頭』，勉強用普通話來解說，恐怕只能說不懂事，不漂亮。」[3]

既然周作人認為，辯解是類似「壽頭」的行為，是「不懂事，不漂亮」，他當然只好打落牙齒往肚裡吞，死也不開口辯解了，因為「一說便俗」嘛。

然而，在理智上知道辯解無用是一回事，在感情上能不能抑制辯解的衝動是另一回事。事實上，在我看來，周作人「落水」後，辯解的欲望一直頑固地盤踞在他的內心深處，而他於「落水」後所寫下的大量文章就是在以一種曲折而隱秘的方式為自己辯解。

錢理群曾說：「幾乎在任何情況下，周作人都能寫作，這是他的特別勤勉處，也是一種特殊本領。也許是經濟壓力所致？那就有些可悲了。」[4]

確實，在很多時候，由於勤勉，由於經濟壓力，周作人一味埋頭寫作。不過，自「落水」後，他的經濟狀況大為改觀：「周家不僅結束了靠借貸過日子的窘況，而且開始大興土木：從 1939 年 7 月 3 日（就任偽北京大學文學院籌備員三個多月以後）起翻修左右偏門，鑿井，改造廁所，裱糊內屋，修造上房等等。生活也日益闊綽，設宴招飲漸成常事，並且購置起狐皮衣裘來。」[5] 由此可知，周作人「落水」後大量寫作並非為了緩解經濟壓力而是為了緩解心理壓力。投身事敵，無論是站在中華民族的立場上還是從華夏悠久的文化傳統方面來看，都是不可原諒的行為，按學者謝泳的觀點，叛國投敵是一種越過了做人的底線的行為，

永遠不會為後世所諒解。「我有一個基本看法是無論世道怎樣艱難，做人如何不易，都有一個底線，在底線內，都好說，都容易求得諒解，但過了這個底線，再要辯解，就有點說不過去了。」「我所理解的底線有兩條，一條是帶有民族情感的，如外敵入侵時，應當持一個什麼立場。中國人最講這個，在這方面失節，通常不會被後世諒解。」[6]

　　儘管周作人身上有一種浙東人的「硬氣」，儘管他的民族意識一向淡漠，但他也深知，文人失節比女人失貞要面臨著更大的輿論壓力。正如錢理群先生說的那樣：「作為中國知識份子，周作人卻又不能不承受中國源深流長的愛國主義、民族主義傳統的強大心理壓力。按照這一傳統，周作人與敵人合作的歷史只能是屈辱的、不光榮的罪惡的堆砌，周作人在心靈深處越是拒絕這一歷史評價，越是不能擺脫它所造成的陰影，越是需要用另一種評價，來與之抗衡，以取得心理的某種補償或平衡。」[7]在我看來，周作人「落水」後寫下的大量文章，有不少正是為了「取得心理的某種補償或平衡」。

　　在〈中國的思想問題〉這篇文章中，周作人對焦理堂的一段話大加發揮，引申出他的「生存道德」觀來：

> 「飲食男女，人之大欲存焉，死亡貧苦，人之大惡存焉。」說的本是同樣的道理，但經焦君發揮，意更明顯。飲食以求個體之生存，男女以求種族之生存，這本是一切生物的本能，進化論者所謂求生意志，人也是生物，所以這本能自然也是有的。不過一般生物的求生是單純的，只要能生存便不問手段，只要自己能生存，便不惜危害別個的生存，人則不然，他與生物同樣的要求生存，但最初覺得單獨不能達到目的，須與別個聯絡，互相扶助，才能好好的生存，隨後又感到別人也與自己同樣的有好惡，設法

> 圓滿的相處，前者是生存的方法，動物中也有能夠做到的，後者
> 乃是人所獨有的生存道德，古人云人之所以異於禽獸者幾希，蓋
> 即此也。」[8]

這段話，澀味很重，但其要點就是告訴我們：人類之間「設法圓滿
的相處」就是「人所獨有的生存道德」。

接下來，周作人筆鋒一轉，把「人所獨有的生存道德」與中國當時
的現實聯繫起來：

> 此原始的生存的道德，即為仁的根苗，為人類所同具，但是人心
> 不同各如其面，各民族心理的發展也就分歧，或又求生存而進於
> 求永生以至無生，如猶太印度之趨向宗教，或由求生存而轉為求
> 權力，如羅馬之建立帝國主義，都是顯著的例，唯獨中國固執著
> 簡單的現世主義，講實際而又持中庸，所以只以共濟即是現在說
> 的爛熟了的共存共榮為目的，並沒有什麼神異高遠的主張。從淺
> 處說這是根據於生物的求生本能，但因此其根本也就夠深了，再
> 從高處說，使物我各得其所，是聖人之用心，卻也是匹夫匹婦所
> 能著力，全然順應物理人情，別無一點不自然的地方。[9]

這裡，周作人雖然把話題扯得很遠，如印度、羅馬等，但其目的卻
是宣揚中國「簡單的現世主義」，也就是把求生存當作最重要的目標，
所謂「好死不如賴活著」，而在外敵入侵抗敵無望的當時，想活著就得
和侵略者「共存共榮」，和日本人「設法圓滿的相處」，講得直白一點，
就是甘當一個忍辱偷生的亡國奴。在這裡，周作人特別安慰人們，為了
活著當亡國奴沒什麼大不了，「從淺處說這是根據於生物的求生本能」，
符合「進化論者所謂求生意志」；「再從高處說，使物我各得其所，是聖

人之用心，卻也是匹夫匹婦所能著力，全然順應物理人情，別無一點不自然的地方」。「人總是要做的，而做人之道也總是求生存，這裡與他人共存共榮也總是正當的辦法吧。」

　　不過周作人畢竟非等閒之輩，他深知以自己一個「落水者」的身份來說服國人和侵略者「共存共榮」是有很大難度的，於是，他搬出了中國的聖人孔子、孟子，認為所謂「求生存」的「原始生存道德」也正是孔、孟所反復宣揚的政治主張。

> 孟子說仁政以黎民不饑不寒為主，反面更是仰不足以事父母，俯不足以畜妻子，樂歲終身苦，凶年不免於死亡，則是喪亂之兆，此事極簡單，故述孔子之言曰，道二，仁與不仁而已矣。仁的現象是安居樂業，結果是太平，不仁的現象是民不聊生，結果是亂。這裡我們所憂慮的事，所說的危險，已經說明了，就是亂。[10]

　　在這裡，周作人借孔孟之口，強調，所謂「仁政」就是讓老百姓安居樂業，就是天下太平。換句話來說，只要統治者能讓老百姓安居樂業，這樣的統治者就是可以接受的，至於這個統治者是本族的還是外族的，其實無關緊要。所以，周作人的這篇文章有著一石二鳥之作用：一是呼籲日本侵略者要推行「仁政」以防官逼民反；二是開導中國老百姓不要以卵擊石去抗戰而是要逆來順受做一個順民以求天下太平。

　　不過，做一個苟且偷生的亡國奴畢竟是恥辱的，但周作人認為，要想保命，不至於國破家亡身也死，那就只好忍了。周作人博覽群書，想在浩瀚的古代典籍中找例子證明自己的觀點實在易如反掌。周作人曾不止一次引用了《老學庵筆記》裡的一則故事來證明自己的觀點。這則故事如下：

「青城山上管道人北人也，巢居食松麩，年九十矣，人有謁之者，
但粲然一笑耳，有所請問則託言病瘖，一語不肯答。予嘗見之於
丈人觀道院，忽自語養生曰，為國家致太平與長生不死皆非常人
所能然，且當守國使不亂以待奇才之出，衛生使不夭以須異人之
至，不亂不夭皆不待異術，唯謹而已。予大喜，從而叩之，則已
復言瘖矣。」[11]

周作人激賞這位長壽者的養生之道，對這一節話，周作人有如下闡
釋：「這一節話我看了非常舒服，上官道人雖是道士，不夭不亂之說卻
正合於儒家思想，是最小限度的政治主張」，「養生之道通於治國，殆是
道家的說法，這裡明瞭的說出，而歸結於謹之一字，在中國尤為與政治
的病根適合。這種思想不算新了，卻是合於學理的，補固是開源，謹亦
是節流，原是殊途而同歸也。」

這裡關鍵字當然是那個「謹」字，在我看來，這裡的「謹」字的確
切含義應該是「安分守己」、「樂天知命」以求「不夭不亂」。在這裡，
周作人仍然是通過上官道人的話來宣揚自己的「投降論」：在實力懸殊
的情況下，和敵人死拼，無異於送死，只有牢記「謹」字，做一個順民，
這樣，國家才會「不亂」，人民才會「不夭」。當然，如果周作人這個觀
點成立的話，那他的投身事敵就成了可以理解可以原諒的不得已而為之
的事，甚至是令人敬佩的明智之舉。所以，周作人這番話其實也是在以
十分曲折的方式為自己辯解，只要你讀懂了那個「謹」字，你也就讀懂
了周作人的良苦用心。

在外族入侵之際，一般會有主戰和主和兩派，而周作人向來欣賞
的是主和派，他說：「和比戰難。戰敗仍不失為民族英雄，和成則是萬
世罪人，故主和實在更需要政治的定見與道德的毅力也。」[12] 說這番

話時，周作人還沒有「落水」，而等他終於「落水」當了漢奸，他也就把自己等同於他筆下的「主和」派了，換句話說，以他的邏輯，他的「落水」並非人生污點，而是恰恰顯示了他的「政治的定見與道德的毅力也」。

周作人的這篇長文洋洋灑灑，旁徵博引，但其中心意思在我看來就是其中的一句話：「人總是要做的，而做人之道也總是求生存，這裡與他人共存共榮也總是正當的辦法吧。」由於「共存共榮」是當時的一句含義明顯而又臭名昭著的口號，所以，周作人這篇文章的政治意圖也就昭然如揭了。

雖然周作人極力證明，「共存共榮」是正當的辦法，是人類獨有的生存道德，是「全然順應物理人情，別無一點不自然的地方」，但他也知道，當亡國奴，當漢奸，畢竟是不光彩的事也是一種羞恥，那麼，怎麼面對這種羞恥呢？是不堪羞辱「引刀成一快」還是忍辱含垢先把命保住呢？在〈道義之事功化〉一文中，周作人對此有「精彩」的剖析。

> 「《甲申殉難錄》某公詩曰，愧無半策匡時難，只有一死報君恩。天醉曰，沒中用人死亦不濟事。然則怕死者是歟？天醉曰，要他勿怕死是要他拼命做事，不是要他一死便了事。」這裡說的直截痛快，意思已是十分明白了。我所說的道義之事功化，大抵也就是這個意思，要以道義為宗旨，去求到功利上的實現，以名譽生命為資材，去博得國家人民的福利，此為知識階級最高之任務。[13]

這裡，周作人說得很明顯，「一死便了事」不如「拼命去做事」，且只要能「拼命做事」，哪怕「以名譽生命為資材」也是值得的。這樣，我們也就理解了周作人「落水」後為什麼不說他的「落水」是因為敵人強迫的而是出於主動，原來，他的「落水」不過是「以名譽生命為資材」

「拼命做事」罷了。周作人被捕後在法庭上基本上就是圍繞這一點來為自己辯解的。

入獄後，周作人在〈自白書〉裡這樣辯解：「初擬賣文為生，嗣因環境惡劣，於民國 28 年 1 月 1 日在家遇刺，幸未致命，從此大受威脅⋯⋯以湯爾和再三慫恿，始出任偽北京大學教授兼該偽校文學院院長，以為學校可偽學生不偽，政府雖偽，教育不可使偽，參加偽組織之動機完全在於維持教育，抵抗奴化。」在法庭上，周作人也這樣辯稱：「頭二等的教育家都走了，像我這樣三四等的人，不出來勉為其難，不致讓五六等的壞人，愈弄愈糟。」[14]

在我看來，周作人的自我辯解或曰自我美化充分體現在他所轉錄的英國藹理斯講的一個故事裡。

今天我從報上見到記事，有一隻運兵船在地中海中了魚雷，雖然離岸不遠卻立刻沉沒了。一個看護婦還在甲板上。她動手脫去衣服，對旁邊的人們說道，大哥們不要見怪，我須得去救小子們的命。她在水裡游來游去，救起了好些的人。這個女人是屬於我們的世界的。我有時遇到同樣的女性的，優美而大膽的女人，她們做過同樣勇敢的事，或者更為勇敢因為更複雜地困難，我常覺得我的心在她們前面像一隻香爐似的擺著，發出愛與崇拜之永久的香煙。

我夢想一個世界，在那裡女人的精神是比火更強的烈焰，在那裡羞恥化為勇氣而仍還是羞恥，在那裡女人仍異於男子與我所欲毀滅的並無不同，在那裡女人具有自己顯示之美，如古代傳說所講的那樣動人，但在那裡富於為人類服務而犧牲自己的熱情，遠超出於舊世界之上。自從我有所夢以來，我便在夢想這世界。[15]

周作人對這番話大為欣賞，當然也少不了大加發揮一番：

> 這一節話說得真好，原作者雖是外國人，卻能寫出中國古代哲人也即是現代有思想的人所說的話，在我這是一種啟發，勇敢與新的羞恥，為人類服務而犧牲自己，這些詞句我未曾想到，卻正是極用得著在文章裡，所以我如今趕緊利用了來補足說，這裡所主張的是新的羞恥，以仁存心，明智的想，勇敢的做，地中海岸的看護婦是為榜樣，是即道義之事功化也。[16]

周作人之所以對這番話「相見恨晚」，是因為他從中找了足以開脫自己的理由：「為人類服務而犧牲自己」，並且他也一廂情願地從那個脫光衣服下水救人的看護婦身上看到了自己的影子。或者可以說，看護婦和他周作人不謀而合都是「道義之事功化」的實踐者，都是「以仁存心，明智的想，勇敢的做」。

「以仁存心」就是說兩人的「下水」動機都是好的，都是為了救人。「明智的想」就是說兩人都能認清形勢，識得輕重——看護婦是懂得救人事大，走光事小；周作人是認為抗爭無異以卵擊石，投降才能既救出自己亦可以「維持教育，抵抗奴化」。「勇敢的做」的意思則是說既然問心無愧，何妨一意孤行，看護婦為了救人，毫不猶豫脫衣光膀子下水，「即使大哥們要見怪也顧不得」；而他周作人則為了「維持教育，抵抗奴化」，也不必扭扭捏捏「落水」當漢奸了，至於他人不理解，甚至指責、斥罵，他自然可以學看護婦的態度，「即使大哥們要見怪也顧不得」。我敢說，對於已經「落水」且處於極度沮喪與絕望中的周作人來說，跳入水中的看護婦即是一面擋箭牌，也是一粒安眠藥，即使周作人不能通過看護婦的言行來說服旁人接受他的「下水」有理的結論，至

少，這個義無反顧、脫衣下水的「富於為人類服務而犧牲自己的熱情」的潑辣、明斷的女子也會給他帶來「吾道不孤」的深沉安慰。

不過，我想說的是，看護婦跳入水中，救出的是實實在在的溺水者；而周作人「落水」後的「維持教育，抵抗奴化」則是大言不慚的自說自話；另外，看護婦光膀子的羞恥與周作人「落水」事敵的恥辱既不是同一層面的也不是同一性質的。所以，雖然周作人煞費苦心把看護婦的「下水」與自己的「落水」相提並論，作為旁觀者的我們實在看不出兩個「下水」者之間有何實質性聯繫。

周作人之所以敢於站在主和派的立場，甚至冒天下之大不韙敢替秦檜這樣的投降派翻案，是因為在歷史上，主戰派往往是始於慷慨激昂終於一敗塗地，最後還是靠主和派出來收拾殘局。不過，這一回，投降派似乎沒能等到他們預料的結局。隨著日本侵略者的節節敗退，周作人意識到自己的政治生命行將就木，這時候的他恐怕再沒心思也再沒理由為投降派辯護了，他的所謂「道義事功化」的理論也就不攻自破了。因為，他的「落水」雖屬於他所主張的「新的羞恥」，是「以仁存心」是「勇敢的做」，但卻絕對不是「明智的想」。如果自己的事敵生涯是如此短暫，且換來的是一場牢獄之災，那麼，這樣的選擇還是「明智的想」嗎？然而，周作人身上確實具有浙東人的「硬氣」，即使顏面掃盡，他仍然不肯痛痛快快地認錯，這時候的周作人又為自己的「落水」找了個日常化的藉口。他認為是家室之累使得他無法南遷，不得不在淪陷的北京「苦住」，從而身不由己地走向深淵。

1938 年 8 月，胡適從倫敦給尚未「落水」的周作人寄去一首詩，詩中寫道：「藏暉先生昨夜作一個夢，夢見苦雨齋中吃茶的老僧，忽然放下茶盅出門去，飄然一杖天南行。天南萬里豈不太辛苦？只為智者識得重與輕。夢醒我自披衣開窗坐，有誰知我此時一點相思情。」對胡適的

忠告，周作人回詩一首：「老僧假裝好吃苦茶，實在的情形還是苦雨。近來屋漏地上又浸水，結果只好改名苦住。晚間拼好蒲團想睡覺，忽然接到一封遠方的信。海天萬里八行詩，多謝藏暉居士的問訊。我謝謝你很厚的情意，可惜我行腳卻不能做到；並不是出了家特別忙，因為庵裡住的好些老小。我還只能關門敲木魚念經，出門托缽募化些米麵——老僧始終是老僧，希望將來見得居士的面。」[17]

這裡，周作人說得很清楚，「因為庵裡住的好些老小」，他才不得不在北平「苦住」。

在 1938 年，關心、勸說周作人的當然不止胡適一人。這一年，已隨校南遷至昆明的葉公超教授，曾回北平安排家屬南行。葉到北平前，先與常風聯繫過，見面後，葉告訴常風，除安排家屬外，他還負有使命，中央研究院和西南聯大派他敦促輔仁大學校長陳垣和周作人兩位到昆明。於是，常風陪葉去找周作人，當時的談話情形，常風是這樣記述的：

> 大家喝茶時葉（公超）先生才對周（作人）講他此次回平除了安排家屬南行，看望一下老朋友們，還負有特殊任務。他一五一十說來，周微微領首傾聽。葉先生講完，周作人說他對北大和中央研究院對他的關懷十分感激，可是「在北平如果每月有二百元就可以維持生活了，不必南行了」。他講到舉家南遷的種種困難，說『魯迅的母親和他的女人都要我養活，老三一家也靠我養活』。[18]

這裡，周作人再次強調了家室之累使他無法南遷，他還特別提到自己要養活「魯迅的母親」，「魯迅的母親」就是他的母親，他為什麼這樣來稱呼自己的母親？其實，周作人這樣說自然是「別有用心」的。

周作人知道，大眾既然愛戴魯迅，當然也會關心「魯迅的母親」，那麼，「養活魯迅的母親」不就成了他「苦住」北平的十分正當的理由？

換句話說，為了南遷，即使他可以拋妻別子，也不能把「魯迅的母親」扔在淪陷區不管吧？如此，別人也就無法說服他離開北平了。

周作人〈懷廢名〉中，有段話很耐人尋味：「廢名其時在北京大學國文學系做講師，生活很是安定了，到了民國二十五、六年，不知怎的忽然又將夫人和子女打發回去，自己一個人住在雍和宮的喇嘛廟裡。當然大家覺得他大可不必，及至盧溝橋事件發生，又很羨慕他，雖然他未必真有先知。」表面上是羨慕廢名一個人自由自在，實際上是抱怨自己有家室之累，不能像廢名那樣可以拔腿就走。

周作人習慣把一件小事一個簡單的說法上升為一種哲學。在〈中國的思想問題〉裡，他把「好死不如賴活著」的老掉牙的說法上升為「人所獨有的生存道德」；在〈道義之事功化〉裡，他把投身事敵、苟且偷生上升到「為人類服務而犧牲自己」的高度（這裡，周作人刻意淡化民族意識、強化人類意識，為自己辯白的意圖十分明顯，顯得不夠「蘊藉」）。1943 年，周作人寫了篇〈記杜逢辰君的事〉，借紀念一位十年前病逝的學生，宣揚他所謂「犧牲一己以利他人」「忍受著孜孜矻矻的做下去」的哲學，並且認為，這種「犧牲」這種「忍受」該當稱為聖賢事業了。

杜逢辰是周作人的一個學生，因貧病交加，想自殺，後經周作人勸說，「杜君就改變了態度，肯吃藥喝粥了」，那麼，周作人是怎麼勸這個學生的呢？周作人的話大意如下：「你個人痛苦，欲求脫離，這是可以諒解的，但是現在你身子不是個人的了，假如父母妻子他們不願你離去，你還須體諒他們的意思，雖然這於你個人是一個痛苦，暫為他們而留住。」周作人這幾句話「本極尋常」，卻「不意打動杜君自己的不忍之心，乃轉過念來，願以個人的苦痛去抵消家屬的悲哀」，於是，周作

人對杜逢辰大加讚賞：「我想起幾句成語，日常的悲劇，平凡的偉大，杜君的事正當得起這名稱。」[19]

　　杜逢辰於十年前就已經病故了，周作人為何要等到十年後才寫這篇紀念文章？這不奇怪，在周作人意識到自己的政治生命行將結束時，他需要借杜逢辰這個人物來安慰自己，他需要借杜逢辰這個亡靈來傾倒內心的苦水。

　　在文中，周作人說：「我平常最怕說不負責的話，假如自己估量不能做的事，即使聽去十分漂亮，也不敢輕易主張叫人家去做。這回因受託勸解，搜索枯腸湊上這一節去，卻意外的發生效力，得到嚴重的結果，對於杜君我感覺負著一種責任。但是考索思慮，過了十年之後，我卻得到了慰解，因為覺得我不曾欺騙杜君，因為我勸他那麼做，在他的場合固是難能可貴，在別人也並不是沒有。一個人過了中年，人生苦甜大略嘗過，這以後如不是老成轉為少年，重複想納妾再做人家，他的生活大概漸傾於為人的，為兒孫作馬牛的是最下的一等，事實上卻不能不認他也是這一部類，其上者則為學問為藝文為政治，他們隨時能把生命放得下，本來也樂得安息，但是一直忍受著孜孜矻矻的做下去，犧牲一己以利他人，這該當稱為聖賢事業了。杜君以青年而能有此精神，很可令人佩服，而我則因有勸說的關係，很感到一種鞭策，太史公所謂雖不能至，心嚮往之。」[20]

　　句句是在誇讚杜逢辰，句句也是在安慰他周作人，不是麼？他周作人不正是因為家室之累，而不得不在北平「苦住」，進而「落水」淪為罪人？他這樣做不也是「以個人的苦痛去抵消家屬的悲哀」嗎？不也是「日常的悲劇，平凡的偉大」嗎？不也是「一直忍受著孜孜矻矻的做下去，犧牲一己以利他人」嗎？

　　如果說周作人因家室之累而無法南遷尚屬情有可原的話，那麼，因家室之累而「落水」當漢奸恐怕就說不過去了。為家人犧牲自己雖說可以理解，但偏說這種「犧牲」是「日常的悲劇，平凡的偉大」，甚至是什麼「聖賢事業」，那就分明有無限上綱之嫌了。

　　在周作人認為中國必敗時，他就設法證明，他的苟且偷生他的投身事敵是符合「人所獨有的生存道德」，是「新的羞恥」，是「以仁存心，明智的想，勇敢的做」；而當日本敗局已定後，他又把自己「苦住」北平，最終「落水」歸咎於家室之累。發自內心的強烈的自我安慰的需要遮罩了周作人的視線，使他對自己文章裡的前後不一渾然不覺。

　　我認為，周作人寫〈中國的思想問題〉、〈道義的事功化〉時，其心緒與他寫〈記杜逢辰君的事〉時的心緒是不同的，寫〈中國的思想問題〉、〈道義的事功化〉時，他對自己的「落水」並不後悔，因為，他認為自己這樣做是「明智的想，勇敢的做」；而在寫〈記杜逢辰君的事〉時，他已經有悔意了，所以，才會抱怨什麼家室之累，才會大談什麼「願以個人的苦痛去抵消家屬的悲哀」、什麼「為兒孫作馬牛」。恰恰是這種前後不一暴露了周作人寫作的真正動機：自慰。

　　知道辯解是無用的是可笑的，而寫作時又無法抑制辯解的衝動，周作人文章的「澀」味由此形成。這裡的「澀」首先是一種心緒的苦澀：明知辯解無益，卻抑制不了辯解的衝動，一而再再而三在文章裡自我辯白，其心態之無奈之苦澀，可想而知；其次，這裡的「澀」是一種為文之艱澀，由於周作人喜歡以隱諱曲折──「曲徑通幽處」的方式來自我辯白，所以其文章的真實意圖往往如水中之鹽，你可以品嚐其味卻不能尋蹤覓跡。

　　另外，周作人文章的「澀味」還常常在於他文章的「隔」。對於周作人文章的「隔」，有位評論家的看法頗為精當：「我們總是求把自己的意思說出來，即是求『不隔』，平實生活裡的意思卻未必是說出來的，知堂

先生知道這一點，他是不言而中，說出來無大毛病，不失乎情與禮便好了。知堂先生近來常常戲言，他替人寫的序跋文都以不切題為宗旨。……這種文章我想都是『隔』，卻是『此中有真意』存乎其間也。」[21]

倘若不對周作人的文章仔細吟味，你會發現，他的文章確實「都以不切題為宗旨」，譬如在〈中國的思想問題〉中，作者只提到一次「共存共榮」，如果你沒留意這句在文中顯得極不起眼的話，你就無法瞭解周作人寫此文的真實意圖。在〈道義的事功化〉裡，作者對那位脫光衣服下水救人的看護婦大加讚賞，倘你缺乏想像力不能從看護婦的「下水」聯想到周作人的「落水」，那你就白白辜負了周作人的一番筆墨一番苦心。〈記杜逢辰君的事〉的一開頭就顯得意味深長：「此文題目很平凡，文章也不會寫得怎麼有趣味，一定將使讀者感覺失望，但是我自己卻覺得頗有意義，近十年中時時想到要寫，總未成功，直至現在才勉強寫出，這在我是很滿足的事。」明知讀者失望，為什麼還要寫？十年中時時要寫，為什麼要等到這時才寫且寫出後感覺很滿足？

我們知道，此刻的周作人知道日本人大勢已去，自己短暫的政治生涯行將結束，在極度沮喪、失望、憤懣之際，周作人才想到杜逢辰，準確地說是想到自己當初勸杜逢辰的那番話，現在，當初他送給杜逢辰的那番話正好可以物歸原主，安慰他自己疲憊的身心了。倘不結合周作人當時的處境和心緒，你會很難理解，在他心力交瘁、六神無主之際，他何以會有閒情逸致寫文章紀念一個十年前就已死去的名不見經傳的小人物。寫完這篇文章，周作人感覺很滿足，是因為他終於借「杜逢辰」這杯酒澆了自己胸中的塊壘，借了「杜逢辰」這個題目吐完了自己胸中的苦水。掛的是「杜逢辰」這個「羊頭」，賣的是他「周作人」的「狗肉」，或許，這就是周作人所說的「以不切題為宗旨」也就是前文所說的「隔」或「澀」。

　　周作人的文章確實可以稱得上是「此中有真意」，雖辯卻無言。然而，雖然「辯」得巧妙、「辯」得藝術，但到底還是「辯」了。儘管周作人知道「一說便俗」，但他到底還是不能免俗，或許，這正是人性的弱點也未可知。

註釋

[1] 周作人：《藥堂雜文》，河北教育出版社 2002 年版，第 15、17-18、88-90 頁。
[2] 同注【1】。
[3] 同注【1】。
[4] 錢理群：《周作人傳》，北京十月文藝出版社 2001 年版，第 448、462、468、508、524、530 頁。
[5] 同注【4】。
[6] 謝泳：《書生私見》，上海文藝出版社 1998 年版，第 191 頁。
[7] 同注【4】。
[8] 同注【1】。
[9] 同注【1】。
[10] 同注【1】。
[11] 同注【1】。
[12] 同注【4】。
[13] 周作人：《知堂乙酉文編》，河北教育出版社 2002 年版，第 72、75-76 頁。
[14] 同注【4】。
[15] 同注【13】。
[16] 同注【13】。
[17] 同注【4】。
[18] 《書屋》，2004 年 11 期，第 46-47 頁。
[19] 周作人：《立春以前》，河北教育出版社 2002 版，第 67-68 頁。
[20] 同注【19】。
[21] 溫儒敏主編：《中國現當代文學專題研究》，北京大學出版社 2002 年版，第 188 頁。

周揚：真實的謊言

　　周揚晚年患病住院，著名學者龔育之去探望他·病中的周揚對龔育之說，他身上「有兩個癌症」：

> 「他（指周揚）說：『肺上這個癌手術可能動得好，也可能動不好。生死未卜啊！
> 我們儘量說些現在醫生對許多部位的癌症，特別是肺部的癌症，如何如何有把握的話。他點點頭。
> 隔一會兒，他又低沉地說：我身上有兩個癌症。
> 我們沒有聽明白。
> 他解釋說：一個是肺癌，一個是『三〇年代』！
> 這使我很吃驚。」（龔育之〈幾番風雨憶周揚〉刊《百年潮》1997 年第三期）

　　我們知道，二十世紀三〇年代曾有過一場著名的「兩個口號」之爭，一方以周揚為代表提出「國防文學」，另一方是馮雪峰和胡風經魯迅的同意提出「民族革命戰爭的大眾文學」，雙方唇槍舌劍爭得不可開交。最後，魯迅寫出著名的〈答徐懋庸並關於抗日統一戰線問題〉，給了以周揚為首的「國防文學」派致命一擊。在這篇名文中，魯迅譏刺周揚等人為「四條漢子」，並特別表明他「對於周起應之類，輕易誣人的青年，反而懷疑以至憎惡起來了」，在文章裡，魯迅還痛詆周揚之流雖是「所謂革命作家」，「其實是破落戶的漂零子弟」，「他也有不平，有反抗，有

戰鬥，而往往不過是將敗落家族的婦姑勃蹊，叔嫂鬥法的手段，移到文壇上。喊喊嚓嚓，招是生非，搬弄口舌，絕不在大處著眼。」

周揚知道，魯迅是「民族魂」，是毛澤東最佩服的人，可以說，在當時的中國，撼山易撼魯迅難，這樣一來，要想推翻魯迅給自己下的結論實在太難了。所以他才感慨「三〇年代」是他身上的癌。不過，感慨歸感慨，周揚這樣的人哪肯輕易認輸。奈何不了魯迅，他就把矛頭指向胡風和馮雪峰，指望通過旁敲側擊的方式為自己找回一點臉面，他先是爭辯說是胡風從中挑撥，蒙蔽了魯迅才使魯迅對他周揚產生了不良印象。後又指責馮雪峰沒有把「兩個口號」爭論的問題向中央彙報，致使中央無法對此事下結論。

「關於『兩個口號』爭論的問題，馮雪峰從未向黨中央請示報告。1937 年抗戰爆發後，我到了延安，馮雪峰卻拒不回延安，在上海擅自脫離黨跑回他的故鄉浙江去了，致使『兩個口號』爭論的問題整整三十年之久沒有得到正式結論。」（周揚：〈關於三〇年代「兩個口號」論爭問題〉轉引自徐慶全著《周揚與馮雪峰》湖北人民出版社第 108 頁）

周揚在這裡說的完全是謊話。因為，早在 1938 年，毛澤東對「兩個口號」之爭有過明確的指示，難道毛澤東的指示不能算「正式結論」。

1938 年 5 月 23 日，毛澤東在延安約見了「兩個口號」之爭的當事人之一徐懋庸，聽完了徐懋庸的陳述後，毛澤東作了如下指示：

（1）「關於兩個口號的爭論的問題，周揚同志他們來延安以後，我們已基本上有所瞭解。今天聽了你們所談的，有些情況使我們更清楚一些，具體一些。」

（2）「我認為，首先應當肯定，這次爭論的性質，是革命陣營內部的爭論，不是革命與反革命之間的爭論。你們這邊不是反革命，魯迅那邊也不是的。」

（3）「這個爭論，是在路線政策轉變關頭發生的。從內戰到抗日民族統一戰線，是一個重大的轉變。在這樣的轉變過程中，由於革命陣營內部理論水平、政策水平的不平衡，認識有分歧，就要發生爭論，這是不可避免的。其實，何嘗只有你們在爭論呢？我們在延安，也爭論得激烈。不過你們是動筆的，一爭爭到報紙上去，就弄得通國皆知。我們是躲在山溝裡面爭論，所以外面不知道罷了。」

（4）「這個爭論不但是不可避免的，也是有益的。爭來爭去，真理越真越明，大家認識一致了，事情就好辦了。」

（5）「但是你們是有錯誤的，就是對魯迅不尊重。魯迅是中國無產階級革命文藝運動的旗手，你們應該尊重他。但是你們不尊重他，你的那封信，寫得很不好。當然，如你所說，在某些具體問題上，魯迅可能有誤會，有些話也說得不一定恰當。但是，你今天也說，那是因為他當時處境不自由，不能廣泛聯繫群眾的緣故。既然如此，你們為什麼不對他諒解呢。」

（6）「但錯了不要緊，只要知道錯了，以後努力學習改正，照正確的道路辦事，前途是光明的。」（引自徐懋庸著：《徐懋庸回憶錄》人民文學出版社 1982 年出版第 104 頁）

由於毛澤東的指示具體、明確，之後延安也就不再提「兩個口號」的爭論問題了。而周揚卻說中央沒下「正式結論」？周揚為什麼要這樣說謊呢？因為毛澤東這番話對他很不利，毛在這裡特別指出：「但是你們是有錯誤的，就是對魯迅不尊重。」這個「你們」，當然包括周揚，並且毛還告誡他們「只要知道錯了，以後努力學習改正，照正確的道路辦事，前途是光明的」。如果承認毛澤東的話是「正式結論」，就等於承

認在口號之爭中，他周揚「錯了」、「不尊重魯迅」。然而，從周揚後來的有關「兩個口號」之爭的言論中，我們發現他從來沒承認自己錯了，也沒有承認自己不尊重魯迅。

「八〇年代初，我曾聽周揚說起兩件事。一是在『文革』時期，『造反派』不斷地審問他：你是怎樣反對毛主席的？他回答說，我始終想不通這個問題。我有這樣錯，那樣錯，就是沒有反對毛主席，做違背毛主席指示的事。」（引自楊天石主編：《文壇與文人》上海辭書出版社 2005 年出版第 193 頁）

若能起周揚於地下，我們或可問一問他，不把毛澤東關於兩個口號爭論的明確指示當作「正式結論」，不接受毛澤東關於「你們錯了」、「你們不尊重魯迅」的批評，算不算「違背毛主席指示」呢？

周揚不僅沒有按照毛澤東所說的那樣──「只要知道錯了，以後努力學習改正，照正確的道路辦事」，相反，一有機會，他就試圖割除身上那個「三〇年代」的「毒瘤」，試圖翻案，試圖將魯迅對他的批評言論「毀屍滅跡」。

1957 年 5 月，中國作協黨組召開擴大會議，對「丁玲、陳企霞反黨集團」進行批判，而馮雪峰作為丁陳的「同路人」也遭到批判。周揚意識到這是一次良機，他可以借批判現在的的馮雪峰來為當年的「四條漢子」正名，推翻魯迅當初對他的批評。在他的授意下，1957 年 8 月 14 日，「四條漢子」之一夏衍在會上做了「爆炸性的發言」。發言很長，這裡不便全文實錄，其要點是認為〈答徐懋庸並關於抗日統一戰線問題〉並非魯迅之作，而是馮雪峰盜用魯迅名義寫出的。

「請同志們想一想，雪峰同志用魯迅先生的名義，寫下這一篇與事實不符的文章，聽胡風一面之言，根本不找我們查對，缺席判決，使我們處於無法解釋的境地，而成為中國新文藝運動史的一個定案，究竟是

什麼居心？造成的是什麼後果？這究竟是誰的宗派。」（引自徐慶全著
《周揚與馮雪峰》湖北人民出版社第 152 頁）

　　周揚「爆炸性發言」使會場炸開了鍋，一時間，群情激憤，不明真
相者紛紛指責馮雪峰是個大騙子。然而，許廣平的發言卻讓大家冷靜下
來了。許廣平是這樣說的：

> 「關於兩個口號論爭的文章，你（按指馮雪峰）說是你寫，這篇
> 文章，我已送到魯迅博物館，同志們可以找來看看……兩個口號
> 的文章是你寫的，但是魯迅親筆改的，在原稿上還有魯迅親筆改
> 的字，你真是了不起！這要是魯迅不革命、魯迅不同意——魯迅
> 不同意怎麼發表了？！發表以後魯迅有沒有聲明說這篇文章是
> 雪峰寫的，不是我寫的？」（引自徐慶全著《周揚與馮雪峰》湖
> 北人民出版社第 159 頁）

　　表面上，許廣平是在質問馮雪峰，實際上是在譏刺夏衍說假話，因
為既然〈答徐懋庸並關於抗日統一戰線問題〉是魯迅寫的，夏衍所說的
「雪峰同志用魯迅先生的名義，寫下這一篇與事實不符的文章，聽胡風
一面之言，根本不找我們查對，缺席判決」就完全是栽贓陷害了。

　　此刻的周揚才意識到自己的疏忽，他忘了魯迅的手稿還在，不看一
下手稿就說文章是馮雪峰寫的實在太草率、鹵莽，於是他迫切希望看一
下手稿，想從中找到蛛絲馬跡以坐實夏衍的「爆炸性發言」。周揚當即
責成中宣部去魯迅博物館「借用答徐懋庸的信的原稿」，查看原稿之後，
周揚大失所望，因為：「原稿十五頁中的四頁約一千七百多字，完全是
魯迅的筆跡，夏衍在『爆炸性發言』中指責馮雪峰『不真實』的那段有
關『四條漢子』的文字，恰恰是魯迅寫的。前面十一頁是馮雪峰的筆跡，
但是經過魯迅修改過的。從原稿中完全可以得出結論：該文是魯迅授

意，馮雪峰擬稿，經魯迅修改補寫而成的，是魯迅的文章。」（引自徐慶全著《周揚與馮雪峰》湖北人民出版社第 163 頁）

由於核查結果對周揚、夏衍不利，周揚對核查結果秘而不宣。對馮雪峰的批判也無法深入下去。

不過，周揚不肯就此認輸，為了迫使馮雪峰就範，承認在兩個口號的爭論中曾蒙蔽魯迅打擊周揚、夏衍等人，周揚自己不便出面，就讓當時的作協黨組書記邵荃麟做馮雪峰的工作。看來，邵荃麟在做思想工作方面確實是高手，經過他一番苦口婆心、剛柔並濟的說服、開導，馮雪峰這個硬漢終於低下了高貴的頭顱，承認自己在三〇年代兩個口號之爭中犯了「宗派主義，狂妄自大」的錯誤。那麼，邵荃麟是如何做通馮雪峰的思想工作的？從馮雪峰寫於文革的材料中，我們或許可以窺一斑而知全豹。

「我記得我幾次問過他（指邵荃麟）：我的問題的重點究竟在過去，還是在同丁、陳反黨集團的關係等問題上？他說：主要的當然是在現在和最近一些年來我的一系列的反黨言行，但過去──如三六年的『分裂活動』也是十分嚴重的反黨行動。我記得我幾次說到，說我『欺騙』了魯迅，我總想不通。我說，因為魯迅在病中，我幫他筆錄了〈答托派信〉等兩文及〈答徐懋庸〉一文的一部分，這在政治上既然沒有錯，而且也是黨的工作，同時又沒有違背魯迅自己的意見；特別是〈答徐懋庸〉一文，後半篇是魯迅自己寫的，前半篇也是他自己修改定稿的，這怎能說是欺騙了魯迅呢？……邵荃麟說：『有些話是胡風、周文等人告訴魯迅的，你也是聽胡風、周文等人說的。』邵荃麟幾次強調說，我當時同胡風先談了『民族革命戰爭的大眾文學』口號，又『用魯迅名

義』提出，以打擊周揚，形成左翼文藝界的對立和『分裂』，這
是事實；我應該站在黨的立場上和從黨的利益上認真考慮這個問
題。這些，都是我還記得的他在幾次談話中反覆『說服』我的話。
他特別強調的是，我應該從『黨的利益』上去考慮問題……『蒙
蔽』了魯迅，『損害』了周揚，這都是損害了黨。他說，『黨不
是抽象的』，『周揚總是代表黨來領導文藝工作的』。他說，我應
該有『勇氣』承擔自己的責任，不要把自己的責任推到魯迅身上
去以『損害』魯迅。『保護』魯迅，這是『黨的利益』……邵荃
麟所說的我應該承擔的責任，是指所謂『分裂活動』和魯迅批
判了周揚的所謂『損害』周揚的責任，這責任應該由我負。又
因為在談話中我多次說到了事實的經過，為自己辯解，邵荃麟還
特別指出過，說我『自我保護』的本能太強了。」（引自徐慶全
著《周揚與馮雪峰》湖北人民出版社第 166 頁）

　　邵荃麟善於「攻心」，他把周揚上升到黨的高度，「周揚總是代表黨
來領導文藝工作的」，那麼，損害了周揚就是損害了黨的利益！這麼大
的帽子能不讓馮雪峰心驚膽戰嗎？另外，雖然批評周揚的是魯迅不是馮
雪峰，但邵荃麟強調，魯迅需要「保護」，怪罪不得，一切責任只能而
且必須由他馮雪峰來承擔。作為一名老黨員，為了維護周揚所代表的
「黨」的利益，為了「保護」魯迅，馮雪峰只能屈辱地違心地承認了自
己根本沒有犯過的錯誤，把所有問題自己扛了。

　　1957 年 9 月 4 日，馮雪峰在黨組第二十五次擴大會上作了檢討。從
檢討內容來看，馮雪峰已完全屈服了，他幾乎原封不動地把邵荃麟指責
他話搬進自己的檢討裡，儘管他知道邵荃麟的指責完全是顛倒黑白，混
淆是非的一派胡言。

「我對於周揚同志等，在 1933 年的時候，已經形成了宗派主義的成見。1933 年底我離開了上海，1936 年 4 月底回上海時聽了胡風、周文等人的一面之辭，立刻又加深了我的宗派主義的看法。因此，我沒有事先同周揚同志等商量，而倒是聽了胡風的意見，提出了『民族革命戰爭的大眾文學』這口號。這首先是違背了黨的組織原則的做法，是撇開了黨的做法，是我的反黨行為。1936 年 7 月至 9 月之間，我的宗派主義、狂妄自大、我個人就是黨的那種最惡劣的態度和作風，發展到極端的地步。我竟至於懷疑周揚同志等，要調開周揚同志，並且要停止當時的黨團對上海文藝界的領導工作，由我來通過群眾加以領導，但調開周揚同志和停止黨團活動，都沒有成功，我就從外面對周揚同志等加以打擊，也就是對上海黨組織加以打擊，這就是魯迅先生的〈答徐懋庸的信〉和我以呂克玉筆名寫的那篇文章。這是我給同志以宗派主義的打擊和違背黨組織原則的反黨行為登峰造極的表現。

我到上海之前，周揚同志等同魯迅先生之間的隔閡，是已經形成的；但我到上海之後，我不但沒有向魯迅先生解釋，進行團結工作，反而隔閡加深了，這也是我要負責的。」（引自徐慶全著《周揚與馮雪峰》湖北人民出版社第 168 頁）

有了馮雪峰的檢討，周揚在其報告中，順理成章而又如願以償地給馮雪峰下了結論：「勾結胡風，蒙蔽魯迅，打擊周揚、夏衍，分裂左翼文藝界」。

本來，給馮雪峰扣上這頂大帽子，周揚本該心滿意足、大功告成了。可周揚畢竟在政壇摸爬滾打了半輩子，他知道政治風雲波詭雲譎，瞬息萬變。今天自己在臺上，可以隨心所欲作踐馮雪峰；明天自己下臺，這些不實之詞也就沒了效用。政治報告比文學作品的戰鬥性強，但文學作

品的時效性卻比政治報告強，周揚知道，自己的政治壽命自然比不過魯迅的文學壽命，就是說，自己所做的政治報告會隨著自己的下臺變成一張廢紙，而魯迅的文章則是不朽的。那麼，只要魯迅的作品存在一天，魯迅對自己的批評（用他的話來說是「損害」）也就存在一天，能不能找到一個好辦法，可以一勞永逸消除魯迅在作品裡對他的「損害」呢？最終，他想出一條妙計，讓馮雪峰為魯迅這篇名文寫注釋，也就是讓馮雪峰把其檢討寫進注釋裡，以馮雪峰的注釋抵消魯迅正文裡對他周揚的「損害」，換言之，就是借馮雪峰的「手」堵魯迅的「口」，並且，「注釋」與「正文」永遠如影隨形，像結拜兄弟那樣雖非同日「生」，卻願意同日「死」，那麼，只要「注釋」隨「正文」一同流傳下去，他周揚的臉面也就可以永久保存下去了。

周揚這一招堪稱絕妙，他只是動動腦子，無需親自出馬，不費一兵一卒，就可以將魯迅的批評化解於無形了。真可謂，運籌帷幄之中，決勝於千里之外。問題是，馮雪峰願意配合他這麼做嗎？一個人在高壓下，為了過關，也許會迫不得已做一番違心的檢討，但誰願意把這樣的檢討定格成文字放在偉人作品後面，並隨偉人作品一道流傳下去，如果這樣做，不就是把自己永久地釘在恥辱柱上嗎？

於是，周揚又把這一艱巨而不光榮的任務交給了邵荃麟，後者不負周揚厚望，終於說服了馮雪峰，寫出帶有檢討意味的注釋，以下是注釋的全文：

「中國共產黨於 1935 年 8 月 1 日發表宣言，向國民黨政府、全國各黨各派和各界人民提出了停止內戰、一致抗日的主張，到該年 12 月更進一步決定了建立抗日民族統一戰線的政策，得到全國人民的擁護，促進了當時的抗日高潮。在文藝界，宣傳和結成廣泛的抗日民族統一戰線，也成為那時最中心的問題；當時在中國共產黨領導下的革命文學

界，於 1936 年春間即自動解散『左聯』，籌備成立『文藝家協會』，對於文學創作問題則有關於『國防文學』和『民族革命戰爭的大眾文學』兩個口號的論爭。魯迅在本文以及他在 6 月間發表的〈答托洛斯基派的信〉和〈論現在我們的文學運動〉中，表示了他對於抗日民族統一戰線政策和當時文學運動的態度和意見。

　　徐懋庸給魯迅寫那封信，完全是他個人的錯誤行動，當時處於地下狀態的中國共產黨在上海文化界的組織事前並不知道。魯迅當時在病中，他的答覆是馮雪峰執筆擬稿的，他在這篇文章中對於當時領導『左聯』工作的一些黨員作家採取了宗派主義的態度，做了一些不符合事實的指責。由於當時環境關係，魯迅在定稿時不可能對那些事實進行調查和對證。」（引自徐慶全著《周揚與馮雪峰》湖北人民出版社第 178 頁）

　　馮雪峰寫這樣的注釋定然十分艱難，一方面要維護周揚的正確性，另一方面又要保護魯迅，結果只能是把屎盆子往自己腦袋上扣。由於是魯迅批評了周揚，為周揚開脫，就勢必影響魯迅的形象，儘管馮雪峰在注釋裡盡力保護魯迅，但他為周揚開脫本身就已經顯露了對魯迅的不敬，魯迅和周揚是水火不容的，所以馮雪峰在注釋裡不可能做到兩個都保護，而這，為後來周揚找他的碴留下了話柄。那麼，馮雪峰為什麼要違心地寫這個註定吃力不討好的注釋呢？原來，他是中了周揚為他精心設計的「請君入甕」的圈套。下面這段話就是明證。

　　1983 年，牛漢在一次會上揭露了這樣一件事實：

　　大約是 1959 年下半年，我已從拘禁地回到人民文學出版社一年了。（中略）有一次，我問他：「聽說你自殺過，有這回事嗎？」雪峰坦率地承認：「有過自殺的念頭。」我問他：「為了什麼事？」他沉默了好一陣子，對我說：「反右後期。有一天，荃麟來找我，向我透露了中央對我的關懷。我很感激，激動地流出了眼淚。我不願離開黨。荃麟對我說，

『中央希望你跟中央保持一致。』向我提了一個忠告：『你要想留在黨內，必須有所表現，具體說，〈答徐懋庸並關於抗日統一戰線問題〉所引起的問題，你應當出來澄清，承認自己的責任，承認自己當時有宗派情緒，是在魯迅重病和不瞭解情況之下，你為魯迅起草了答徐懋庸的信。』我對荃麟說：『這個問題有人早已向我質問過，我都嚴詞拒絕，我決不能背離歷史事實。』之後我痛苦地考慮了好幾天才答覆。我意識到這中間的複雜性，荃麟是我多年的朋友，過去多次幫助我渡過難關，這次又在危難中指出了一條活路。上面選定荃麟來規勸我是很費了番心機的，他們曉得我與荃麟之間的交情，換了別人行不通。他們摸透了我的執拗脾氣。當時我的右派性質已確定無疑，黨籍肯定開除。面對這個天大的難題，我真正地作難了。我深知黨內鬥爭的複雜性，但也相信歷史是公正的，事情的真相遲早會弄明白的。但是這個曲折而嚴酷的過程可能是很漫長的，對我來說是難以忍受的屈辱。我對荃麟誠懇地談了我內心的痛苦。荃麟說，先留在黨內再慢慢地解決，被開除了就更難辦。但我知道荃麟傳達的是周揚等人的話。實際上是對我威脅。荃麟不過是個傳話的人，他作不了主。我清楚，荃麟說的中央或上邊，毫無疑問是周揚。在萬般無奈之下，最後我同意照辦。這是一件令我一生悔恨的違心的事。我有好多天整夜睡不著，胃痛得很厲害，我按他們的指點，起草了〈答徐懋庸並關於抗日統一戰線問題〉的有關注釋。我以為黨籍可以保留了。但是，我上當了。我最終被活活地欺騙和愚弄了。為了自己的人格和尊嚴，最後只有一死，以證明自己的清白。我幾次下決心到頤和園投水自殺。但我真的下不了這個狠心。我的幾個孩子還小，需要我照料。妻子沒有獨自為生的條件，再痛苦也得活下去，等到那天的到來：歷史最後為我澄清一切。』雪峰眼睛裡噙滿了淚水。我也哭了。我的黨籍早兩年已宣佈被開除，當時我的心情與雪峰完全一樣。

　　以上雪峰的自述，以及當時談話的情景，我永遠不會淡忘。（〈為馮雪峰辯證〉，轉引自鄧九平編《談友誼》，大眾文藝出版社 2000 年版，第 743-744 頁）

　　顯然，周揚在這裡耍了一次「陽謀」，他借邵荃麟之口告訴馮雪峰，想留在黨內，就要按他們的要求起草「注釋」。為了保住黨籍，馮雪峰屈辱地寫下符合對方要求的「注釋」，而對方卻根本不兌現承諾，結果，讓馮雪峰「最終被活活地欺騙和愚弄了」。能想出這種圈套的人，其人格之卑下也就無須多言了。

　　新時期以來，魯迅對三○年代的周揚的批評漸漸深入人心，而馮雪峰在注釋裡對周揚的刻意維護已顯得欲蓋彌彰，這時候的周揚，對馮雪峰當年為迎合他而寫的「注釋」又發表了這樣的高論：

　　「寫這條注釋我事前並不知道，但寫成以後給我看了。當時覺得魯迅注釋工作一貫是雪峰主持的，而〈答徐懋庸……〉這篇文章又是雪峰代筆的，他為了交代自己的問題寫了這條注釋。〈答徐懋庸……〉信雖然是雪峰執筆的，但代表的是魯迅的觀點，信裡還有魯迅親筆加上的許多話。魯迅署名就是魯迅的嘛。這個注釋雖是雪峰檢討自己，實際上卻是批評魯迅。」（《五四文壇鱗爪》中國文史出版社 1998 年出版第 1609 頁）

　　邵荃麟在一份材料裡說，當初正是周揚安排他去告訴馮雪峰：「魯迅答徐懋庸的注釋問題……所說的哪些事實不符合真相，就應由馮雪峰自己來更正。」而周揚卻說「寫這條注釋我事前並不知道」；當初，正是他通過邵荃麟給馮雪峰施加壓力，設置圈套，馮雪峰才按照周揚的要求寫了自我批評的注釋，而現在的周揚為了適應新形勢，卻說「這個注釋雖是雪峰檢討自己，實際上卻是批評魯迅」，既然是「批評魯迅」的注釋，周揚當初為何要同意《魯迅全集》採用馮雪峰「批評」魯迅的注釋？

　　當初，為了給自己遮醜，他不惜給馮雪峰設置了一個卑劣的圈套，套出馮雪峰自我批評的文字，現在，為了適應新形勢，他又對馮雪峰倒打一耙。至於他自己當年是如何給馮雪峰施壓如何對馮雪峰威逼利誘，他則閉口不提。一個人，為了在政壇上如魚得水，如此信口雌黃翻雲覆雨，只能說明他的身心已完全被異化了。

　　和周揚相比，馮雪峰要正派得多。倘若馮雪峰想報復周揚，他是完全有機會的。「文革」期間，「四人幫」想在馮雪峰被周揚所逼而寫的「注釋」上做文章，從而達到打擊周揚的目的，馮雪峰卻一口承認「注釋」是自己寫的與周揚無關，這在客觀上保護了周揚。此事的經過，周揚的秘書露菲有詳細的說明：

　　「『文革』中，批判周揚『反對魯迅』的時候，人民文學出版社一位女編輯來找我，核對那條注釋是誰寫的。我當時真不知道該怎樣回答。我知道那條注釋不是周揚寫的，但是經過他看過的。為了文字上的通順，他還讓我加了『的』、『稿』等兩三個無關緊要的字。但是，這些情況我當時不能公開說，說了就是為周揚辯護。

　　那位女編輯告訴我，馮雪峰說那條注釋是他寫的，不是周揚寫的。女編輯還再三說：這麼大的事，如果不是他寫的，他為什麼要說是他自己寫的呢？而報刊上，廣播裡都說是周揚寫的啊！

　　當時，馮雪峰同志也處於十分險惡的環境，已經被打翻在地。在那樣的情況下，他又冒著被踏上千萬隻腳的風險說明事實真相，這種高尚的品德使我深受感動，對他的敬佩之情油然而生。周揚出獄後，我把這件事告訴了他。周揚的眼睛裡溢滿了淚水。」（引自徐慶全著《周揚與馮雪峰》湖北人民出版社第 200 頁）

　　其實，當時的馮雪峰只要如實交代周揚是如何給他施壓如何逼他就範寫下違心的「注釋」，在當時的情況下，就足以給周揚致命一擊。而

馮雪峰卻沒有這樣做，因為作為一個正派的人，他有著自己的做人原則——不落井下石，不趁人之危，不做整人的棍子。這一點，他和胡風很相似。當時，胡風還在牢中，上面讓胡風寫揭發周揚的材料從而可以立功贖罪，儘管胡風和周揚之間積怨很深，但胡風也不肯做這種落井下石的事。作家李輝和胡風妻子梅志的一番對話證明了這一點。

「李：文革中對周揚的情況你們有沒有瞭解？有文章還提到你們對他並沒有落井下石。

梅：胡風對周揚沒有做過落井下石的事情。文革一開始我們就看到了批判周揚的材料，批判十七年黑線，挨鬥我們也知道。四川公安廳派人來讓胡風立功，胡風說：『我沒有什麼好說的。我這種身份，沒有資格揭發，他個人的事情我也不知道，提供不出什麼。』結果他只交了一、二千字的表態。還要他揭發沙汀。他說他們兩個人談創作談得來，關係還好。但胡風也知道他為人乖巧，他曾上過他的當。這不是政治問題，也不必和周揚扯上。別的就不再說了。……。1980 年從成都來北京住在國務院第二招待所，後來進了精神病院治療。那時他對周揚仍然不放過丁玲很不滿意，說：自己痛過之後還不想想過去整人的狠，真沒人性。」（引自李輝著：《往事蒼老》花城出版社 1998 年出版第 255 頁）

馮雪峰的以德報怨，不僅讓周揚感動得「眼睛裡溢滿了淚水」，而且讓周揚終於承認，馮雪峰是個好人，為人是正派的。

「周揚說：雪峰的兒子來看過我，他說他父親在『文革』中檢查了四點，其中談到了兩個口號的爭論。雪峰澄清了一些事實，也承擔了一些責任。我出來後，沒有看別人，先看了雪峰。……。我對雪峰說，我們相識了四十年來，有過摩擦，有過爭論，但我從來都認為你是個好人。歷史證明，你在對待魯迅的問題上是正確的，為人是正派的。」（引自徐慶全著《周揚與馮雪峰》湖北人民出版社第 207 頁）

周揚是在 1975 年的 11 月說了這番「誠懇」的話，然而，一年後，也就是 1976 年 11 月，周揚給中央寫了一封信，在這封題為〈關於三〇年代「兩個口號」爭論的問題〉的書信裡，周揚故伎重演再次對馮雪峰提出尖銳而又毫無道理的批評：

「馮雪峰到達上海後，先從魯迅先生那裡瞭解上海文化界的情況，向魯迅傳達了毛主席、黨中央關於抗日民族統一戰線的政策和策略，並協助魯迅提出了『民族革命戰爭的大眾文學』的口號，這些都是對的，也是有功的。他的錯誤是，他在處理黨內問題和對待胡風問題上完全沒有原則。馮雪峰在我把上海『文委』系統的全體黨員名單轉交給他之後，他仍避免和我見面，並對我隱藏他已來上海的事實，不向『文委』黨組織傳達毛主席和黨中央關於抗日民族統一戰線的策略路線，對於我們在『國防文學』問題上所犯的錯誤，也不及時地向我們提醒或在黨內正式批評。那時他被胡風蒙蔽和欺騙。他讓胡風竊取了『民族革命戰爭的大眾文學』這個正確的口號來作為他個人進行宗派分裂活動的資本，馮雪峰是有責任的。」（引自徐慶全著《周揚與馮雪峰》湖北人民出版社第 218 頁）

周揚曾在不同場合多次談到三〇年代的兩個口號之爭，令人奇怪的是，他每次的說法完全不同，甚至截然相反。一會兒說是馮雪峰「勾結胡風，蒙蔽魯迅」提出錯誤的口號「民族革命戰爭的大眾文學」來與「國防文學」相抗衡；一會兒又說，馮雪峰是「協助」魯迅提出「民族革命戰爭的大眾文學」，是對的，但他讓胡風「竊取」了這個正確的口號，則又是錯誤的，「馮雪峰是有責任的」。其實，周揚在這裡指責馮雪峰，無意中也指責了魯迅，因為按周揚的說法，口號是馮雪峰協助魯迅提出的，倘若被胡風「竊取」了，馮雪峰有責任，魯迅作為口號的真正主人當然要負更大的責任了。這樣一來，周揚在文中就犯了一個他根本不敢犯的錯誤——指責魯迅。

　　說到所謂的「竊取」，也是非常荒唐可笑的。如果胡風真的竊取了魯迅提出的口號，那他只會偷偷地獨自使用，怎麼會把「竊取」的口號和被竊者（魯迅。馮雪峰）一道大張旗鼓的使用？倘若某人「竊取」了另一個人錢包，他會拿著這個錢包和被竊者一道去飯館大肆享用嗎？就連一向支持周揚的林默涵也不同意所謂胡風「竊取」口號的說法，「默涵對我就講過，既然魯迅寫文章承認口號是他提的，就不必再提別人。」（引自徐慶全著《周揚與馮雪峰》湖北人民出版社第 245 頁）

　　周揚在文中指責馮雪峰「對於我們在『國防文學』問題上所犯的錯誤，也不及時地向我們提醒或在黨內批評」，也完全是謊話。當年，馮雪峰提出「民族革命戰爭的大眾文學」，其意圖就是對周揚等在「國防文學」問題上所犯的錯誤進行批評。問題是周揚從來不接受批評，反而認為馮雪峰是在鬧派性，搞分裂，挑撥他和魯迅的關係。後來，周揚成了馮雪峰的領導，他授意邵荃麟，以保留黨籍的許諾誘使馮雪峰承認莫須有的罪名，在那種情況下，馮雪峰有「批評」周揚的權力和機會嗎？另外，在 1977 年之前，周揚從來也沒承認自己在兩個口號之爭中犯了什麼錯誤，即使馮雪峰斗膽「批評」他，他會接受嗎？當年，周揚利用馮雪峰的「軟弱」迫使對方就範按他周揚定下的調子寫了那條注釋，現在，他又把馮雪峰的「軟弱」「屈服」當作一項罪名扣在馮雪峰頭上。真是隨心所欲，左右逢源，欲加之罪，何患無詞。

　　無論是做報告還是給中央上書，周揚一般都不太考慮問題的真實性，他只關心哪種說法對他有利，哪種說法對他有利他就採用哪種說法，全然不顧說法本身是否可信，全然不顧他這一次的說法或許與前一次的說法完全相反。這樣，倘若我們把周揚不同時期對同一問題的看法羅列在一起，我們會發現，他的話是如此顛三倒四，前後不一，自相矛盾。

　　當時，中國已進入撥亂反正的新時期，周揚為卸掉自己身上的包袱，儘快進入政壇，不惜把污水潑到胡風身上。幾年後，胡風終獲平反，不知道那時候的周揚又會找誰來做他的擋箭牌？

　　談起三〇年代的兩個口號之爭，周揚總是批評胡風、馮雪峰進行宗派分裂活動，蒙蔽魯迅，打擊「國防文學」派，而他從來不承認自己有濃厚的宗派情緒。晚年，周揚在飽受打擊後，也開始認識並承認自己曾犯過宗派主義的錯誤。

　　「『文化大革命』結束以後，有一次我去看望周揚，那時黨正在大力清除「文化大革命」中的派性在幹部隊伍中的影響，談到這個問題，他說：派性這個東西，宗派主義這個東西，可頑固啦，可厲害啦。我可知道它。那時候，兩個口號論戰，我們就是宗派主義嘛，就是意氣用事嘛。同一個觀點的就是親嘛。明知有錯也不肯認錯，就是要爭個我高你低，沒完沒了嘛。」（引自〈幾番風雨憶周揚〉龔育之，《百年潮》1997 年第三期）

　　周揚這一次說了真話：「同一個觀點的就是親嘛。明知有錯也不肯認錯，就是要爭個我高你低，沒完沒了嘛。」。既然他「明知有錯也不肯認錯」，他有何理由指責馮雪峰「對於我們在『國防文學』問題上所犯的錯誤，也不及時地向我們提醒或在黨內正式批評」，因為，對於一個「明知有錯也不肯認錯」的人，批評有何用？魯迅在〈答徐懋庸並抗日統一戰線問題〉一文中不是對他作了嚴肅的批評嗎？他怎麼一直不肯接受？1949 年後，為了推翻魯迅對他的指責和批評，他不是費盡心機，耍盡手腕嗎？

　　派性嚴重如周揚者，最喜歡幹的事就是黨同伐異。

　　通常情況下，周揚顯得冷酷無情，然而對於曾和他並肩作戰的一些夥伴，他也流露出溫情脈脈的一面。「文革」後期，周揚從秦城監獄出

來後，幾個好友去看他，他滿懷深情地說，我在裡面，想的最多的就是盡量不能牽連到你們。1957年鳴放期間，正是他在關鍵時候透露了高層決定反右的消息，從而保護了他的幾個夥伴。

「李（指李輝）：蕭乾告訴我鳴放時你在休假，讓他主持工作，可後來他成了右派，是不是？

張（指張光年）：我們有三個副主編，還有侯金鏡，陳笑雨，採取輪流值班制。1957年頭幾個月正好是蕭乾值班，我身體不好，就基本上不看稿件，由他決定編發。有的稿件看到清樣時我主張抽下，已來不及了。《文藝報》放的太多，害了不少人被劃右派，事後我承擔責任。但也怪罪蕭乾，我對他作了錯誤的、過火的批評，對不起他。接下來還是說周揚。他先是來編輯部鼓勵我們鳴放，但很快又變了。他列席政治局擴大會議後，把我、侯金鏡，陳笑雨、袁水拍、林默涵五個人找到一起，宣佈小平同志的意見。他對我說：『小平同志要我帶話給你，要張光年把腦殼後面的一些小辮子自己揪下來，積極投入反右鬥爭，把《文藝報》辦成文藝界反右的主要陣地。』我理解這是要保護我，讓我檢討過關。」（引自李輝著：《往事蒼老》花城出版社1998年出版第280頁）

你看，如此重大、絕密的消息，周揚只透露給了這樣五個人，張光年、侯金鏡、陳笑雨、袁水拍、林默涵。蕭乾也是《文藝報》的副主編，但卻被周揚摒除在外，原因無他，只怪蕭乾非他的圈中人，而袁水拍、林默涵並不是《文藝報》的主編，周揚卻慷慨地也向他們通報了消息，理由無他，因這二人乃他得力幹將也。

對於圈中人，周揚能幫則幫能拉則拉；對於那些敢於批評他的人，周揚能整則整，能壓則壓，絕不會「相逢一笑泯恩仇」的。曾任中宣部秘書長的李之璉對周揚有過這樣的評價：

「他這個人，對不提他意見的人，對吹捧他的人，相信得不得了。對那些對他有尖銳意見的人，不服從他的人，就想辦法整，是不留情的。」（引自李輝著：《往事蒼老》花城出版社 1998 年出版第 300 頁）

李之璉就是因為不服從他而被他一手打成反革命，平反後，周揚對他的態度仍舊很惡劣：

「在平反時我到北京，等待最後結論。我住在萬壽路中組部招待所，周揚當時也住在那裡。每天我們都能在散步時碰到，他的態度惡劣透了。第一次碰到我，問我：你來了，你現在在哪裡？我說在兵團，他又問：你來幹什麼？你將來還回去嗎？完全裝蒜。以後見面，他還是問這幾句，我乾脆躲開他。後來我的問題解決，複查組一個副組長讓我去看他，我去他的房間，他連讓我們坐也不讓，只寒暄了幾句。以後我和他都是中顧委委員，見面也不說一句話。」（引自李輝著：《往事蒼老》花城出版社 1998 年出版第 304 頁）

丁玲是周揚的老對手，在丁玲的平反過程中他一直從中作梗。丁玲和馮達同居那段歷史，早在延安時期就經過審查有了結論：馮達是暗中變節，丁玲並不知情，所以此事與丁玲無關，不是她政治上的污點。陳雲、李富春同志都在複查結論上簽了字。可新時期後，周揚仍到處宣揚，丁玲身上的污點是有的，不能動，所謂「污點」就是丁玲「與叛變後做了特務的馮達在莫干山依然長時間同居並受到國民黨保護是變節行為」（引自汪洪編：《左右說丁玲》中國工人出版社 2002 年出版第 93 頁）。1984 年，中組部克服了周揚製造的重重阻力給丁玲完全平了反，當正式平反文件送到周揚手中時，他竟大發牢騷：「這件事為什麼事先不和我商量一下，我還是宣傳部的顧問嘛。」（引自李輝著：《往事蒼老》花城出版社 1998 年出版第 267 頁）

　　丁玲逝世後，周揚對〈丁玲同志生平〉原稿中「丁玲同志是受左的錯誤的迫害時間較長，傷痕很深的作家」一句話，也非要刪去不可，直至爭執到當時中央主管文教的某位官員那裡，決定留下才算了事。人都死了，周揚還在不依不饒。他身上的派性真是根深蒂固。

　　病中的胡風得知周揚仍不肯放過丁玲時，不由得感慨說：「自己痛過之後還不想想過去整人的狠，真沒人性。」

　　也許，一個人官慾太強，派性太強，其人性也就變得越來越少了。

衝冠一怒背後的難言之隱
——丁玲晚年何以對老友沈從文發難？

　　1979 年 8 月，日本漢學家中島長文和中島碧夫婦在訪問丁玲時，送給丁玲兩本書，是沈從文作於三〇年代的《記丁玲》和《記丁玲續集》。丁玲讀完，反應強烈，立即撰寫〈也頻與革命〉。這篇充滿濃烈火藥味的文字發表在 1980 年第三期的《詩刊》上，兩位老友因此反目，至死未能互相諒解。

　　在這篇文章裏，丁玲以不容置疑的口吻指責《記丁玲》是「一部編得很拙劣的『小說』」，批評沈從文作為一個「紳士」，「對革命的無知、無情」和「對革命者的歪曲和嘲弄」。在文章的結尾，丁玲讚揚胡也頻對革命的選擇，接著，她筆鋒一轉，以不屑的口吻寫道：「貪生怕死的膽小鬼，斤斤計較個人得失的市儈，站在高岸上品評在洶湧波濤中奮戰的英雄們的高貴紳士是無法理解他的。這種人的面孔，內心，我們在幾十年的生活經歷和數千年的文學遺產中見過不少，是不足為奇的。」

　　沈從文和胡也頻、丁玲夫婦相識於二〇年代，三人在事業和生活上互有幫助。1931 年，胡也頻被捕，沈從文陪丁玲去探監，為營救胡也頻，他還去過南京找蔡元培、邵力子和陳立夫。胡也頻遇害後，沈從文護送丁玲返回湖南老家，一路上吃盡辛苦。

　　1949 年後，因為遭到郭沫若的批判，沈從文陷入極度緊張和恐懼中，竟用小刀劃破血管，試圖自殺。丁玲聞訊立即去看望他。臨走，丁玲還以兩百萬元相贈——這在當時不是一個小數目。後來，沈從文還給丁玲寫了封三千餘字的長信，在信中，沈從文請求丁玲轉告有關方面，

希望得到中共的諒解，安排他從事工藝美術研究方面的工作。在丁玲的幫助下，沈從文很快被安排到歷史博物館陳列組工作。

可以說，沈從文和丁玲的友誼是經受過考驗的，既然如此，丁玲在晚年，何以用如此激烈的言辭批評老友呢？關於這一點，丁玲在不同的場合給出了幾個不盡相同的理由。

一次，有人問丁玲為什麼要跟沈從文過不去，丁玲答：「沈從文去了一趟美國回來驕傲了，架子大了，不理我了，我偏要碰碰他。」我認為，丁玲的話明顯是虛晃一槍，掩蓋真相。因為，即使沈從文「驕傲」了，「架子大了」，那也無損於丁玲身上的一根汗毛，丁玲心裏當然明白，她真正的對手是誰。哪怕沈從文再紅得發紫，也構不成對她的威脅，因為他們倆本身就是兩股道上的車。

陳漱渝先生在其〈乾涸的清泉〉一文中寫道：「丁玲認為，沈從文按照自己的低級趣味，把她描繪成一個嚮往『肉體與情魔』與湘西土娼毫無二致的女人，把她跟胡也頻的結合寫成是單純肉體的結合，並有意無意地在她的私生活中蒙上一層粉紅顏色。這種描寫為一些人製造丁玲的桃色乃至黑色新聞提供了『依據』。」丁玲的這一看法仍然不是她內心的真實想法。因為稍具閱讀常識的人都能看出，《記丁玲》、《記丁玲續集》中的丁玲絕對不是「一個嚮往『肉體與情魔』與湘西土娼毫無二致的女人」，那不過是一個有血有肉，敢愛敢恨，帶有羅曼蒂克色彩的女性形象罷了。丁玲寫過受到爭議的《莎菲女士日記》，如果沈從文的作品有「粉紅顏色」，那她的作品恐怕是有過之而無不及。丁玲這樣說，仍然是在轉移人們的視線，掩蓋其痛恨沈從文的真實原因。

陳漱渝先生告訴我們，丁玲讀完《記丁玲》及其續集，對兩本書提出了一百多條意見，關鍵是下面兩條：「一，她不能容忍沈從文對左翼文藝運動採取居高臨下的憐憫乃至嘲笑態度；二，他認為沈從文是用低

級趣味看待人和生活。」如果丁玲真的不滿沈從文以上兩點，那她早就該撰文批評，為什麼要等到兩人都老了，而沈從文已封筆達半個世紀後再大加撻伐？說沈從文「是用低級趣味看待人和生活」，這是郭沫若四十年代批評沈從文的說法，難道丁玲在八十年代還要去拾郭沫若的牙慧？難道對沈從文其人其文，丁玲會認同郭沫若的看法，當然不可能。丁玲這樣說，不過是敷衍，是搪塞。她之所以對真正的原因諱莫如深，是因為，那正是她內心的痛處，是她無法面對也不願再提的痛處。那麼，她的痛處又是什麼呢？或者說，沈從文的《記丁玲》及其續篇又是怎樣於不經意中搗到了她的難言之隱呢？

關於為什麼要批評沈從文，丁玲在〈魍魎世界〉一文中又給出了兩個表面上更為冠冕堂皇，實則更為離譜的的理由。

「1933 年我被秘密綁架後，社會上傳說紛紜，國民黨卻拒不承認。左聯同志不能出面，為營救我，想方設法託王會悟和他商量，擬用他的名義，把我母親從湖南接到上海來，出面同國民黨打官司，向國民黨要人；因為他同我母親也熟。1929 年我們兩家曾經同住上海薩坡賽路二〇四號，他同他的母親、三妹住三層樓，我和我母親住二層樓。1931 年也頻犧牲後，我送孩子回湖南，他曾陪同我去，住在我家中，這次我被綁架後的第十一天，即 5 月 25 日，沈從文還寫了一篇短文，題為〈丁玲女士被捕〉，抗議政府當局的非法，為我鳴不平。文章發表在 6 月 4 日出版的《獨立評論》第五十二號、五十三號合刊上。但發表時，刊物編輯胡適寫了一則附記，說是沈文排好後，已校對上版了，又得上海市長吳鐵城先生來電，說『報載丁玲女士被捕，並無其事。此間凡關於一切反動案件，不解中央，即送地方法院。萬目睽睽，絕不敢使人權受非法摧殘』。此電很使我們放心。因版已排成，無法抽出此文，故附記此最近消息於此，以代更正（胡適，6 月 1 日）。可能就是因為有了這一大有

來頭的更正，沈先生這時回信給王會悟說，丁玲並未被捕，而且他同我早已沒有來往了。此後 1934 年他返湘西，路過常德，住在第二師範學校，有師生建議他應該去看一看我母親，但他不去；第二師範的同學就自行去我家看望我母親，並在我母親面前說了一些不平的話。原來那時沈從文正以摯友的身份在報紙上發表《記丁玲》長文。我母親是飽經人情冷暖、世態炎涼的過來人，對此倒沒有什麼很多的感慨，只覺得這是一件很平常的事，值不得大驚小怪；她曾經把這些事當成別人的事那樣講給我聽。而我心裏卻有點難受。我對這個人的為人是知道得很清楚的，在那種風風雨雨的浪濤裏，他向來膽小，怕受牽連，自是不必責怪的。我理解他並且原諒他。只是再次見面時，總有一絲不自然。他呢，可能也有點不自然，他現在來看我總算很好，也是同情嘛，我是應該感謝他的，只是我們都沒有敞開心懷，談的很少。」

在同一篇回憶錄中，丁玲還提及了另外一件事。

「我很奇怪為什麼她（指王會悟──筆者注）對沈先生有那麼深的意見。後來才知道，就因為 1933 年我被綁架後，王會悟仍在上海，她寫了好多封信到湖南安慰我母親，說我平安無事，說有許多人在營救我。她怕我母親不相信而難過，便今天寫信用這個人的名字，明天又用那個人的名字，還用了沈從文的名字。哪裡料到，後來沈從文卻不願借用他的名義接我母親到上海向國民黨要還女兒。」

丁玲這番話明顯自相矛盾、漏洞百出。既說沈從文「還寫了一篇短文，題為〈丁玲女士被捕〉，抗議政府當局的非法，為我鳴不平」，又說「我對這個人的為人是知道得很清楚的，在那種風風雨雨的浪濤裏，他向來膽小，怕受牽連」；既說「1931 年也頻犧牲後，我送孩子回湖南，他曾陪同我去」又說「哪裡料到，後來沈從文卻不願借用他的名義接我母親到上海向國民黨要還女兒」。試想，在那個兵荒馬亂、風雨如晦的

歲月裏，沈從文冒著生命危險陪丁玲去探監，護送丁玲母子回湖南，吃了多少苦，受了多少罪，冒了多大險，既然如此，他又怎麼可能連他的名義都不願借用一下。

其實，丁玲這番話明顯是不實之詞，沈從文在丁玲活著時就作了回擊。

針對丁玲斥責自己「向來膽小，怕受牽連」，沈從文在給朋友信中作了回擊：

「……且加上個『怕死膽小鬼』，真應當深惡痛絕，不與同中國！但是試想想看，在她們夫婦的困難中，別的『正人君子』不為之奔走，為什麼倒反而派到我這個『市儈』頭上來，我是不是因此賺了多少錢，或從國民黨方面得了什麼好處？她若不太善忘，那本《記胡也頻》的版稅，還是由她拿去！並且到後迫得我非送孩子返回湖南不可時，為什麼不要個真正俠客去冒險，這相當危險的差事，又輪到我這個『唯利是圖』的『市儈』頭上？」

丁玲說沈從文不願借用他的名義接其母親到上海，又說沈從文1934年他返湘西，路過常德，卻沒有聽從一些師生的建議去看一看她的母親，沈從文在給朋友信中對此作了反駁。

「丁玲說『左聯』派人（馮雪峰）商量營救，我不肯出面，其實我根本未見過『左聯』某某，丁玲說的不是事實。事實是，她被捕後，在北京，我是唯一公開寫過兩篇文章呼籲的。」

「1934年我回湘西，是因為我母親病危。來去匆匆，在家裏只待了三天。當時我離開湘西已有十幾年，不可能有常德的文學青年與我相識。」

其實，丁玲的話恐怕連她自己也不相信。一方面，沈從文的《記丁玲》及其續篇確實戳到了丁玲的痛處，令她火冒三丈，另一方面，丁玲

又不想實話實說，因為那痛處正是她的難言之隱，所以她只好找個藉口，編個理由來「炮轟」沈從文。其結果是，藉口越找越牽強，理由越編越荒唐。

那麼，丁玲為什麼對沈從文的《記丁玲》及其續篇極為惱火且耿耿於懷呢？儘管丁玲對真相一直諱莫如深，但她在不經意中還是留下了一絲蛛絲馬跡。

1984 年 4 月 15 日，丁玲在致徐霞村信中說：

「沈從文寫了《記胡也頻》，又寫了《記丁玲》。她把對一個熟人的回憶當小說寫。他用『有趣的』眼光看世界，也用有趣的眼光的看朋友，寫書時他以為我已經死了，誰知給我留下許多麻煩。……」

這裏，丁玲一語道破天機，她之所以在晚年要向沈從文發飆，完全是因為沈的文字給她帶來「許多麻煩」。

丁玲晚年的最大麻煩就是，組織上對她的平反不徹底。1979 年中國作協複查辦公室作出的《關於丁玲同志 1933 年被捕問題的複查報告》認為，應維持中宣部 1956 年 10 月 24 日的結論，即「實際上是一種變節性的行為」，性質「屬於在敵人面前犯過政治上的錯誤。」而丁玲的老對頭周揚也在各種場合強調，丁玲的「疑點」可消除，而「污點」還存在。周揚曾向賀敬之解釋，丁玲的「疑點」是指丁玲去延安是否接受國民黨的指派，而「污點」是指丁玲與叛變後當了特務的馮達在莫干山長時間同居並受到國民黨保護是變節行為。我們知道，沈從文的《記丁玲》及其續篇恰恰寫到了丁玲和馮達同居這段不光彩的歷史。可以說，和馮達同居是丁玲身上怎麼也洗刷不掉的污點，也是周揚用來打擊她的重磅炸彈。如果沒有沈從文的書，丁玲為自己辯護就顯得輕鬆多了，而周揚想打壓她也就不那麼容易了，而現在白紙黑字，鐵板釘釘，丁玲想辯解，談何容易。

　　沈從文當初是為了抗議國民黨政府才寫下《記丁玲》及其續篇的，他當然不會無中生有、捏造事實，誣陷丁玲，但他卻是好心辦壞事，無意間暴露了丁玲最大的隱私，並且使丁玲的對手們得以牢牢地抓住了她的把柄。可以說，和馮達同居的污點，直接影響了丁玲的政治生命，影響著中共對丁玲的評介，這樣，她能不把一腔怒氣發洩到沈從文身上嗎，儘管她未必不知道，沈從文是無辜的，是出於好心才寫了《記丁玲》及其續篇的，但一個把政治前途看得比性命還重的老布爾什維克，恐怕是顧及不了什麼友誼不友誼的。事實上，她批評沈從文的書是虛假的，也就是為她復出後的仕途掃清障礙，同時也是為她和老對手周揚抗爭打下基礎。因為，周揚手中牢牢抓住的關於她的把柄就來自沈從文的書。

　　其實，如果我們細讀一下《記丁玲》及其續篇，發現除了和馮達同居，書中還有更令丁玲心驚肉跳、暴跳如雷的內容，不過，由於那些內容正是丁玲諱莫如深的心病，所以，她根本不敢挑明，否則，只能弄巧成拙給自己的對手提供更多更具殺傷力的武器，用來摧毀自己。丁玲晚年炮轟沈從文，又閃爍其辭不肯說出真正的理由，其道理再此。

　　美國學者金介甫在其《沈從文傳》一書中道出了丁玲反感沈從文《記丁玲》及其續篇的真正原因。

　　「第一，《記丁玲》雖然對丁玲解放前的創作和行為有了充分同情的記述，但當然不會解釋得像丁玲自己會解釋的那樣。沈指出胡也頻和丁玲投身革命部分是出自天真，而丁玲在胡也頻被捕前夕，對胡的處境危險不太感興趣，丁玲回憶她的愛情故事可以同《包法利夫人》相提並論（見《續集》164 頁），說明她參加左翼運動完全是受情人的影響。第一個當然是胡也頻，其他人還可能有馮雪峰。沈描寫被捕之前她已身材發胖、朋友斷絕，心情非常沮喪，可是，《記丁玲》177-178 頁還為了胡的革命活動辯護，雖然沈本人不大同意他們的活動。

　　第二，沈在寫丁玲、胡也頻參加革命時，是中國共產黨內李立三左傾路線統治早已垮臺的時期，當然不會出力營救她。沈在 1981 年 1 月 16 日和我談話中說，當時丁玲口口聲聲：『立三！立三！』沈當時自然不知道共產黨內部有幾條線，可能連丁玲本人也弄不清楚。

　　第三，研究沈的中國學者說，丁玲不喜歡沈的《記丁玲》，原因是他把馮達寫得太壞。」

　　沈從文當初寫《記丁玲》及其續篇時，力求真實，而他的這種真實對革命者丁玲來說，實在是太致命了。《記丁玲》及其續篇中的丁玲，首先是革命動機不純，「參加左翼運動完全是受情人的影響」；其次，她的革命立場不堅定，先是李立三左傾路線的擁護者，後又和叛變分子同居，可謂忽左忽右，極左極右。如果周揚們抓住這些做文章，那丁玲可要吃不了兜著走的。

　　晚年的丁玲對《記丁玲》及其續篇中的致命的真實可謂恨得要死怕得要命，我相信丁玲在細讀《記丁玲》及其續篇時，後脊樑是會不住冒冷汗的。但由於，丁玲不敢在某些細節上深究──因為深究的結果肯定對丁玲不利──所以，她只能找藉口、編理由來炮轟沈從文，發洩她對這位老友的不滿。而可憐的沈從文恐怕到死也不明白，自己當初為紀念老友、抗議國民黨政府而寫下的兩部書竟會熱臉貼到冷屁股──遭到老友如此激烈的攻擊。

　　一個是把政治看作身家性命的革命家，一個是把真實當作最高追求的記錄者，兩人的分道揚鑣乃至反目成仇恐怕也意料之中的事。

朱湘：沒有容忍就沒有自由

　　在中國現代文壇上，朱湘是個罕見的早慧的天才。他筆下的散文，文字之精美堪比沈從文；他寫的幽默小品，和老舍、張天翼相比也毫不遜色；他留下的唯一一篇小說，寫得靈秀動人，感人肺腑。至於寫詩，那更是他的長項，二十一歲時，就寫出了膾炙人口的〈採蓮曲〉，倘若不是英年早逝，朱湘的成就將不可估量。

　　很多人把朱湘的自殺歸咎於社會環境對他的不容，但我認為，朱湘的早逝與他過於執拗的性格有很大的關係。胡適在名篇〈容忍與自由〉中曾寫道：「容忍是自由的根本，沒有容忍就沒有自由。」我想，朱湘正是一個不懂得容忍的人。

　　1926 年，新月社在《晨報》上創刊了《詩鐫》，主編是徐志摩，朱湘是編委之一。然而沒出幾期，朱湘就宣佈退出，原來，他看不慣徐志摩等人利用編選權力相互吹捧，自那以後，朱湘就脫離了新月社。朱湘的正直固然可貴，但一言不合就拂袖而去，如此眼睛不揉沙子的人，在那個社會只能四處碰壁。性格決定命運，不肯妥協，不願容忍的朱湘，其人生悲劇看來是不可避免的。

　　對於雖桀驁不馴卻才華橫溢的朱湘，清華大學還是很寬容的。朱湘曾因違反校規被清華開除。後來，清華換了校長，不少人為朱湘說情，校長愛才，就允許朱湘復學。朱湘這才得以在清華繼續讀書。順利完成學業後，朱湘又取得了赴美深造的機會。然而，在美國，朱湘敏感的天性，易怒的脾氣使他幾無容身之地。他在美國只留學了短短兩年，卻換

了三個學校，吵架幾十次，數度罷學，最後乾脆拍屁股走人。因為在美國沒拿到過硬的文憑，他回國後的人生也就不可能多順利了。

那麼，朱湘在美國的幾十次吵架是否有必要呢？現在，我們回頭冷靜地看待這一問題，會發現，很多發生在朱湘身上的事確實惹人不快，但朱湘的反應也過於激烈了，倘若朱湘能多一點容忍，他不至於在美國待不下去。

1927 年，朱湘入威斯康辛州勞倫斯學院。上法文課時，學的是都德一篇小說，裏面有個人物說中國人像猴子，結果班上有學生大笑，朱湘立即站起來退課，而老師後來特意向朱湘道歉，但朱湘卻不接受道歉，並堅決退出該校。朱湘愛國，令人敬佩，但對方似乎也沒有什麼大錯，畢竟，是小說中的人物說中國人像猴子，且由於當時的中國長期閉關鎖國，外國人對中國不瞭解也是有原因的，更重要的是，老師已經道歉，為什麼就不能忍一忍？至少也應該給別人改正錯誤的機會吧？難道你朱湘就從不犯錯？

1927 年底，轉到芝加哥大學後，有堂課是英語作文。朱湘的作文得了 D，他氣得當即宣佈退課。朱湘的這一次生氣似乎有些離譜，如果說上一次是出於愛國而憤然退學，這一次退課卻暴露了朱湘過於自戀的一面。朱湘的文章可能寫得很出色，即使老師偶然看走了眼，又有什麼不可原諒的呢？即使你是一塊金鑲玉，老師也需要充分的時間才能認識到你的美，不是嗎？孔子說：「人不知而不慍，不亦君子乎。」又說：「不患人之不己知，患不知人也。」朱湘作為中國人，怎麼連孔老夫子的話都忘了呢。僅僅因為一次作文得分低而退課，無論如何是沒有道理的，只能說明詩人的感情也許很豐富，但器量似乎太狹小。

在上德文課時，朱湘指出了老師講課時犯的一個錯誤，老師改正了，但老師提到「葡萄牙小國都能佔領中國的澳門」，朱湘卻坐不住了，

再次退課。這一次，朱湘的選擇就更不對了，老師說的是實話，有什麼可生氣的呢？要撒氣也應該把氣撒在不爭氣的清朝政府身上。我認為，朱湘這一次的退課表明瞭他的怯懦，表明他不敢正視本國歷史上的恥辱。他的行為使我想起阿Q。阿Q忌諱別人說亮，別人說亮，他就翻臉，但那有用嗎？倘若你自身不強大起來，你越是忌諱亮，別人越是要說，因為這是事實。朱湘以退課來逃避，但你能逃到地球以外嗎？

上文學課時，因一位美國學生不願和朱湘同座，他再次選擇退課。自尊到了這個程度，離病態已經不遠。

稍有挫折，稍有不滿，朱湘就選擇退學。這樣下去，他當然無法在美國立足，只能放棄文憑匆匆回國。

回國後，朱湘在安徽大學擔任外國文學系主任，他有才有學有識，只要好好幹，不愁幹不出一番成就。「無奈他性情過於狂傲，屢因細故與學校當局衝突，結果被辭退了。」（見蘇雪林〈我所見於詩人朱湘者〉），也有人說，朱湘是主動離開安大的，「朱湘介紹了幾位上海文藝界的友人到安大任教，安大不予接受，朱湘也就不願繼續留在安大了」（見徐霞村〈我所認識的朱湘〉）。朱湘似乎不能碰到挫折，一遇挫折，他就逃避，最終，也就逃到另一個世界去了。

朱湘太自愛了，他不能容忍別人對他的哪怕一丁點的不滿和譏刺，那他對別人的態度又怎樣呢？是不是總是溫文爾雅和風細雨呢？當然不是，他給人的印象是高傲、冷漠，如果你有幸被他談論，他的話裏往往夾帶冷峭和譏嘲。

> 「但是，沒有過得幾時，我便發現詩人性情的乖僻了。他對於我們女同事好像抱有一種輕視的態度。每逢學校聚會，總要無端報我們以幾句不輕不重的諷嘲。記得有一次學校想派教職員四名到

省政府請求撥發積欠經費。已經舉出了兩個人，有人偶然提到馮沅君和我的名字，忽然我聽見席上有人嬉笑著大聲說：

──請女同事去當代表，我極贊成。這樣經費一定下來得快些。這人便是詩人朱湘。沅君和我氣得面面相覷。我想起來質問他這話怎樣解說，但生來口才笨拙的我終於沒有立起來的勇氣。後來我問沅君為什麼也不響，她說這人是個瘋子，我們犯不著同他去慪氣。」（見蘇雪林〈我所見於詩人朱湘者〉）

朱湘自尊心極強，但他卻用如此輕薄的話來談女同事，這妥當嗎？他考慮過女同事內心的感受嗎？即使對於自己的妻子，朱湘的言辭也常常夾槍帶棒。「安慶城裏沒有自流井，人家用的水都由大江挑來。某年夏季，朱夫人覺得挑水夫太辛苦，每桶多給工資數十文，詩人就同她大吵，說她這樣優待挑水夫，一定同他有什麼關係。」（見蘇雪林〈我所見於詩人朱湘者〉）一個詩人，一個教授，說這樣的話，難道不有損自己的形象嗎？

人，要學會彼此尊重，渴望被別人尊重，卻很少想到要尊重別人，這樣的人恐怕最終也不會獲得真正的尊重。很不幸，朱湘就是這樣的人。

近日讀胡適〈容忍與自由〉，突發奇想，倘若朱湘看了這樣文章，他是否能獲得一些有益的啟迪。是的，容忍是自由的根本，沒有容忍就沒有自由。倘若朱湘能多一點容忍，我相信他一定能獲得多一點的自由。

批人—被批—自批：在怪圈中掙扎的文人

我們知道，二十世紀三〇年代曾有過一場著名的「兩個口號」之爭，一方以周揚為代表提出「國防文學」，另一方是馮雪峰和胡風經魯迅的同意提出「民族革命戰爭的大眾文學」，雙方唇槍舌劍爭得不可開交。最後，魯迅寫出著名的〈答徐懋庸並關於抗日統一戰線問題〉，給了以周揚為首的「國防文學」派致命一擊。在這篇名文中，魯迅譏刺周揚等人為「四條漢子」，並特別表明他「對於周起應之類，輕易誣人的青年，反而懷疑以至憎惡起來了」，在文章裡，魯迅還譏刺周揚之流雖是「所謂革命作家」，「其實是破落戶的飄零子弟」「他也有不平，有反抗，有戰鬥，而往往不過是將敗落家族的婦姑勃蹊，叔嫂鬥法的手段，移到文壇上。嘁嘁嚓嚓，招是生非，搬弄口舌，絕不在大處著眼。」

1957 年 5 月，中國作協黨組召開擴大會議，對「丁玲、陳企霞反黨集團」進行批判，而馮雪峰作為丁陳的「同路人」也遭到批判。周揚意識到這是一次良機，他可以借批判現在的馮雪峰來為當年的「四條漢子」正名，推翻魯迅當初對他的批評。在他的授意下，1957 年 8 月 14 日，「四條漢子」之一夏衍在會上做了「爆炸性的發言」。

從邵荃麟的一份交代材料裡，可知道，夏衍的「爆炸性發言」出自周揚的一手安排和精心策劃。

「（馮雪峰）檢查前後，周揚召集了一次小會，有林默涵、劉白羽等參加。周揚提出揭發馮雪峰歷史上的叛黨等問題不是主要的，『主要關鍵在 1936 年上海那一段，要有個有力量的發言。他提出要夏衍來講，』夏衍發言之前，又開過一次小會，討論夏衍發言。為夏衍發言定了基調。

當周揚講到魯迅答徐懋庸信時，周肯定地說：『這封信的原稿就是馮雪峰的筆跡，魯迅只改了四個字。』」（引自陳早春、萬家冀著《馮雪峰評傳》人民文學出版社 2003 年出版第 532 頁）

按照周揚的部署，夏衍做了發言，發言很長，這裡不便全文實錄，其要點是認為〈答徐懋庸並關於抗日統一戰線問題〉並非魯迅之作，而是馮雪峰盜用魯迅名義寫出的。

「請同志們想一想，雪峰同志用魯迅先生的名義，寫下這一篇與事實不符的文章，聽胡風一面之言，根本不找我們查對，缺席判決，使我們處於無法解釋的境地，而成為中國新文藝運動史的一個定案，究竟是什麼居心？造成的是什麼後果？這究竟是誰的宗派。」（引自徐慶全著《周揚與馮雪峰》湖北人民出版社第 152 頁）

夏衍「爆炸性發言」使會場炸開了鍋，一時間，群情激憤，不明真相者紛紛指責馮雪峰是個大騙子。

為了坐實夏衍所謂「爆炸性發言」，周揚還責成中宣部去魯迅博物館「借用答徐懋庸的信的原稿」，真可謂夏衍在會上「大膽的假設」，周揚在會後「小心的求證」。然而，查看原稿之後，周揚大失所望，因為：「原稿十五頁中的四頁約一千七百多字，完全是魯迅的筆跡，夏衍在『爆炸性發言』中指責馮雪峰『不真實』的那段有關『四條漢子』的文字，恰恰是魯迅寫的。前面十一頁是馮雪峰的筆跡，但是經過魯迅修改過的。從原稿中完全可以得出結論：該文是魯迅授意，馮雪峰擬稿，經魯迅修改補寫而成的，是魯迅的文章。」（引自徐慶全著《周揚與馮雪峰》湖北人民出版社第 163 頁）

由於核查結果對周揚、夏衍不利，周揚對核查結果秘而不宣。對馮雪峰的批判也無法深入下去。

　　不過，周揚不肯就此認輸，為了迫使馮雪峰就範，承認在兩個口號的爭論中曾蒙蔽魯迅打擊周揚、夏衍等人，周揚自己不便出面，就讓當時的作協黨組書記邵荃麟做馮雪峰的工作。經過邵荃麟一番苦口婆心、剛柔並濟的說服、開導，馮雪峰這個硬漢終於低下了高貴的頭顱，承認自己在三〇年代兩個口號之爭中犯了「宗派主義，狂妄自大」的錯誤。那麼，邵荃麟是如何做通馮雪峰的思想工作的？從馮雪峰寫於文革的材料中，我們或許可以窺一斑而知全豹。

　　「我記得我幾次問過他（指邵荃麟）：我的問題的重點究竟在過去，還是在同丁、陳反黨集團的關係等問題上？他說：主要的當然是在現在和最近一些年來的我的一系列的反黨言行，但過去──如三六年的『分裂活動』也是十分嚴重的反黨行動。我記得我幾次說到，說我『欺騙』了魯迅，我總想不通。我說，因為魯迅在病中，我幫他筆錄了〈答托派信〉等兩文及〈答徐懋庸〉一文的一部分，這在政治上既然沒有錯，而且也是黨的工作，同時又沒有違背魯迅自己的意見；特別是〈答徐懋庸〉一文，後半篇是魯迅自己寫的，前半篇也是他自己修改定稿的，這怎能說是欺騙了魯迅呢？……邵荃麟說：『有些話是胡風、周文等人告訴魯迅的，你也是聽胡風、周文等人說的。』邵荃麟幾次強調說，我當時同胡風先談了『民族革命戰爭的大眾文學』口號，又『用魯迅名義』提出，以打擊周揚，形成左翼文藝界的對立和『分裂』，這是事實；我應該站在黨的立場上和從黨的利益上認真考慮這個問題。這些，都是我還記得的他在幾次談話中反覆『說服』我的話。他特別強調的是，我應該從『黨的利益』上去考慮問題……『蒙蔽』了魯迅，『損害』了周揚，這都是損害了黨。他說，『黨不是抽象的』，『周揚總是代表黨來領導文藝工作的』。他說，我應該有『勇氣』承擔自己的責任，不要把自己的責任推到魯迅身上去以『損害』魯迅。『保護』魯迅，這是『黨的利益』……

邵荃麟所說的我應該承擔的責任，是指所謂『分裂活動』和魯迅批判了周揚的所謂『損害』周揚的責任，這責任應該由我負。又因為在談話中我多次說到了事實的經過，為自己辯解，邵荃麟還特別指出過，說我『自我保護』的本能太強了。」（引自徐慶全著《周揚與馮雪峰》湖北人民出版社第 166 頁）

邵荃麟善於「攻心」，他把周揚上升到黨的高度，「周揚總是代表黨來領導文藝工作的」，那麼，損害了周揚就是損害了黨的利益！這麼大的帽子能不讓馮雪峰心驚膽戰嗎？另外，雖然批評周揚的是魯迅不是馮雪峰，但邵荃麟強調，魯迅需要「保護」，怪罪不得，一切責任只能而且必須由他馮雪峰來承擔。作為一名老黨員，為了維護周揚所代表的「黨」的利益，為了「保護」魯迅，馮雪峰只能屈辱地違心地承認了自己根本沒有犯過的錯誤，把所有問題自己扛了。

其實，馮雪峰是個硬骨頭，周揚的高壓不能讓他屈服，而邵荃麟的勸說卻為何能讓他就範呢？這是因為，馮雪峰和邵荃麟有深厚的友誼，兩人曾是患難之交，1939 年，邵任地下東南局文委書記時，曾幫助馮雪峰恢復黨的組織關係。此前，馮雪峰因和某位領導鬧矛盾，一氣之下跑回老家，丟掉了組織關係。1943 年，馮從上饒集中營跑出來後就去桂林找邵求助，邵荃麟向周恩來彙報後，幫馮恢復了組織關係，並把馮送到了重慶，正因為有這樣的交情，一方面，馮非常信任邵荃麟，另一方面，他也不想為難邵，所以，乾脆承認莫須有的錯誤，好讓邵能順利完成周揚派下來的任務。

1957 年 9 月 4 日，馮雪峰在黨組第二十五次擴大會上作了檢討。從檢討內容來看，馮雪峰已完全屈服了，他幾乎原封不動地把邵荃麟指責他的話搬進自己的檢討裡，儘管他知道邵荃麟的指責完全沒有根據。

「我對於周揚同志等，在 1933 年的時候，已經形成了宗派主義的成見。1933 年底我離開了上海，1936 年 4 月底回上海時聽了胡風、周文等人的一面之辭，立刻又加深了我的宗派主義的看法。因此，我沒有事先同周揚同志等商量，而倒是聽了胡風的意見，提出了『民族革命戰爭的大眾文學』這口號。這首先是違背了黨的組織原則的做法，是撇開了黨的做法，是我的反黨行為。1936 年 7 月至 9 月之間，我的宗派主義、狂妄自大、我個人就是黨的那種最惡劣的態度和作風，發展到極端的地步。我竟至於懷疑周揚同志等，要調開周揚同志，並且要停止當時的黨團對上海文藝界的領導工作，由我來通過群眾加以領導，但調開周揚同志和停止黨團活動，都沒有成功，我就從外面對周揚同志等加以打擊，也就是對上海黨組織加以打擊，這就是魯迅先生的〈答徐懋庸的信〉和我以呂克玉筆名寫的那篇文章。這是我給同志以宗派主義的打擊和違背黨組織原則的反黨行為登峰造極的表現。

我到上海之前，周揚同志等同魯迅先生之間的隔閡，是已經形成的；但我到上海之後，我不但沒有向魯迅先生解釋，進行團結工作，反而隔閡加深了，這也是我要負責的。」（引自徐慶全著《周揚與馮雪峰》湖北人民出版社第 168 頁）

有了馮雪峰的檢討，周揚在其報告中，順理成章而又如願以償地給馮雪峰下了結論：「勾結胡風，蒙蔽魯迅，打擊周揚、夏衍，分裂左翼文藝界」。

邵荃麟和馮雪峰有著非同尋常的友誼，本來，邵在關鍵時刻應該盡力去保護馮，然而，為了完成周揚派下來的任務，為了保住自己頭上的烏紗帽，邵荃麟不惜利用自己和馮的友情，利用馮對自己的信任，使馮就範。這使我們不能不接受這樣的事實，在政治大批判的漩渦裡，人很容易褻瀆友情乃至親情。

　　本來，給馮雪峰扣上這頂大帽子，周揚本該心滿意足、大功告成了。可周揚卻想找到一個好辦法，可以一勞永逸消除魯迅在作品裡對他的「損害」。最終，他想出一條妙計，讓馮雪峰為魯迅這篇名文寫注釋，也就是讓馮雪峰把其檢討寫進注釋裡，以馮雪峰的注釋抵消魯迅正文裡對他周揚的「損害」，換言之，就是借馮雪峰的「手」堵魯迅的「口」，並且，「注釋」與「正文」永遠如影隨形，像結拜兄弟那樣雖非同日「生」，卻願意同日「死」，那麼，只要「注釋」隨「正文」一同流傳下去，他周揚的臉面也就可以永久保存下去了。

　　周揚這一招堪稱絕妙，問題是，馮雪峰願意配合他這麼做嗎？一個人在高壓下，為了過關，也許會迫不得已做一番違心的檢討，但誰願意把這樣的檢討定格成文字放在偉人作品後面，並隨偉人作品一道流傳下去，如果這樣做，不就是把自己永久地釘在恥辱柱上嗎？

　　於是，周揚又把這一艱巨而不光榮的任務交給了邵荃麟，後者不負周揚厚望，終於說服了馮雪峰，寫出帶有檢討意味的注釋，不過，由於馮雪峰寫的較為瑣碎、直白，周揚沒有採用，後來上面（周揚、林默涵）親自動手寫了這條注釋，並由邵荃麟托人轉交給馮雪峰，要求以馮雪峰的名義把注釋收入《魯迅全集》。以下是注釋的內容：

　　「徐懋庸給魯迅寫那封信，完全是他個人的錯誤行動，當時處於地下狀態的中國共產黨在上海文化界的組織，事前並不知道。魯迅的答復是馮雪峰執筆代寫的，他在這篇文章中對於當時領導『左聯』工作的一些黨員作家採取了宗派主義的態度，做了一些不符合事實的指責。由於當時環境關係，魯迅不可能對那些事實進行調查和對證。」

　　馮雪峰看到這樣的注釋，很生氣，說：「既然是別人寫的文章，又何必編進全集裡去呢！」馮雪峰的意思是，既然這篇文章是自己「執筆代寫」的，就不該署魯迅的名，就不該收入《魯迅全集》裡。但生氣歸

生氣，馮雪峰還是屈辱地為這段文字承擔了責任，只是在個別詞句上作了修改。把「代寫」改為「擬稿」，在最後一句「魯迅」的後面加上「在定稿時」四個字，說明了文章還是魯迅寫的。如此簡單的改動當然沒有改變注釋的基調。

　　注釋根本不是自己寫的，而且注釋的內容完全不符合事實，說的難聽一些，就是刻意為周揚等開脫，把屎盆子往自己頭上扣，那麼，馮雪峰為何要為這樣的文字負責？為何承認這條注釋是自己寫的？原來，他是中了周揚為他精心設計的「請君如甕」的圈套。下面這段話就是明證。

　　1983 年，牛漢在一次會上揭露了這樣一件事實：

　　大約是 1959 年下半年，我已從拘禁地回到人民文學出版社一年了。（中略）有一次，我問他：「聽說你自殺過，有這回事嗎？」雪峰坦率地承認：「有過自殺的念頭。」我問他：「為了什麼事？」他沉默了好一陣子，對我說：「反右後期。有一天，荃麟來找我，向我透露了中央對我的關懷。我很感激，激動地流出了眼淚。我不願離開黨。荃麟對我說，『中央希望你跟中央保持一致。』向我提了一個忠告：『你要想留在黨內，必須有所表現，具體說，〈答徐懋庸並關於抗日統一戰線問題〉所引起的問題，你應當出來澄清，承認自己的責任，承認自己當時有宗派情緒，是在魯迅重病和不瞭解情況之下，你為魯迅起草了答徐懋庸的信。』我對荃麟說：『這個問題有人早已向我質問過，我都嚴詞拒絕，我絕不能背離歷史事實。』之後我痛苦地考慮了好幾天才答覆。我意識到這中間的複雜性，荃麟是我多年的朋友，過去多次幫助我渡過難關，這次又在危難中指出了一條活路。上面選定荃麟來規勸我是很費了番心機的，他們曉得我與荃麟之間的交情，換了別人行不通。他們摸透了我的執拗脾氣。當時我的右派性質已確定無疑，黨籍肯定開除。面對這個天大的難題，我真正地作難了。我深知黨內鬥爭的複雜性，但也相信歷

史是公正的，事情的真相遲早會弄明白的。但是這個曲折而嚴酷的過程可能是很漫長的，對我來說是難以忍受的屈辱。我對荃麟誠懇地談了我內心的痛苦。荃麟說，先留在黨內再慢慢地解決，被開除了就更難辦。但我知道荃麟傳達的是周揚等人的話。實際上是對我威脅。荃麟不過是個傳話的人，他作不了主。我清楚，荃麟說的中央或上邊，毫無疑問是周揚。在萬般無奈之下，最後我同意照辦。這是一件令我一生悔恨的違心的事。我有好多天整夜睡不著，胃痛得很厲害，我按他們的指點，起草了〈答徐懋庸並關於抗日統一戰線問題〉的有關注釋。我以為黨籍可以保留了。但是，我上當了。我最終被活活地欺騙和愚弄了。為了自己的人格和尊嚴，最後只有一死，以證明自己的清白。我幾次下決心到頤和園投水自殺。但我真的下不了這個狠心。我的幾個孩子還小，需要我照料。妻子沒有獨自為生的條件，再痛苦也得活下去，等到那天的到來：歷史最後為我澄清一切。」雪峰眼睛裡噙滿了淚水。我也哭了。我的黨籍早兩年已宣佈被開除，當時我的心情與雪峰完全一樣。

以上雪峰的自述，以及當時談話的情景，我永遠不會淡忘。(〈為馮雪峰辯證〉，轉引自鄧九平編《談友誼》，大眾文藝出版杜 2000 年版，第 743-744 頁)

顯然，周揚在這裡耍了一次「詭計」，他借邵荃麟之口告訴馮雪峰，想留在黨內，就要按他們的要求起草「注釋」。為了保住黨籍，馮雪峰屈辱地在符合對方要求的「注釋」上署上自己的大名，而對方卻根本不兌現承諾，結果，讓馮雪峰「最終被活活地欺騙和愚弄了」。能想出這種圈套的人，其人格之卑下也就無須多言了。

詭計是周揚想出來的，但如果沒有邵荃麟的「穿針引線」，他的計謀就很難得逞了。事實上，馮雪峰是因為非常信任邵荃麟才相信了周揚的承諾的，也許邵荃麟是無辜的，他不過是個傳話人，然而，在這出醜

劇中他無疑扮演了很重要也很不光彩的角色。當年是他幫助馮雪峰恢復了黨組織，而現在又是他使得馮「最終被活活地欺騙和愚弄了」。只能說，他和馮的友誼沒能經受住考驗。

不過，馮雪峰卻是心懷寬廣，極重友情者，儘管邵荃麟曾在會上聲色俱厲地批判過他，儘管邵也參與了對他的「欺騙和愚弄」，他仍然把邵當作自己的知心好友，有啥重要想法和打算都要先徵求一下邵的意見，這樣一來，卻使邵又幹了另一樁對不起朋友的事。

馮雪峰早就想把自己的長征經歷寫成一部小說，且已寫出了初稿，小說取名為《盧代之死》。1960 年，馮雪峰頭上的右派帽子被摘下，精神為之一爽，想在初稿的基礎上一氣呵成完成小說，了卻這樁夙願。當時，他依舊像過去那樣信任邵荃麟，就把這一想法對邵和盤托出。沒想到邵荃麟卻極力阻止他，對他說，以你的身份，寫長征不太合適吧。正因為把邵看成知心朋友，邵的話對他產生了難以想像的打擊，他回家後，面色灰暗，對家人說，我竟然連長征都不能寫了！一氣之下，把《盧代之死》的草稿付之一炬，從而給自己留下終身遺憾。馮雪峰去世後，文學家唐弢寫下這樣的輓聯：

> 一身硬骨頭，石壁鐵窗，靈山詩卷傳哀曲；
> 千載痛心事，雪山草地，盧代墨痕付劫灰。

在唐弢看來，焚毀《盧代之死》正是馮雪峰的「千載痛心事」。我們知道，馮雪峰這樣做，完全是因為接受了好友邵荃麟的建議。你看，解放後，正是因為信任邵荃麟，馮雪峰才受到了一次又一次的傷害，這樣的朋友，這樣的友情，讓我們說什麼好呢！

不過，對於馮雪峰的被批，我們似乎也不必過於同情，因為當年，批判胡風、丁玲等老朋友時，他也曾不甘示弱不落人後的。而對於批判

馮雪峰的邵荃麟，我們也不必過於痛恨，因為，很快，同樣的命運也落在了他的身上，他的結局似乎比馮更慘。

作為朋友，馮雪峰對邵荃麟完全不設防，結果吃了一次又一次的啞巴虧；而邵荃麟自己，也在人生的關鍵時刻，挨了來自密友的一記悶棍。

1964 年 6 月 27 日，毛主席對文藝工作下了一個批示，對當時的作協做了嚴厲的批評：「這些協會和他們所掌握的刊物的大多數，十五年來，基本上不執行黨的政策，做官當老爺，不去接近工農兵，不去反映社會主義的革命和建設。最近幾年，竟然跌到了修正主義的邊緣。如不認真改造，勢必在將來的某一天，要變成像匈牙利裴多菲俱樂部那樣的團體。」偉人震怒，作協領導不寒而慄。黨組書記邵荃麟立即靠邊站，副書記劉白羽被任命為作協整風組組長。

其實，劉白羽和邵荃麟也是老朋友，私交甚好。1937 年，邵荃麟夫婦，吳組緗夫婦，蔣牧良，葉以群，張天翼和劉白羽同遊宜興（邵荃麟妻子的故鄉）、太湖等地，邵荃麟夫婦和吳組緗夫婦輪流做東，大家相處甚歡，結下深厚友誼。然而劉白羽上任後，首先檢查的就是邵荃麟的工作作風，經過一番苦思冥想，劉白羽把邵荃麟的工作作風概括為「教條主義的無限清談，官僚主義的不聞不問」，平心而論，把這兩句話用於一直帶病工作的邵荃麟，實在是天大的冤枉。不僅如此，劉白羽還和其他幾位領導炮製出一份〈關於「寫中間人物」的材料〉，矛頭直指邵荃麟，並在《文藝報》發表重要文章〈寫中間人物是資產階級的文學主張〉，自此，一頂沉重的「資產階級」的帽子一直扣在邵荃麟的頭上，他只能不斷做檢討，寫檢查，無休無止地陷入被人批鬥、自我批判的旋渦中，直到被捕入獄被迫害至死。

為了完成周揚派下的任務，邵荃麟不惜玷污友情誘使馮雪峰「中計」，和他一樣，劉白羽也是為了完成上級下達的任務，毫不猶豫毫不

留情地對昔日密友下辣手，出重拳，且費盡心機去羅織罪名。看來，一個人，失去了自我，把官位看得高於一切，把自身當作執行任務的工具，就很容易淪為整人的棍子。跟這種人談友誼，談愛情，談血濃如水，恐怕都是對牛彈琴。

在批判邵荃麟的運動中，劉白羽立下頭功，然而沒過幾年，劉白羽也被打成周揚的「黑幫大將」，和邵荃麟一道接受革命小將的批鬥，原先對邵荃麟「相煎何太急」的劉白羽，這才明白，自己和邵原來「本是同根生」。

當時，邵荃麟有病，顫巍巍地跪在地上交代自己的所謂罪行，而劉白羽也同樣跪在地上，舉著「黑幫大將」的牌子，低頭交代自己的罪行，因為說話有點吭吭哧哧，一再被紅衛小將們斥責為「混蛋」、「不老實」、「狗崽子」。當初，他痛批邵荃麟的威風已蕩然無存。昔日，居高臨下批判他人的劉，如今只能狼狽不堪地接受批判和誠惶誠恐地自我批判了。

十一屆三中全會後，一次，陸定一和于光遠談到「文革」之混亂時曾說了這樣一句話：「我們中宣部十幾年中，無非是整完這個人之後，接著再整另一個人。」于光遠後來把這句話說給周揚聽，周揚苦笑一下，說：「可不是嗎？事情就是這樣的。」

在這樣的背景下，邵荃麟的整朋友和被朋友整，也就不那麼令人奇怪了。在這樣的背景下，一個怪圈形成了，那就是：批人─被批─自批，1949 年後，包括馮雪峰、邵荃麟、劉白羽在內的許多知識份子都陷入這個怪圈，無一倖免，難以自拔。

這是那一代文人的宿命。

「我必須要這樣無情地做啊！」

1942 年，王實味因發表〈政治家與藝術家〉、〈野百合花〉遭到批判。蕭軍參加了對王實味的批判大會。會上，眾人聲色俱厲，對王實味提出各種質問，但王實味剛要申辯幾句，即被打斷，會場秩序十分混亂。坐在一旁的蕭軍實在看不下去，就說：「大會主席，這是不行的，應該讓他發言說全了話大家再反駁他，無論什麼會也得有個秩序啊！」蕭軍的話沒起到應有的作用，大會就在一片亂哄哄的吵嚷聲中結束了。會後在回家的路上，蕭軍對妻子說：「這開的是什麼會啊！怎麼把屎盆子朝一個人頭上扣，這哪像高等學府！」沒想到這句話被旁邊的一位女同志聽到了，並向黨組織作了彙報。過了幾天，中央研究院派了幾名代表，給蕭軍送來一份〈抗議書〉，〈抗議書〉上有一〇八人的簽名，其內容如下：「你是魯迅的學生，是《八月的鄉村》的作者，我們很尊敬你，既然你是共產黨的朋友，為什麼同情托派分子王實味？為什麼反對我們批判王實味？為什麼說怪話？你應當向大家承認錯誤，賠禮道歉！」蕭軍一看就火了，因為他並不認識王實味，更不可能同情王實味，他只是覺得等人家把話說完再批判不遲。但沒人聽他申訴，他最終還是被扣上一頂「同情托派分子王實味」的帽子。

別看蕭軍敢在公開場合替王實味鳴不平，但當王實味在私下找他時，他的態度就不那麼好了。蕭軍的日記有這樣的記載，一次王實味找他訴苦，而他把對方罵回去了。

一天早晨，王實味去找蕭軍，遠遠地他就喊道：「蕭軍，我是反革命，你也是反革命，我們來談一談吧。」蕭軍聽到喊聲，臉色突變，對

王實味吼道：「滾開！誰是反革命，你敢來，我就把你踢回去。」王實味沒料到蕭軍會是這樣的態度，就說：「呀，連你也不瞭解我啊，真奇怪，我就走，我有封信，你看了，就明白我是怎樣的人了。」說著，王實味把信留在地上，怯怯地走了。蕭軍走過去撿起信，遠處的王實味又回頭說：「你若是硬骨頭，就不要把信給任何人看，唉，連你也不瞭解我啊！」

王實味走了，蕭軍妻子王德芬責怪蕭軍態度不友善，蕭軍則為自己辯解，說：「如果我像一個朋友那樣接待他，那會生出一些可憎惡的謠言，這對我鬥爭是一種妨礙，我必須要這樣無情地做啊！」

王實味給蕭軍的那封信，是他寫給胡喬木並轉毛澤東和黨中央的，內容如下：

> 「偉大的喬、轉呈偉大的毛主席、轉黨中央：
> 我要請教你們偉大的偉大的偉大的，
> 人為什麼定要用『腳底皮』思想呢？
> 為什麼人在如『象』如『熊』更能解決問題時，卻是蠢到非用『狐狸似的小狡獪』不可呢？？
> 為什麼『為工農』的偉大的偉大的那樣多，而工農卻覺自己是『三等革命』『不是人』『沒有出路』呢？
> 為什麼『頭等革命』是唯物論，而『三等革命』卻必須是是唯心論呢？
> 為什麼說謊的是好幹部，而老實人卻是反革命呢？
>
> 　　　　　　　　　　　　　　　　　　　王實味
> 　　　　　　　　　　　　　　　一九四二年十月一日」

王實味寫這封信時明顯帶有火氣，措辭如此激烈的信如果交到黨中央、毛主席手中，對王實味而言，很有可能招致滅頂之災。倘若蕭軍能和他交流一下，能撫慰他一下，勸他收回這封信，那王實味的命運就可能被改寫。

可蕭軍為了避嫌，為了不留下把柄，他在第一時間，就把這封信轉給了毛澤東的秘書胡喬木，並寫了一封內容如下的信，其目的當然是撇清自己和王實味的關係：

> 「澤東同志：
>
> 這是一種意外的事，今天早晨王實味在山下呼著我的名字，把這封信放在山腳下，要我代轉給您。後來他又說『做錯了』讓我交給文抗支書，再轉給您。我就如此照辦了。專此祝好。
>
> 蕭軍
>
> 1942，10月2日晨」

我以為，蕭軍這樣做並非出於無情，而是出於畏懼，他害怕有人目睹到了他和王實味有過接觸，並向上級告密、揭發，從而使自己跳進黃河也洗不清。把信交出去，就可以化被動為主動，化險為夷，擺脫干係了。

蕭軍為什麼會如此畏懼他人告密呢？我想，一方面說明，喜歡告密、揭發的人不在少數；另一方面，說明無中生有的告密和別有用心的揭發往往會給當事人帶來巨大的禍害。

很多時候，正因為害怕被人揭發、告密，人與人之間的關係才變得那麼惡劣！蕭乾和張光年的一次交往也證明了這一點。

被打成右派後，蕭乾被發配到某個農場勞動。1960年的春節，他獲准回京探親。當時，文潔若為了和上司搞好關係，勸蕭乾去看望一下老領導張光年，沒想到，後者卻給了蕭乾一次結結實實的侮辱。

「我千不該萬不該慫恿乾去看望他原來的領導──《文藝報》主編張光年。那天他回到實鈔胡同的小堆房後，不斷搖著頭說，何必自找這通侮辱。……那天從張光年家出來，乾渾身發抖，怕出車禍，連車都不敢騎了，便推著他那輛舊自行車穿過西總布胡同。……。」（文潔若著：《生機無限》北京十月文藝出版社 2003 年出版第 89 頁）

那麼，又是怎樣的侮辱讓蕭乾如此難堪如此憤怒呢？

「潔若勸我去大醬園子看看那裡的領導。最初，我實在鼓不起這份勇氣，但他認為，既然我的命運掌握在那些人手裡，就還是去看看的好。

我們都太天真，太不自量了。批倒批臭之後，人家早把我一腳踢出去了。大年下的，都在關上門享受著天倫之樂。我去敲門時，聽到裡邊無線電播放著歌曲，全家老少一片歡笑聲。及至一開門，人家見到寒磣狼狽的我，先冷了半截。勉強讓進去之後，無線電停了，一家人都躲到另一間屋去了。只剩下大幹部，方方正正地坐在他那把硬木太師椅上，劈頭就問我勞動得怎麼樣。我把路上想好的話說了一遍，表示儘管改造得不好，對自己還是樂觀的。現在中央連像王耀武那樣的國民黨戰犯都釋放了，我相信自己總比他們會……

那位大幹部鐵青著臉，半腰裡就把我打住，惡狠狠地說：『你就是文藝界的王耀武！』」（蕭乾著：《蕭乾回憶錄》中國工人出版社 2005 年出版第 245 頁）

　　雪中送炭的安慰，會讓人如沐春風，溫暖一輩子；雪上加霜的侮辱，則令人如落冰窖，那種寒冷，淪肌浹骨，終生難忘。張光年這句惡狠狠的話，讓蕭乾領教了這種寒徹肺腑的冷。

　　對於來探望自己的蕭乾，張光年為何要說出如此無情的話：「你就是文藝界的王耀武！」我認為最大原因還是因為害怕，畢竟，蕭乾在當時是個有名的右派，而張光年自己也曾差點被打成右派，所以，他自然會擔心隔牆有耳——有人偷聽到他和蕭乾之間的談話並向他人揭發或告密，所以，他就來個先下手為強，乾脆對蕭乾來一句訓斥，以顯示自己的愛恨分明，立場堅定。這樣，他就可以高枕無憂——不怕別人打小報告了。

　　當王實味去找蕭軍訴苦時，當蕭乾去看望張光年時，蕭軍和張光年的反應為何如此激烈，如同驚弓之鳥，莫非兩人神經過敏？和一個有政治「問題」的人私下會一次面後果有那麼嚴重嗎？如果你這樣想，那就說明你不瞭解「小報告」的厲害。下面舉幾個例子，說明一下「小報告」所具有的殺傷力。

　　杜高被打成右派後，被判勞教。勞教期限一般是三年，可三年後，杜高又被加判三年，個中原因，杜高有詳細的說明：

　　「聽到這個宣判，我的心情很沉重。只有我一個右派定期三年。宣判會後，負責管教我的李幹事同我談話。他抽著煙，眨巴著眼，用天津味的普通話問我：『你知道為什麼定你三年嗎？』我回答不知道。他發怒了，一條腿踩在椅子上，一口煙噴到了我的眼睛裡，我用手揉了揉眼睛，他冷笑了一聲：『這時候想哭了不是？遲了！當初罵我們的時候怎麼不想想？你以為政府不知道是嗎？你罵我們是沙皇的獄吏，你太反動了，告訴你，我們是革命的幹部！』我低下頭，不再申辯。因為申辯已

經沒有用了。我明白過來，就憑著一個小青年的一個彙報，既不用調查核實，更不用經過法律程序，就決定了我三年的政治命運。」

杜高所說的「小青年」，叫徐福明，是個犯人。杜高對他並不瞭解，只知道他是個大學生，犯了偷竊罪，當時只有二十歲，很同情他。一次，徐福明靠在牆根看小說，托爾斯泰的《復活》，杜高就和他談起瑪斯洛娃、監獄、獄卒。杜高把他當成朋友毫無戒心，結果徐福明卻把杜高的私下談天全部彙報上去。

五十年後，杜高看到了徐福明檢舉他的原件，寫了整整三頁紙，把杜高平日同他的交談歸納成了十二條反動言論，最致命的有兩條。原文如下：「杜高說這些人（指隊長、幹事）都是些小員警，一月掙不了幾十塊錢，在以前叫『獄卒』，是最下等的工作，既不用腦，又不出力，有什麼出息。」「這幾個幹事，李幹事最次，張幹事還有點水平。」

就憑一個青年的「小報告」，當局既沒有調查核實，也沒經過法律程序，杜高又被判三年勞教。

經濟學家顧准當年也是因為被人告密才被劃為右派的。多年之後，吳敬璉告訴了我們事情的真相：

「在黑龍江考察期間，幾位蘇方人員態度相當蠻橫，凡是開發的好處都想留給蘇方，而造成的損失卻讓中方承擔。顧准看不慣這種大國沙文主義的作風，採取了針鋒相對、據理力爭的態度。考察組有的中方領導成員認為，對『老大哥』應當恭謹從命，就把顧准的有關言論記下來，報到北京去。正趕上『反右派』，由於顧准的這些言行違反了毛主席提出的『六條政治標準』中的第六條：『有利於社會主義的國際團結』，他被打成『右派分子』。」（羅銀勝著《顧准傳》團結出版社 1999 年出版第 386 頁）

　　由於「告密」「打小報告」行為受到了上面的鼓勵、支持，有人或出於愚昧無知或出於立功受獎的渴求，不惜把身邊親人的私下言論捅上去，從而把自己的親人送入絕境。

　　賈植芳妻子任敏就是因為一個女性的告密而被捕的，而這個女性在告發任敏的同時也順帶「揭發」了自己的丈夫。

　　「任敏主動離開上海，最終還是沒有逃脫迫害。她先被安排在民族雜居的化隆回族自治州的山區小學當教員。半年以後，當地公安局的人找到她，說是上海有材料檢舉她『為胡風反革命集團翻案』。她開始不明白，要求看這個所謂材料，公安人員當場就給她看了，原來是 1958年春節，我們的友人王戎怕她一人在家過節太孤單，把她叫去一起過年。王戎在 1955 年也接受過審查，曾被關押了一年多，兩人在吃飯喝酒時難免發幾句牢騷。結果言者無意，聽者有心，在一旁聽到他們發牢騷的王戎妻子向組織寫了封檢舉信。王戎為此發配新疆勞改，任敏流放到青海後還過不了關，終於又一次被捕，關進了青藏高原的監獄裡。」（賈植芳《獄裡獄外》上海遠東出版社 1995 年出版第 169 頁）

　　如果一個社會過於相信那些告密者、打小報告者，如果一旦被告密被打小報告，就會陷入百口莫辯、坐以待「抓」的困境，如果告密、打小報告成了社會的「時尚」，如果連身邊的親人也可能會告你的「密」，那誰還敢講真話？一旦到了道路以目、誰也不信誰的地步，那對整個民族而言，就是一場大悲劇了。文革不就是這樣的大悲劇嗎？

　　老作家韋君宜在其回憶錄中說：「對於社會風氣和幹部作風呢，從這時候起就已經開始提倡唯唯諾諾，提倡明哲保身，提倡落井下石，提倡損人利己等等極壞的作風。有這些壞作風的人，不但不受批鬥，甚至還受表揚受重用。骨鯁敢言之士多成右派。這怎麼能不發生後來的『文化大革命』！」

　　我以為，在韋君宜所列舉的這些壞作風中還應該加上一條：提倡告密。

　　由於害怕告密，人們之間的交往會變得極其謹慎，人們之間的關係也因此惡化。一旦誰沾上了「政治問題」，別人就會把你當成不祥的「麻風病人」──避之唯恐不及！

　　「我必須要這樣無情地做啊！」蕭軍這句無奈之語，聽起來多麼辛酸多麼沉痛！」。

海納百川，有容乃大
——從傅斯年的一番話談起

　　1945 年 7 月 1 日，褚輔成、黃炎培、左舜生、章伯鈞、冷遹、傅斯年等一行六人，乘專機到達延安。傅斯年等人此行的目的是和中共高層商討國共合作事宜。中共領導對這幾位負有特殊使命的參政員極為重視。毛澤東、朱德、周恩來等親自到機場迎接。

　　因為傅斯年曾是北大的風雲人物，新文化運動的領袖之一，而毛澤東也曾在北大圖書館有過短暫的任職生涯，因了這段因緣，毛澤東與傅斯年獨自長談了一夜。其間，當毛澤東以讚揚的口吻談及傅斯年在五四運動中的不凡表現時，傅斯年趕忙說：「我們不過是陳勝、吳廣，你們才是項羽、劉邦。」

　　傅斯年的話，毛澤東聽了很受用。當年，北大學生領袖傅斯年曾是自己仰視的對象，而現在，傅的話讓他不能不體會到「會當凌絕頂，一覽眾山小」的感覺。離開延安時，傅斯年請毛澤東題詞留念，毛澤東欣然命筆：

> 「孟真先生：
> 遵囑寫了數字，不像樣子，聊作紀念。今日聞陳勝、吳廣之說，未免過謙，故述唐人詩以廣之。
> 敬頌旅安
>
> 　　　　　　　　　　毛澤東
> 　　　　　　　　　　7 月 5 日

毛澤東的條幅是這樣寫的：

竹帛煙銷帝業虛，關河空鎖祖龍居。

坑灰未冷山東亂，劉項原來不讀書。

唐人詠史一首　書呈孟真先生　毛澤東

　　表面上看，毛澤東所題之詩顯露一分自謙，承認自己是「不讀書」的，實質上則暗藏一份霸氣，正因為「不讀書」，自己的眼界和氣魄才是那些以鑽故紙堆為樂的酸陋腐儒們所無法相比的。毛澤東在詩中所表露出的對「讀書者」的鄙夷，使我們想起他另外一句有名的詩句：「紅旗捲起農奴戟，黑手高懸霸王鞭」。

　　傅斯年等人的延安之行並沒有取得預期的效果。當時，傅斯年等人是想勸毛澤東保留政黨，交出部隊。同行的左舜生很直率地對毛澤東說：「我認為，一個國家的政黨可以有多個，軍隊卻不能個個政黨都有。否則，就要發生內亂，國家就不太平。我們青年黨就主張走議會道路，不辦武裝，成為國家真正的參政黨，對國民政府沒有真正的威脅。」毛澤東聽了這番話，很不高興，反問道：「你的意思是要我們也像你們青年黨學習？」左舜生答：「談不上學習，我覺得我們青年黨的這種做法是對的。」毛問：「怎麼對呢？」左答：「和平議政，對政府沒有威脅，也有利於各黨派的團結。」左舜生一個勁地勸說，但毛澤東沒有絲毫的退讓，而是立場嚴正地說：「我也主張一個國家只有一隻軍隊，但要看軍隊掌握在誰的手裏，為誰服務。要知道，一個沒有武裝的政黨是沒有力量的，被蔣介石視為土匪亂黨的人，若沒有自己的武裝，根本無法生存，更不用說有發言權和改造社會了。老左啊，你這個青年黨的『軍事爺』，怎麼連這個道理也不懂呀！」

　　當說客的任務沒有完成，傅斯年等人只得無功而返。後來，傅斯年談到他對延安的觀感，其話語令人深思，也耐人尋味。

　　據羅家倫回憶，傅斯年曾對延安發表了這樣的觀感：

　　「他（傅）在重慶被國民參政會推舉為訪問延安的代表團代表之一，他回來以後，和我談過幾次。他認為當時延安的作風純粹是專制愚民的作風，也就是反自由，反民主的作風。他和毛澤東因為舊曾相識的關係，單獨聊了一夜。上天入地的談開了，談到中國的小說，他發現毛澤東對於坊間各種小說，連低級興趣的小說在內，都看得非常之熟。毛澤東從這些材料裏去研究民眾心理，去利用民眾心理的弱點，所以至多不過宋江一流。毛澤東和他漫步到禮堂裏，看見密密層層的錦旗，各處向毛獻的。孟真諷刺的贊道：『堂哉皇哉！』毛澤東有點感覺到。他痛恨同去的人沒有出息……把毛澤東送他們的土織毛毯，珍若拱璧，視同皇帝欽賜飾終大典的陀羅經被一樣。」

　　傅斯年這番話明顯帶有政治偏見，但如果說他的這番話完全是別有用心的血口噴人，那倒也欠公允。至少，傅斯年在這裏敏銳地指出在當時的延安，個人崇拜的苗頭已出現。倘若我們對傅斯年這番話進行批判地吸收，或許就能防微杜漸，將個人崇拜的苗頭扼殺於搖籃裏，那對我們的國家和人民應該是有益無害的。然而，事實是，對於傅的這番話，我們除了火力猛烈的攻擊外，絲毫也沒注意到其中還有值得我們警惕的地方，將其中的洞見當成十足的偏見一股腦地扔掉了，結果讓個人崇拜的現象愈演愈烈。偉人說，星星之火，可以燎原。是的，若干年後，特別是文革中，個人崇拜的微薄星火終成燎原之勢，使國家和人民吞下碩大的苦果。

　　曾幾何時，一些包含合理成分的逆耳之言，往往不是被封殺就是被剿滅，這樣的例子並不鮮見。比如王實味寫過一篇充滿逆耳之言的〈野百合花〉，其結果先是文章被批判後是人被錯殺。

在這篇文章裏，王實味認為在當時的延安存在著「等級制度」：

> 一種人說：我們延安並沒有等級制度；這不合事實，因為它實際
> 存在著。另一種人說：是的，我們有等級制度，但它是合理的。
> 這就需要大家用腦子想一想。
>
> 說等級制度是合理的人，大約有以下幾種道理：一、根據「各盡
> 所能，各取所值」的原則，負責任更大的人應該多享受一點；二、
> 三三制政府不久就要實行薪給制，待遇自然有等差；三、蘇聯也
> 有等級制。
>
> 這些理由，我認為都有商量餘地。關於一，我們今天還在艱難困
> 苦的革命過程中，大家都是拖著困憊的軀體支撐著煎熬，許許多
> 多人都失去了最可寶貴的健康，因此無論誰，似乎都還談不到「取
> 值」和「享受」；相反，負責任更大的人，倒更應該表現與下層
> 同甘苦（這倒是真正應該發揚的民族美德）的精神，使下層對他
> 有衷心的愛，這才能產生真正的鐵一般的團結。當然，對於那些
> 健康上需要特殊優待的重要負責者，予以特殊的優待是合理的而
> 且是必要的。一般負輕重要責任者，也可略予優待。關於二，三
> 三制政府的薪給制，也不應有太大的等差，對非黨人員可稍優
> 待，黨員還是應該保持艱苦奮鬥的優良傳統，以感動更多的黨外
> 人士來與我們合作。關於三，恕我冒昧，我請這種「言必稱希臘」
> 的「大師」閉嘴。
>
> 我並非平均主義者，但衣分三色，食分五等，卻實在不見得必要
> 與合理——尤其是在衣服問題上（筆者自己是所謂「幹部服小廚
> 房」階層，葡萄並不酸）一切應該依合理與必要的原則來解決。
> 如果一方面害病的同志喝不到一口麵湯，青年學生一天只得到兩

餐稀粥（在問到是否吃得飽的時候，黨員還得起模範作用回答：吃得飽！），另一方面有些頗為健康的「大人物」，作非常不必要不合理的「享受」，以致下對上感覺他們是異類，對他們不惟沒有愛，而且——這是叫人想來不能不有些「不安」的。

王實味的話當然有些誇大起詞，但也並非無中生有或空穴來風。對王實味的文章可以商榷可以批評，但最終卻是用大刀砍下他的頭，未免太嚴重了。1991 年，公安部正式發出〈關於王實味同志托派問題的複查決定〉，文中寫道：

「經複查，王實味同志 1930 年在滬期間與原北大同學王凡西、陳清晨（均系托派分子）的來往中接受和同情他們的某些托派觀點，幫助翻譯過托派的文章。在現有王實味的交代材料中，王對參加托派組織一事反反覆覆，在複查中沒有查出王實味同志參加托派組織的材料。因此，1946 年定為『反革命托派奸細分子』的結論予以糾正，王在戰爭環境中被錯誤處決給予平凡昭雪。」

看來，戰爭時期處決王實味也算是「黑夜裏的白刃戰，誤傷了自己的同志。」（毛澤東語）

其實，在當時的延安，「等級制度」並非絕對沒有。作家蕭軍就曾與此有過一次「短兵相接」。

由於蕭軍在一次批判王實味的會上主張，作為被批評者王實味，也應該享有申辯的權利，結果被扣上一頂「同情托派王實味」的帽子，任何部門都不想接收他，無奈之下，蕭軍只得在「中央組織部招待所」賦閑。那段時間，蕭軍妻子王德芬已懷孕並臨近預產期，每天都要從山上窯洞走到山下平房食堂吃飯，往返很不方便，很吃力也很危險，蕭軍就向招待所負責人蔡主任提出要求，想由他把妻子的飯菜帶上山。

蔡主任一口回絕，說：「不行，任何人都不能特殊化。」

蕭軍說：「王德芬快生孩子了，爬山太困難，請照顧一下，飯菜隨便給多少都可以。」

蔡主任堅決不同意。

蕭軍就問他：「你說任何人都不准特殊化，你和你的老婆，甚至於學委會的委員們，一天三頓的飯菜，不都是小鬼送到窯洞去的嗎？」

蕭軍的話讓蔡主任大為光火，說：「我是主任，你敢批評我？」

蕭軍毫不示弱，頂道：「別說是你，毛主席說過，共產黨有了錯也可以批評！」

你看，一方面說「任何人都不准特殊化」，哪怕是孕婦，也只能自己去食堂吃飯，另一方面，對於一些健康的人，卻是「一天三頓的飯菜，不都是小鬼送到窯洞去的嗎？」面對這樣不合理的現象，蕭軍能不發火嗎？

海納百川，有容乃大。我想，如果對逆耳之言，我們能本著有則改之無則加勉的態度，對其進行批判的吸收，接受其中合理的部分，剔除其中謬誤的地方，我們的心胸會變得越來越豁達，軀體也會變得越來越強健。相反，倘若諱疾忌醫，對逆耳之言一律「高掛一臉秋霜」，則只能讓剛剛滋生的輕微的小毛病釀成難以根治的痼疾，到那時，再後悔也於事無補了。

後　記

　　長久以來，魯迅的一段話，初次看了，就在我心裏紮下了根。這段話是：「我們從古以來，就有埋頭苦幹的人，有拼命硬幹的人，有為民請命的人，有捨身求法的人……雖是等於為帝王將相作家譜的所謂『正史』，也往往掩不住他們的光輝，這就是中國的脊樑。」

　　那麼，誰是「埋頭苦幹的人」？誰是「拼命硬幹的人」？誰是「為民請命的人」？誰又是「捨身求法的人」呢？我想，不同的人，所列出的名單也不盡相同。

　　不用說，堪稱「中國的脊樑」的人肯定是骨頭硬的勇士。在我的心目中，這些「硬骨頭」，應該包括下面這些人：胡適，梁漱溟，馬寅初，胡風，聶紺弩，殷海光等……。從常人的角度來看，這些人可謂時乖運蹇，命途多舛，他們屢遭磨難，飽受打擊，然而，若不遭逢厄運，我們又怎能領略到他們鋼鐵般的意志？若不飽受磨難，我們又怎能感受到他們偉岸的人格？

　　我想，若把這些可歌可泣、可敬可歎的「硬骨頭」們放在一本書裏，集中講述他們扣人心弦的故事，集中展示他們跌宕起伏的人生，不是一件很有意義的事嗎？

　　疾風知勁草，霜濃葉更紅。在我看來，這些雖遭重壓但絕不低頭，雖經磨難但絕不屈服的「硬骨頭」們，是如劍似戟的「勁草」，也是傲霜鬥雪的「紅葉」。在他們的一生中，雖屢遭「風刀霜劍嚴相逼」，卻絕不「催眉折腰事權貴」。可謂「菊殘猶有傲霜枝」。

　　殷海光晚年曾對弟子說：「今天的知識份子，不是淪為啦啦隊，就是變成蛀蟲，特立獨行的太少了，在時代的大震盪下，一幅晚秋的景象，涼風一吹刮，滿樹的落葉紛紛飄下，枝頭只剩三二片傲霜葉在冷風中顫慄。有風範有骨格的知識份子太少了！」

　　在一個功利時代，知識份子集體失血，確是不爭的事實。更有一些文人，在現實的壓力下，隨波逐流，喪失氣節，或投身事敵（如周作人），或淪為整人的棍子（如周揚），這類文人，筆者對其心態和言行也作了理性的剖析和披露。

　　寫這本書對我而言，不是一種負擔，也無絲毫壓力；而是一種欲罷不能，一種必欲吐之而後快，一種難得的享受。

　　現在，寫完這本書，我就像推開一扇塵封的窗戶，撲面而來的是一股鮮活之氣，一股陽剛之氣。

　　且讓我探頭窗外，凝神屏氣，然後，深深吸一口這春天般清新馥郁、沁人心脾的氣息。

　　陳寅恪撰〈清華大學王觀堂先生紀念碑銘〉中有這樣一段話：「思想而不自由，毋寧死耳。斯古今仁聖所同殉之精義，夫豈庸鄙之敢望。先生以一死見其獨立自由之意志，非所論於一人之恩怨，一姓之興亡。嗚呼！……先生之著述，或有時而不章。先生之學說，或有時而可商。惟此獨立之精神，自由之思想，歷千萬祀，與天壤而同久，共三光而永光。」，我以為，既然是文化的脊樑，既然是真正的學人，必須具備「獨立之精神，自由之思想」，而筆者寫這本書部分目的就是向這些真正的學人致敬。

　　作家梁遇春說：「生命的確是像一朵火焰，來去無蹤，無時不是動著，忽然揚焰高飛，忽然消沉將熄，最後煙消火滅，留下一點殘灰，這

一朵火焰就再也燃不起來了。我們的生活也該像火焰這樣無拘無束，順著自己的意志狂奔，才會有生氣，有趣味。我們的精神真該如火焰一般地飄忽莫定，只受裏面的熱力的指揮，衝倒習俗，成見，道德種種的藩籬，一直恣意下去，任情飛舞，才會迸出火花，幻出五色的美焰。」

我以為，本書所寫到的一些人物，他們的生命「的確是像一朵火焰」，揚焰高飛，任情飛舞，終於「迸出火花，幻出五色的美焰。」

袁偉時先生在〈教授的風骨與悲劇的誕生〉一文中寫道：「一個生氣勃勃的國家和民族需要堅強的脊樑。看看我們的老師吧，歷數千年不衰的浩然正氣活在他們身上，政治高壓，饑餓折磨，精神威脅，都打斷不了中華民族的脊樑。」我想，倘把這番話移過來用在本書所寫的一些文化鬥士身上，也是十分貼切的。

最後，感謝范泓先生的熱心介紹，讓我認識了慕名已久的蔡登山先生，從而使拙著得以出版。

國家圖書館出版品預行編目

抵抗與逃遁——中國文化人的不同選擇 / 魏邦良
著. -- 一版. -- 臺北市 : 秀威資訊科技,
2008. 12
　　面；　公分. -- (史地傳記類；PC0064)
BOD 版
ISBN 978-986-221-132-8(平裝)

1. 知識分子 2. 傳記 3. 中國文化

782.248　　　　　　　　　　　97023477

史地傳記類　PC0064

抵抗與逃遁──中國文化人的不同選擇

作　　者 / 魏邦良
主　　編 / 蔡登山
發 行 人 / 宋政坤
執行編輯 / 藍志成
圖文排版 / 姚宜婷
封面設計 / 蕭玉蘋
數位轉譯 / 徐真玉　沈裕閔
圖書銷售 / 林怡君
法律顧問 / 毛國樑　律師
出版印製 / 秀威資訊科技股份有限公司
　　　　　台北市內湖區瑞光路 583 巷 25 號 1 樓
　　　　　電話：02-2657-9211　　　傳真：02-2657-9106
　　　　　E-mail：service@showwe.com.tw
經 銷 商 / 紅螞蟻圖書有限公司
　　　　　台北市內湖區舊宗路二段 121 巷 28、32 號 4 樓
　　　　　電話：02-2795-3656　　　傳真：02-2795-4100
　　　　　http://www.e-redant.com

2008 年 12 月 BOD 一版
定價：380 元

讀 者 回 函 卡

感謝您購買本書,為提升服務品質,煩請填寫以下問卷,收到您的寶貴意見後,我們會仔細收藏記錄並回贈紀念品,謝謝!

1. 您購買的書名:＿＿＿＿＿＿＿＿＿＿＿＿＿＿＿＿＿

2. 您從何得知本書的消息?

　　□網路書店　□部落格　□資料庫搜尋　□書訊　□電子報　□書店

　　□平面媒體　□ 朋友推薦　□網站推薦　□其他＿＿＿＿＿＿

3. 您對本書的評價:(請填代號　1.非常滿意 2.滿意 3.尚可 4.再改進)

　　封面設計＿＿　版面編排＿＿　內容＿＿　文/譯筆＿＿　價格＿＿

4. 讀完書後您覺得:

　　□很有收獲　□有收獲　□收獲不多　□沒收獲

5. 您會推薦本書給朋友嗎?

　　□會　□不會,為什麼?＿＿＿＿＿＿＿＿＿＿＿＿＿＿＿

6. 其他寶貴的意見:＿＿＿＿＿＿＿＿＿＿＿＿＿＿＿＿＿

　　＿＿＿＿＿＿＿＿＿＿＿＿＿＿＿＿＿＿＿＿＿＿＿＿＿＿

　　＿＿＿＿＿＿＿＿＿＿＿＿＿＿＿＿＿＿＿＿＿＿＿＿＿＿

讀者基本資料

姓名:＿＿＿＿＿＿＿＿＿　年齡:＿＿＿　性別:□女 □男

聯絡電話:＿＿＿＿＿＿＿＿　E-mail:＿＿＿＿＿＿＿＿＿

地址:＿＿＿＿＿＿＿＿＿＿＿＿＿＿＿＿＿＿＿＿＿

學歷:□高中(含)以下　□高中　□專科學校　□大學

　　　□研究所(含)以上 □其他＿＿＿＿＿＿＿＿

職業:□製造業 □金融業 □資訊業 □軍警 □傳播業 □自由業

　　　□服務業 □公務員 □教職　□學生 □其他＿＿＿＿＿

To：114

台北市內湖區瑞光路 583 巷 25 號 1 樓

秀威資訊科技股份有限公司　　　收

寄件人姓名：

寄件人地址：□□□

(請沿線對摺寄回,謝謝!)

秀威與 BOD

BOD（Books On Demand）是數位出版的大趨勢，秀威資訊率先運用 POD 數位印刷設備來生產書籍，並提供作者全程數位出版服務，致使書籍產銷零庫存，知識傳承不絕版，目前已開闢以下書系：

一、BOD　學術著作—專業論述的閱讀延伸
二、BOD　個人著作—分享生命的心路歷程
三、BOD　旅遊著作—個人深度旅遊文學創作
四、BOD　大陸學者—大陸專業學者學術出版
五、POD　獨家經銷—數位產製的代發行書籍

BOD 秀威網路書店：www.showwe.com.tw
政府出版品網路書店：www.govbooks.com.tw

永不絕版的故事‧自己寫‧永不休止的音符‧自己唱